Neuronale Modelle für Lern- und Bewertungsprozesse

Münchener Universitätsschriften
Psychologie und Pädagogik

Herausgegeben von

Norbert Havers · Wolfgang Marx
Herbert Tschamler

Neuronale Modelle für Lern- und Bewertungsprozesse

von

Hans-Jürgen Lerch und Christoph Perleth
unter Mitarbeit von Jürgen Stöffl

Hogrefe · Verlag für Psychologie
Göttingen · Bern · Toronto · Seattle

Neuronale Modelle für Lern- und Bewertungsprozesse

von

Hans-Jürgen Lerch und Christoph Perleth
unter Mitarbeit von Jürgen Stöffl

Hogrefe · Verlag für Psychologie
Göttingen · Bern · Toronto · Seattle

Dr. phil., Dipl.-Phys. Hans-Jürgen Lerch, geb. 1943. 1962-1971 Studium der Physik an der Technischen Universität München und der Psychologie an den Universitäten München und Salzburg. 1967 Diplom, 1971 Promotion. Seit 1975 Studiendirektor im Hochschuldienst für Psychologie und Statistik.

Dr. phil. Christoph Perleth, geb. 1958. 1978-1985 Studium der Psychologie und Mathematik an der LMU München. 1986-1988 Projektmitarbeiter an der Münchner Hochbegabtenstudie. 1992 Promotion in Psychologie, Sonderpädagogik und Statistik. Seit 1988 wissenschaftlicher Assistent für Pädagogische Psychologie und Psychologische Diagnostik an der LMU München.

Die Deutsche Bibliothek – CIP-Einheitsaufnahme

Lerch, Hans-Jürgen:
Neuronale Modelle für Lern- und Berwertungsprozesse / von Hans-Jürgen Lerch und Christoph Perleth. Unter Mitarb. von Jürgen Stöffl. - Göttingen ; Bern ; Toronto ; Seattle : Hogrefe, Verl. für Psychologie, 1997
(Münchener Universiätsschriften : Psychologie und Pädagogik)
ISBN 3-8017-0987-6
NE: Perleth, Christoph:

Gedruckt mit Unterstützung aus Mitteln der Münchener Universitätsschriften.

Druck und buchbinderische Verarbeitung: Dieterichsche Universitätsbuchdruckerei
W. Fr. Kaestner GmbH & Co. KG, 37124 Rosdorf / Göttingen
Printed in Germany
Auf säurefreiem Papier gedruckt

ISBN 3-8017-0987-6

Inhaltsverzeichnis

Einleitung

In der vorliegenden Arbeit werden neuronale Grundlagenmodelle detailliert beschrieben, die die Bedeutung heuristischer Ideen zur Erklärung von Lern- und Bewertungsprozessen auf der Basis neurophysiologischer Erkenntnisse aufzeigen sollen. Die Lektüre dieser Modelle, denen man nach Ansicht der Autoren in der "Scientific Community" bislang zu wenig Aufmerksamkeit geschenkt hat, soll vor allem die Psychologen dazu anregen und ermutigen sich verstärkt für eine neurobiologisch fundierte Theoriebildung psychischer Phänomene zu engagieren.

Der Versuch, psychische Phänomene neurobiologisch zu begründen, hat schon eine lange Tradition. So veröffentlichte der amerikanische Psychologe Donald O. Hebb im Jahre 1949 die bahnbrechende Arbeit "The Organization of Behavior", die heute als Grundpfeiler der modernen Neurowissenschaften angesehen wird.

Hebb postulierte in seiner Monographie neuronale Strukturen, sog. Zell-Ensembles (cell-assemblies), als Basiselemente für unsere Wahrnehmung und unser Verhalten. Er stellte sich vor, daß diese Zellverbände durch die Aktivität ihrer Nervenverbindungen, den Hebbschen Synapsen, gebildet werden. Seine frühen neuronalen Theorien beziehen sich vor allem auf das visuelle Auswertungssystem. Die Abbildung a zeigt eine schematische Darstellung eines Zell-Ensembles, wie es von Hebb postuliert wurde.

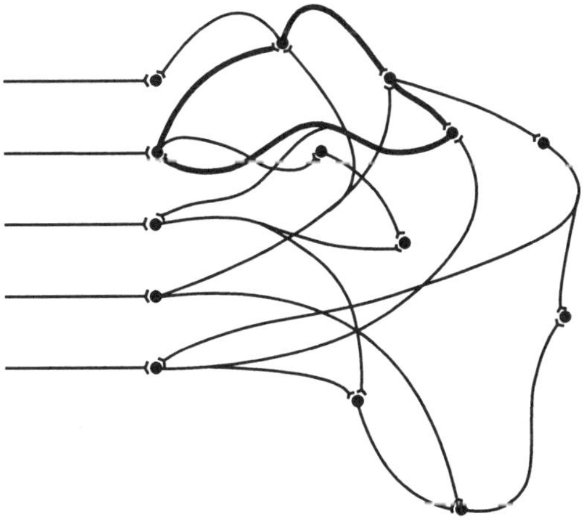

Abbildung a: *Schematische Darstellung eines von Hebb postulierten Zell-Ensembles*

Über parallele Fasern des Sehsystems laufen Sinnesreize von der Retina zu korrespondierenden Punkten im primären visuellen Cortex. Von dort ziehen Axone zu Neuronen in benachbarten Cortexfeldern (Assoziationsrinde). Nervenzellen, an denen Impulse konvergieren, feuern ihrerseits und aktivieren in sich geschlossene Neuronenschleifen (dick gezogene Linien). Dabei werden Veränderungen an den Synapsen (den Verbindungen zwischen einem Axon und dem nachgeschalteten Neuron) ausgelöst, die die Signalübertragung wirksamer machen (Hebbsche Lernregel, siehe Abbildung b).

Hebbs Postulat

If a neuron A repeatedly contributes to the firing of neuron B, then A's efficacy in firing increases (Donald Hebb, 1949)

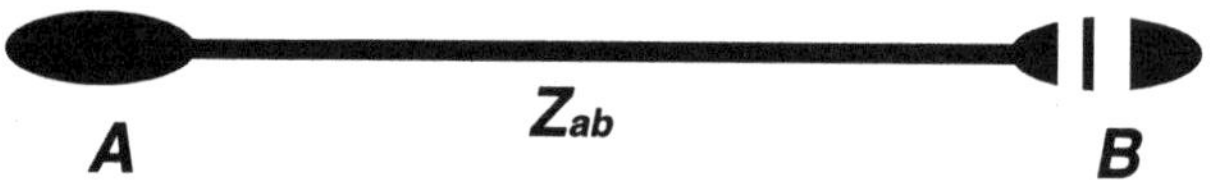

Abbildung b: *Die Hebbsche Lernregel: z_{ab} ist das "synaptische Gewicht" zwischen A und B, das sich der Spike-Frequenz anpaßt (nach Johnson & Brown, 1988, S. 148)*

Die Signalübertragung wird so erleichtert, daß die Erregungsschleifen zu Zell-Ensembles werden, die auch bei schwachen Eingangsreizen feuern und einen Output erzeugen können, der das Umweltgeschehen, bzw. einen Aspekt davon, im Gehirn repräsentiert.

Hebb vermutete, daß die Verbindungen zwischen den gleichzeitig feuernden Nervenzellen des Netzes schließlich so stark würden, daß sie einander selbst dann erregen konnten, wenn der auslösende Reiz gar nicht mehr vorhanden war oder nur ein Teil von ihnen auf andere Weise aktiviert worden war. Auf diese Weise erzeugten sie eine interne Repräsentation des Umweltgeschehens. Damit hatte Hebb - in konträrer Position zu den Vorstellungen der Behavioristen - wieder den Versuch von Psychologen des 19. Jahrhunderts aufgegriffen, Verhalten mit gedanklichen Assoziationen zu erklären.

Hebbs einzigartige Leistung ist es, Gedanken - ähnlich wie Muskelbewegungen - eine neurophysiologische Basis gegeben zu haben. Sie manifestieren sich im Zentralnervensystem als erlernte neuronale Aktivitätsmuster. Diese revolutionäre Idee wurde einige Jahrzehnte später wieder von Stephen Grossberg aufgegriffen und weiterführend mit differenzierten mathematischen Analysen zu einer umfassenden Theorie des Lernens und des Gedächtnisses ausgebaut, deren Grundlagen im ersten Teil der vorliegenden Arbeit als Fehlercodierungstheorie umfassend referiert werden.

Hebbs synaptische Theorie vereinfachte die Zusammenhänge zwischen den Neuronen eines Zell-Ensembles noch sehr stark. So war die Existenz inhibitorischer Synapsen noch unbekannt. Aber ohne hemmende Einflüsse würden Lernprozesse die Verbindungen zwischen den Neuronen so lange verstärken, bis alle Neuronen eines Ensembles anhaltend feuerten und damit das System außer Kontrolle brächten. Dies hatten Computersimulationen mit Zell-Ensembles, sog. Conceptors, gezeigt, die in den fünfziger Jahren am IBM-Forschungslabor in Poughkeepsie (US-Bundesstaat New York) durchgeführt worden waren.

In seinem neuronalen "GEL-Netz" zur Lösung von Interpolationsproblemen, das im dritten Kapitel differenziert beschrieben werden soll, hat Dietrich Dörner diesem Sachverhalt Rechnung getragen. Sein konzipiertes Netz sieht grob betrachtet drei Teilsysteme vor, ein Primärsystem, das eine interne Abbildung eines bestimmten Realitätsbereichs darstellt, ein Hemmungssystem, das zur Aufrechterhaltung bestimmter Bedingungen im Primärsystem notwendig wird und ein Steuersystem, das dem Primär- und Hemmungssystem Aktivitäten aufzwingt, die für das Problemlösen entscheidend sind. Das Primär- und das Hemmungssystem bilden dabei zusammen einen Regelkreis, wobei die zu regelnde Größe der Aktivitätsgrad des Primärsystems ist, der ein bestimmtes Maß nicht übersteigen darf. Die von Dörner durchgeführten Computersimulationen mit GEL-Netzen zeigen auch grundsätzliche Übereinstimmungen mit neurophysiologischen Befunden. Damit wird auch deutlich, wie wichtig die Methode der Computersimulationen in den letzten Jahrzehnten für die Psychologie geworden ist.

Computersimulationen werden immer dann bedeutsam, wenn es darum geht, einen Überblick über ein umfangreiches System zu erhalten. Das komplexe Zusammenspiel von vielen Neuronen, die topologisch und funktionell ein Neuronennetz darstellen, läßt sich dann nur noch kybernetisch untersuchen; d.h. es wird als Modell eines leichter begreifbaren Wirklichkeitsbereiches analysiert. Dabei besteht ein Ziel der kybernetischen Modellbildung darin, jede Struktur zusammen mit ihrem Prozeßpotential und jeden Prozeß zusammen mit seinem Strukturpotential zu beschreiben. Die kybernetische Modellbildung erlaubt es, Prozesse als Strukturzustandsveränderungen und Zustände in einer Struktur als Konsequenz und Vorraussetzung von Prozessen zu verstehen. Im konkreten Fall ist es mit Hilfe der kybernetischen Modellbildung sogar möglich, gewisse Prozesse, die in einem Netzwerk ablaufen, mathematisch zu beschreiben.

So können die von Grossberg und Dörner konzipierten Netze auch als kybernetische Modelle verstanden werden, d.h. als Netzwerke von, durch Funktionen und Wahrscheinlichkeitsfunktionen verknüpften Variablen. Das GEL-Netz von Dörner hat bestimmte Eingangs- und Ausgangsvariablen. Dieses System kann als eine sehr komplizierte Verhaltensfunktion aufgefaßt werden, als Abbildung der Menge der möglichen Startobjekt-Zielobjekt-Paare oder der möglichen Problemstellungen (Eingang) in die Menge der möglichen Verhaltensweisen (Ausgang) bei dem Versuch, das Startobjekt in das Zielobjekt zu transformieren.

Auch das neuronale Modell von Hans-Jürgen Lerch zur Beschreibung und Erklärung von Bewertungsprozessen, das im 2. Kapitel beschrieben wird, stellt ein vereinfachtes kybernetisches System dar. Mit dem mathematischen Rüstzeug der Informationstheorie und mit Hilfe von einfachen Computersimulationen werden quantitative Analysen von Bezugssystemphänomenen durchgeführt. Diese stehen - in einem größeren Zusammenhang betrachtet - im Dienste der psychophysikalischen Erkenntnisgewinnung. In der Psychophysik wird das Erscheinungsbild des Menschen, sein Verhalten und Erleben auf meßbare Größen und deren Beziehungen in der Weise reduziert, daß eine Systemanalyse des Menschen als "Meßinstrument" möglich wird. In dieser verengenden naturwissenschaftlichen Sichtweise empiriegeleiteter Forschung über den Menschen steckt sicherlich die Gefahr seinem eigentlichen Wesen und seiner Bestimmung nicht gerecht zu werden, andererseits eröffnet sie die Möglichkeit, Strukturen menschlichen Handelns, Wollens und Fühlens aufzufinden, die einer wertenden anthropologischen oder theologischen Analyse verborgen bleiben müssen.

Im 1. Kapitel wird nun das mathematisch formulierte "Fehlerkorrektur-Modell" von Grossberg detailliert vorgestellt. Sein Verständnis setzt Grundkenntnisse der Vektorrechnung und der Lösung von einfachen Differentialgleichungen voraus. Das Modell liefert den Nachweis, daß neuronale Strukturen ohne externe Rückmeldungen Klassifizierungsleistungen erbringen können.

1. Das neuronale Fehlerkorrekturmodell von Grossberg

Seine grundlegenden Ideen über die Speicherung von Information in neuronalen Systemen stellte Grossberg (1980) in der Arbeit "How does a brain build a cognitive code?" zusammenfassend vor. Ausgangspunkt seines Speichermodells sind Überlegungen zur Fehlerkorrektur von zu verarbeitender Information. Grossberg vertritt dabei den rigorosen Standpunkt, daß ein neuronales Netz in der Lage sein muß, ohne äußere Hilfe, d.h. ohne einen externen Lehrer, Speicherfehler selbst zu korrigieren. Daraus ergeben sich Einschränkungen für die Vernetzungsstruktur der Neuronenverbände.

1.1 Zur Codierung eines Aktivitätsmusters im klassifizierenden Netz

Jedes Neuronennetz F setzt sich aus einzelnen Zellen $v_1, \ldots, v_n$ zusammen, die zu jedem Zeitpunkt t eine bestimmte Aktivität (Spikefrequenz) zeigen (siehe Abbildung 1.1).

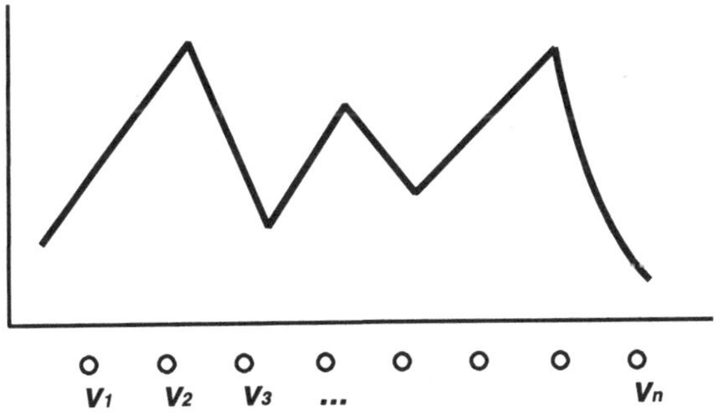

Abbildung 1.1: *Aktivitätsmuster x_i eines Neuronennetzes mit den Zellen v_1 bis v_n zum Zeitpunkt t*

Die Aktivität $x_i(t)$ einer Zelle v_i ergibt sich insbesondere durch die Inputs $I_j(t)$ aus der vorhergehenden Stufe der Informationsverarbeitung.

Das ganze Aktivitätsmuster des Feldes F wird durch den Vektor $\mathbf{x}(t)=(x_1(t),...,x_n(t))$ wiedergegeben.

Es wird nun angenommen, daß ein bestimmtes Aktivitätsmuster $\mathbf{x}^{(1)}$ aus $F^{(1)}$ ein spezielles Aktivitätsmuster $\mathbf{x}^{(2)}$ im nächsthöheren Neuronenfeld $F^{(2)}$ auslöst; d.h. $\mathbf{x}^{(1)}$ wird in $F^{(2)}$ als $\mathbf{x}^{(2)}$ codiert. Dieser Filtervorgang wird als Informationsreduktionsverfahren beschrieben: Nur wenige Zellen in $F^{(2)}$ werden nach ihrer Anregung durch das Netz $F^{(1)}$ aktiv, im Extremfall nur noch eine. Die Zellen von $F^{(2)}$ klassifizieren damit das umfangreiche Inputangebot aus $F^{(1)}$.

Der Abbildung 1.2 entnimmt man, daß eine Zelle v_j aus $F^{(2)}$ von allen Zellen der Schicht $F^{(1)}$ Signale S_i erhält, wobei $S_i=S_i(x_i^{(1)}(t))$.

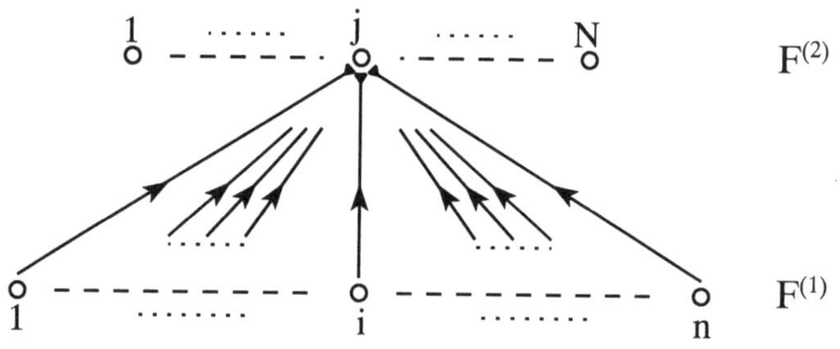

Abbildung 1.2: *Veranschaulichung der Aktivierungsströme von $F^{(1)}$ nach $F^{(2)}$ für die Zelle $v_j^{(2)}$*

Das Nettosignal von Zelle $v_i^{(1)}$ nach Zelle $v_j^{(2)}$ beträgt aber nur $S_i \cdot z_{ij}$, weil die Aktivierung S_i nur mit einer bestimmten Stärke z_{ij}, die von der Verbindung der zwei hintereinandergeschalteten Zellen abhängt, an die Zielzelle $v_j^{(2)}$ weitergegeben wird. Dabei wird angenommen, daß sich die Gewichte z_{ij} - sie repräsentieren die Langzeitcodierung der Information - durch die Aktivierungsströme bedingt, zeitlich ändern können.

Die Gesamtaktivierung der Zelle v_j ergibt sich durch Summation zu

$$T_j = \sum_{i=1}^{n} S_i \cdot z_{ij} \qquad \textbf{(1)}$$

Mit $\mathbf{z}_j=(z_{1j},..., z_{nj})$ und $\mathbf{S}=(S_1,..., S_n)$ läßt sich die Gesamtaktivierung T_j als Skalarprodukt von $\mathbf{S}$ und $\mathbf{z}_j$ als

$$T_j = \mathbf{S} \cdot \mathbf{z}_j \qquad (2)$$

schreiben, bzw. mit den Beträgen $\|\mathbf{S}\| = \sqrt{\sum_{i=1}^{n} S_i^2}$ und $\|\mathbf{z}_j\| = \sqrt{\sum_{i=1}^{n} z_{ij}^2}$ und dem eingeschlossenen Winkel ($\mathbf{S}$, $\mathbf{z}_j$) zwischen $\mathbf{S}$ und $\mathbf{z}_j$ als

$$T_j = \|\mathbf{S}\| \cdot \|\mathbf{z}_j\| \cdot \cos(\mathbf{S}, \mathbf{z}_j) \qquad (3)$$

Für den Fall, daß alle $\|\mathbf{z}_j\|$ betragsmäßig gleich groß sind, erhält diejenige Zelle in $F^{(2)}$ das größte Signal, für die $\cos(\mathbf{S}, \mathbf{z}_j)$ maximal wird. Dabei gilt der Zusammenhang: Je paralleler die zwei Vektoren $\mathbf{S}$ und $\mathbf{z}_j$ sind, umso größer wird der Kosinus.

Auf diese Weise filtert jedes $\mathbf{z}_j$ den Aktivierungsvektor $\mathbf{S}$ von $F^{(1)}$ nach $F^{(2)}$. Die Größe des Nettosignals T_j, das die Zelle $v_j^{(2)}$ erhält, hängt also davon ab, wie parallel $\mathbf{z}_j$ und $\mathbf{S}$ zueinander stehen. Existiert nun in $F^{(2)}$ ein Kontrastverstärkungsprogramm, daß nur die Zelle mit der größten Aktivierung T_j feuern darf, und die Aktivitäten der anderen Zellen unterdrückt werden, so liegt der Extremfall vor, daß nur eine Zelle auf das Aktivitätsmuster $\mathbf{x}^{(1)}$ aus $F^{(1)}$ reagiert und dieses damit klassifiziert.

$$x_j^{(2)} = 1, \text{ wenn } T_j > \max\{\varepsilon, T_k, k \neq j\}$$
$$x_j^{(2)} = 0, \text{ wenn } T_j < \max\{\varepsilon, T_k, k \neq j\}.$$

Dabei bezeichnet ε eine "Löschschwelle", die überschritten werden muß, damit eine "Kurzzeit-Speicherung", d.h. eine Aktivierung $x_j^{(2)}$ der Zelle v_j überhaupt erfolgt.

Die Gewichte z_{ij} zwischen den Zellen $v_i^{(1)}$ und $v_j^{(2)}$ der hierarchisch miteinander verkoppelten Neuronennetze repräsentieren das Langzeitgedächtnis (long term memory, LTM). Sie adaptieren allmählich an das Signalmuster $\mathbf{S}$ von $F^{(1)}$ und an das Kurzzeit-Aktivitätsmuster (short term memory, STM) der Schicht $F^{(2)}$. Nimmt man an, daß eine Änderung von z_{ij} nur möglich ist, wenn die Zelle v_j aktiv ist, d.h. $x_j^{(2)} > 0$, so läßt sich eine zeitliche Änderung von z_{ij} durch die folgende Differentialgleichung beschrieben:

$$\frac{d}{dt} z_{ij} = (-z_{ij} + S_i) \cdot x_j^{(2)} \qquad (4)$$

Wird nur die Zelle k der Schicht $F^{(2)}$ aktiv, d.h. $x_k^{(2)}=1$ und $x_j^{(2)}=0$ für $j \neq k$, dann bedeutet dies, daß nur der Vektor $\mathbf{z}_k$ zeitlich adaptiert. Im Gleichgewichtszustand gilt $\frac{d}{dt}z_{ik}=0$; daraus folgt aus (4) $z_{ik}=S_i$ für alle Komponenten i und damit gilt: $\mathbf{z}_k=\mathbf{S}$.

Die Signalkomponenten S_i sind also im Langzeitspeicher (LTM) in den Gewichten z_{ik} der Zelle $v_k^{(2)}$ fest codiert worden. Wird $F^{(2)}$ zu einem späteren Zeitpunkt erneut durch dasselbe Muster $\mathbf{x}_1^{(1)}$ angeregt, wird die Speicherzelle $v_k^{(2)}$ wieder maximal aktiv, da das Muster von ihr codiert worden ist:

$$x_k^{(2)} = T_k = \sum_{i=1}^{n} S_i \cdot z_{ik} \approx \sum_{i=1}^{n} S_i^2.$$

Dabei wurde angenommen, daß sich die z_{ik} zeitlich nur unwesentlich geändert haben.

Nachdem das System gelernt hat, $\mathbf{x}^{(1)}$ als $\mathbf{x}^{(2)}$ zu codieren, soll nun ein neues, anderes Signalmuster in $F^{(1)}$ eingehen, aber von $F^{(2)}$ genauso wie das vorhergehende, d.h. aber diesmal falsch codiert werden. Das alte Muster von $F^{(1)}$ wird im folgenden mit $\mathbf{x}_1^{(1)}$, das neue Muster mit $\mathbf{x}_2^{(1)}$ und das alte Muster von $F^{(2)}$ mit $\mathbf{x}_1^{(2)}$ bezeichnet.

Sowohl das Muster $\mathbf{x}_1^{(1)}$ als auch das Muster $\mathbf{x}_2^{(1)}$ werden in $F^{(2)}$ als $\mathbf{x}_1^{(2)}$ codiert. Dann stellt sich die Frage, wie dieser Codierungsfehler von den neuronalen Netzen selbst korrigiert werden kann, obwohl keine Zelle aus $F^{(2)}$ gemerkt hat, daß ein Codierungsfehler aufgetreten ist. Grossberg ist davon überzeugt, daß der Fehlerkorrekturmechanismus in $F^{(1)}$ und nicht in $F^{(2)}$ zu suchen ist, da angenommen wurde, daß $\mathbf{x}_1^{(2)}$ und $\mathbf{x}_2^{(2)}$ funktional äquivalent sind. Die folgenden Ausführungen charakerisieren die Entwicklung und Struktur dieses selbsttätigen Korrekturalgorithmus.

1.2 Fehlersuche mittels einer Feedback-Prozedur

Während der Codierung des Musters $\mathbf{x}_1^{(1)}$ von $F^{(1)}$ als $\mathbf{x}_1^{(2)}$ in das Neuronennetz $F^{(2)}$ werden Feedbackverbindungen von $F^{(2)}$ nach $F^{(1)}$ initiiert. Wird nun $\mathbf{x}_2^{(1)}$ von $F^{(2)}$ inkorrekt als $\mathbf{x}_1^{(2)}$ codiert, kann das aktivierte Muster über die Feedbackbahnen das korrekte Muster $\mathbf{x}_1^{(1)}$ nach $F^{(1)}$ auslesen. Dort werden die zwei Muster $\mathbf{x}_2^{(1)}$ und $\mathbf{x}_1^{(1)}$ miteinander verglichen. Die zwei Aktivitätsmuster verstärken sich in $F^{(1)}$, wenn sie sehr ähnlich bzw. identisch sind und sie nivellieren sich, wenn sie unterschiedliche Formen aufweisen (siehe Abbildung 1.3).

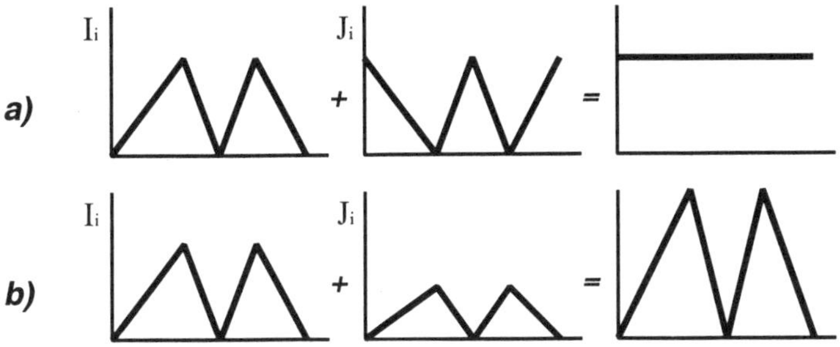

Abbildung 1.3: *Addition zweier Inputmuster I_i und J_i: a) Mismatch b) Übereinstimmung*

Bevor die Konsequenzen aus dieser Nivellierung bzw. Konturverstärkung für den Korrekturmechanismus diskutiert werden, soll zuerst gezeigt werden, wie das aktivierte Muster $\mathbf{x}_1^{(2)}$ von $F^{(2)}$ das Muster $\mathbf{x}_1^{(1)}$ über die Feedbackbahnen nach $F^{(1)}$ auslesen kann. Dabei wird wieder der vereinfachte Fall betrachtet, daß in $F^{(2)}$ nur die Zelle $v_k^{(2)}$ - die im folgenden als v_0 bezeichnet wird - mit der Aktivitätsstärke $x_0(t)$ erregt ist, und die Zellen v_1 bis v_n von $F^{(1)}$ das Aktivitätsmuster $x_1(t)$ bis $x_n(t)$ zeigen (siehe Abbildung 1.4).

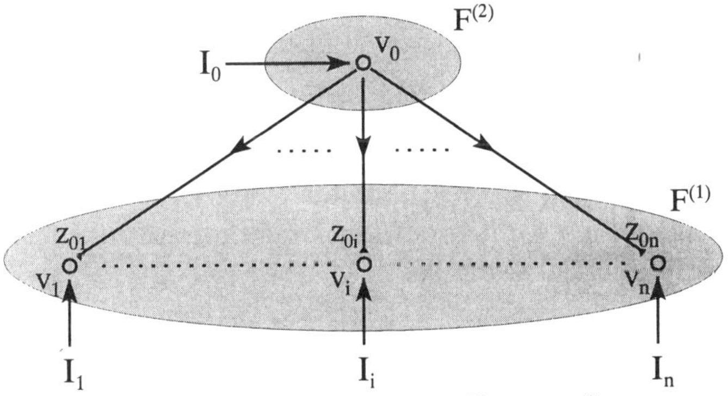

Abbildung 1.4: *Der Feedback-Mechanismus von $F^{(2)}$ nach $F^{(1)}$*

Zuerst müssen die Verbindungen zwischen den Zellen v_0 und den Zellen v_1 bis v_n lernen, welches Aktivitätsmuster $x_1(t),..., x_n(t)$ bei Aktivierung von v_0 nach $F^{(1)}$ geschickt werden soll. Dies gelingt über eine Adaptation der Gewichte z_{01} in einer anfänglichen Lernphase. Die Zelle v_0 von $F^{(2)}$ ist dabei durch einen Input $I_0(t)$ und gleichzeitig sind die Zellen v_1 bis v_n von $F^{(1)}$ durch die Inputs $I_1(t)$ bis $I_n(t)$ erregt. Die zugeordneten Erregungen $x_i(t)$ genügen dann den folgenden Differentialgleichungen:

$$\frac{d}{dt}x_0 = -Ax_0 + I_0(t) \qquad \textbf{(5)}$$

$$\frac{d}{dt}x_i = -Ax_i + B(t) \cdot z_{0i} + I_i(t) \qquad \textbf{(6)}$$

Die LTM-Spur von v_0 nach v_i sei $z_{0i}(t)$. Für sie gilt:

$$\frac{d}{dt}z_{0i} = -C\,z_{0i} + D(t) \cdot x_i \qquad \textbf{(7)}$$

A_0, A und C stellen Zerfallsraten dar, B(t) und D(t) sind Signale von v_0 entlang der Verbindungen e_{0i}. So ist z.B. $B(t)=f(x_0(t))$, wobei $f(\omega)$ eine sog. Sigmoidfunktion sein soll. Gilt für $f(\omega)$ der lineare Zusammenhang $f(\omega)=\omega$, so ist $B(t)=x_0(t)$.

In den Differentialgleichungen (5), (6) und (7) stellen die ersten Ausdrücke jeweils Abklingterme dar, der Term $B \cdot z_{0i}$ der Gleichung (6) gibt das gewichtete Nettosignal von Zelle v_0 nach Zelle v_i wieder, und der Term $D \cdot x_i$ der Gleichung (7) besagt, daß das Gewicht z_{0i} sich nur dann ändert, wenn - im Sinne der Hebbschen Regel - sowohl die Zelle v_0 als auch die Zelle v_i aktiv ist.

Für das räumliche Eingangsmuster ($I_1(t),\ldots, I_n(t)$), das die Zellen v_1 bis v_n erregt, soll die plausible Annahme gemacht werden, daß dessen relative Inputs θ_i sich nicht ändern, selbst wenn die einzelnen Absolutwerte $I_i(t)$ fluktuieren. Dann gilt

$$I_i(t) = \theta_i \cdot I(t) \qquad \textbf{(8)}$$

mit $\sum_{i=1}^{n} \theta_i = 1$ und $\sum_{i=1}^{n} I_i(t) = I(t)$.

Die Differentialgleichung (5) läßt sich durch Integration lösen. Damit sind B(t) von Gleichung (6) und D(t) von Gleichung (7) bekannt.

Bezeichnet man noch die Summe über die x_i als $x = \sum_{i=1}^{n} x_i$ und die Summe über die z_{0i} als $z = \sum_{i=1}^{n} z_{0i}$, so lassen sich aus (6) und (7) zwei neue Gleichungen über die summierten Größen aufstellen:

$$\frac{d}{dt}x = -A \cdot x + B \cdot z + I \qquad \textbf{(9)}$$

$$\frac{d}{dt}z = -C \cdot z + D \cdot x \qquad \textbf{(10)}$$

Bildet man jetzt die zeitliche 1. Ableitung der relativen Größen $X_i=x_i/x$ und $Z_i=z_i/z$, so gilt nach der Quotientenregel

$$\begin{aligned}\frac{d}{dt}X_i &= \frac{\dot{x}_i \cdot x - \dot{x} \cdot x_i}{x^2}. \quad (\text{wobei } \dot{x} = \frac{dx}{dt} \text{ und } \dot{x}_i = \frac{dx_i}{dt}) \\ &= \frac{1}{x^2}\{x(-A \cdot x_i + B \cdot z_{0i} + \theta_i \cdot I(t)) - x_i(-A \cdot x + B \cdot z + I)\} \\ &= \frac{I}{x}\left(\theta_i - \frac{x_i}{x}\right) + \frac{B}{x}\left(z_{0i} - \frac{z}{x} \cdot x_i\right).\end{aligned}$$

Nach entsprechenden Umformungen ergibt sich schließlich

$$\frac{dX_i}{dt} = F(\theta_i - X_i) + E(Z_i - X_i) \qquad \textbf{(11)}$$

mit $F=I/x$ und $E=B \cdot z/x$.

Mit der zeitlichen 1. Ableitung des relativen Gewichts $Z_i=z_{0i}/z$ erhält man

$$\begin{aligned}\frac{dZ_i}{dt} &= \frac{\dot{z}_{0i} \cdot z - \dot{z} \cdot z_{0i}}{z^2} \\ &= \frac{1}{z^2}\{z(-C \cdot z_0 i + D \cdot x_i - z_{0i}(-C \cdot z + D \cdot x)\} \\ &= \frac{D \cdot x}{z}\left(\frac{x_i}{x} - \frac{z_{0i}}{z}\right).\end{aligned}$$

Somit gilt

$$\frac{d}{dt} Z_i = G(X_i - Z_i) \quad \textbf{(12)}$$

mit G=Dx/z.

Der Gleichung (12) entnimmt man, daß in der anfänglichen Lernphase ein Gleichgewichtszustand erreicht wird - $\frac{d}{dt} Z_i = 0$ -, wenn die Z_i sich an die Aktivitäten X_i angepaßt haben: $Z_i = X_i$. Die Aktivitäten X_i ihrerseits stabilisieren sich - $\frac{d}{dt} X_i = 0$ -, wenn die X_i die Werte der relativen Inputgrößen angenommen haben (siehe Gleichung (11)). Letztlich gilt $Z_i \approx \theta_i$, d.h. das räumliche Inputmuster wurde in den Gewichten langzeitlich gespeichert.

Wird nun nach dieser Lernphase die Zelle v_0 von $F^{(2)}$ aktiviert, so wird über die Z_i der Feedbackverbindungen das ursprüngliche Muster (θ_i,..., θ_n) nach den Zellen v_1 bis v_n von $F^{(1)}$ ausgelesen.

Der beschriebene Feedback-Mechanismus zeigt, daß grundsätzlich ein Vergleich zwischen den Mustern $\mathbf{x}_1^{(1)}$ und $\mathbf{x}_2^{(1)}$ in $F^{(1)}$ in der beschriebenen Form selbsttätig vom neuronalen System zur Behebung eines Codierungsfehlers in $F^{(2)}$ durchgeführt werden kann. Deckt der Vergleich die Verschiedenheit (Mismatch) der Muster $\mathbf{x}_1^{(1)}$ und $\mathbf{x}_2^{(1)}$ auf, so wurde $\mathbf{x}_2^{(1)}$ in $F^{(2)}$ offensichtlich falsch als $\mathbf{x}_1^{(2)}$ codiert. Es kommt, wie schon ausgeführt, zu einer Nivellierung der Aktivitäten in $F^{(1)}$.

Zu diesem Zeitpunkt und für diesen Fall wäre es wichtig, wenn ein Mechanismus existierte, der die Aktivitäten in $F^{(1)}$ und $F^{(2)}$ vorübergehend bzw. anhaltend abschaltet, so daß $\mathbf{x}_2^{(1)}$ nicht weiterhin falsch als $\mathbf{x}_1^{(2)}$ in $F^{(2)}$ codiert wird, da dies bei den weiteren Informationsverarbeitungsprozessen verheerende negative Folgen für den Organismus haben kann. Ferner muß dem zweiten Muster $\mathbf{x}_2^{(1)}$ die Möglichkeit gegeben werden, in $F^{(2)}$ durch ein noch nicht besetztes Muster als ein neues $\mathbf{x}_2^{(2)}$ codiert zu werden - im einfachsten Fall nur durch eine andere, noch nicht benützte Zelle $v_{k'}^{(2)}$.

1.3 Unterdrückung der Zellaktivität im Neuronennetz $F^{(1)}$

Das Abschalten der Neuronenaktivitäten in $F^{(1)}$ bei einem Mismatch, d.h. bei Nivellierung des Aktivitätsmusters wird als ein Spezialfall des Rauschen-Sättigungs-Dilemmas angesehen. Bei allen neuronalen Systemen kann der Fall eintreten, daß ihre Inputs im Rauschen untergehen, wenn sie zu klein sind. Sind aber ihre Inputs zu groß, kann dies heißen, daß durch Sättigung keine Unterschiede mehr zu beobachten sind.

Angenommen ein Input I_i aktiviert die Zelle v_i, wobei deren maximale Aktivität B sei. Dann gilt:

$$\frac{d}{dt}x_i = -Ax_i + (B - x_i)\cdot I_i \tag{13}$$

Zur Begründung dieser Gleichung wird von Grossberg ausgeführt, daß eine Zelle v_i maximal B Plätze (zum "Andocken") enthalten soll, die erregt werden können. x_i Plätze seien schon erregt ("besetzt"), so daß der Input nur noch bezüglich der nicht erregten $(B\text{-}x_i)$ Plätze wirksam werden kann. Je größer dabei der Input I_i ist, umso größer ist die Wahrscheinlichkeit, daß die $(B\text{-}x_i)$ noch nicht erregten Plätze in den erregten Zustand übergehen. Der Term $-A\cdot x_i$ in der Gleichung (13) besagt, daß die x_i besetzten Plätze mit der Rate A in den nicht erregten Zustand übergeführt werden. Die Aktivität x_i einer Zelle wird also gleich der Zahl der erregten Plätze gesetzt.

Grossberg weist nach, daß die so konzipierte Gleichung - trotz ihrer Plausibilität - zu unbefriedigenden Lösungen führt. Mit $I_i=\theta_i\cdot I$ gilt für den Gleichgewichtszustand $(\frac{d}{dt}x_i = 0)$:

$$x_i = \frac{B\cdot\theta_i\cdot I}{A+\theta_i\cdot I} \tag{14}$$

Für große I ist A vernachlässigbar klein gegenüber $\theta_i\cdot I$, somit wird $x_i=B$, d.h. alle x_i nehmen den gleichen Wert an. Es liegt der Fall von Sättigung vor. Damit stellt sich die Frage, wie das System seine Sensibilität gegenüber den θ_i beibehalten kann, wenn der Gesamtinput I(t) anwächst. Dies kann, wie die folgenden Ausführungen zeigen werden, dadurch erreicht werden, daß alle anderen Inputs I_k $(k\neq i)$ hemmend auf die Zelle v_i einwirken:

$$\frac{d}{dt}x_i = -Ax_i + (B - x_i)\cdot I_i - x_i \sum_{k\neq i} I_k \qquad \textbf{(14)}$$

Für den Gleichgewichtszustand $\frac{d}{dt}x_i = 0$ gilt dann

$$x_i = \theta_i \frac{B\cdot I}{A+I}.$$

Für I≫A bleiben jetzt die x_i proportional zu θ_i, $x_i=\theta_i\cdot B$.

Für den Fall der Nivellierung, d.h. $\theta_i=1/n$ (i=1, ..., n) soll die Aktivierung x_i der Zelle v_i Null werden. Grossberg erreicht dies dadurch , daß er eine "negative Aktivität" im Sinne einer Hyperpolarisation , also eine aktive Gehemmtheit der Zelle zuläßt. Damit wird (14) erweitert zu:

$$\frac{d}{dt}x_i = -Ax_i + (B - x_i)\cdot I_i - (x_i + C)\cdot \sum_{k\neq i} I_k \qquad \textbf{(15)}$$

Wird $x_i=-C$, fällt der hemmende Term weg, d.h. x_i beschränkt sich - bei kleiner Zerfallsrate A - im wesentlichen auf das Intervall [- C, B]. B repräsentiert dabei nach Grossberg bei einem Neuron den Sättigungspunkt eines Na^+-Kanals und -C den Sättigungspunkt eines K^+-Kanals, wobei B erheblich größer als C sei. Im Gleichgewichtzustand gilt jetzt:

$$x_i = \frac{(B+C)\cdot I}{A+I}\left(\theta_i - \frac{C}{B+C}\right) \qquad \textbf{(16)}$$

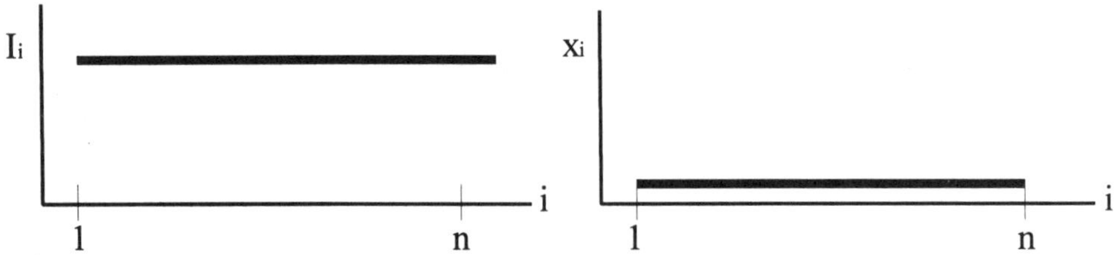

Abbildung 1.5: *Unterdrückung aller Zellaktivitäten x_i für den Fall $\theta_i=1/n$ und $C/B=1/(n-1)$ (Erläuterungen im Text)*

Mit C/B=1/(n-1) wird die Aktivität der Zelle $x_i=0$. Damit ist grundsätzlich nachgewiesen, daß die Zellen v_i im Zusammenhang mit der Vorstellung von eingehenden erregenden und hemmenden Inputs in der Lage sind, ein nivelliertes Muster als Sonderfall von Rauschen aktiv zu unterdrücken (siehe Abbildung 1.5).

1.4 Fehlerkorrektur mit Hilfe eines Arousal-Feldes

An dieser Stelle der Ausführungen wird es nun notwendig, auf die Struktur des Fehlerkorrekturmechanismus nach Grossberg näher einzugehen: Bevor der sensorische Input das Feld $F^{(1)}$ erreicht, teilt er sich auf zwei Bahnen auf. Die eine Bahn ist "spezifisch". Sie leitet die Information über das sensorische Ereignis nach $F^{(1)}$. Die andere Bahn ist "unspezifisch". Erregungen längs dieser Bahn aktivieren ein Arousal-Feld A, das seinerseits dann in der Lage ist, das Feld $F^{(2)}$ unspezifisch zu beeinflussen. Die Idee, daß Sinnesreize sowohl spezifische Information enhalten, als auch nur eine unspezifische Erregung hervorrufen, ist empirisch belegt. Moruzzi & Magoun (1949) als auch Hebb (1955) wiesen nach, daß im Zentralnervensystem (ZNS) die Formatio reticularis unspezifische Erregungen von den Sinnesorganen erhält, die an die höheren Auswertungszentren ($F^{(2)}$) weitergereicht werden und dort eine unspezifische Voraktivierung bzw. Aktivitätsverstärkung der Zellen bewirken.

Grossberg nimmt nun an, daß die vom spezifischen Input angeregten Aktivitäten der Zellen in $F^{(1)}$ das unspezifische Arousal-Feld A hemmen. Die Löschung der Aktivität in $F^{(1)}$ durch den Feedback-Mechanismus von $F^{(2)}$ bei einem Mismatch enthemmt aber das Feld A. Für höhere Auswertungszentren bedeutet dieser Mismatch: "Ein unerwartetes oder neues Ereignis liegt vor ." Diese Bewertung ist mit einer Aktivierung des Arousal-Felds gekoppelt, d.h. mit einer starken inneren Erregung (Alarmierung).

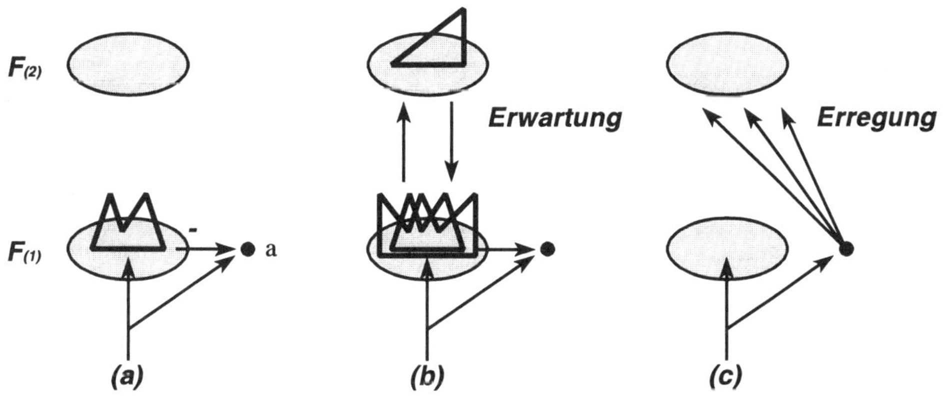

Abbildung 1.6: *Fehlerkorrektur mit Hilfe eines Arousal-Feldes (Erläuterungen im Text)*

Die Abbildung 1.6 veranschaulicht diese Abläufe:

a) Zuerst ruft das sensorische Ereignis das Muster $\mathbf{x}_2^{(1)}$ in $F^{(1)}$ hervor und aktiviert gleichzeitig das Arousal-Feld. Diese unspezifische Erregung wird aber durch durch die Aktivität von $F^{(1)}$ gehemmt. Gleichzeitig aktiviert $\mathbf{x}_2^{(1)}$ die Pfade nach $F^{(2)}$, die als Filter wirken und - wie angenommen - inkorrekt das Muster $\mathbf{x}_1^{(2)}$ auslösen.

b) Das Muster $\mathbf{x}_1^{(2)}$ liest die gelernte Feedback-Erwartung $\mathbf{x}_1^{(1)}$ nach $F^{(1)}$. aus. Der Mismatch zwischen $\mathbf{x}_1^{(1)}$ und $\mathbf{x}_2^{(1)}$ im Feld $F^{(1)}$ löscht dort die Aktivität der Zellen. Damit wird auch das hemmende Signal von $F^{(1)}$ nach dem Arousal-Feld A gelöscht.

c) Das Arousal-Feld A sendet dann unspezifische Erregung nach $F^{(2)}$. Die Aufgabe dieser unspezifischen Erregung ist es, die aktiven Zellen in $F^{(2)}$, die das Muster $\mathbf{x}_1^{(2)}$ zeigen, abzuschalten, aber die nicht aktiven Zellen von $F^{(2)}$ ungehemmt zu lassen. Die nicht aktiven Zellen von $F^{(2)}$ müssen für den Versuch einer angemesseneren Codierung von $\mathbf{x}_2^{(1)}$ während des nächsten Zeitintervalls zur Verfügung stehen, bzw. wenn dies nicht gelingt, müssen unverbrauchte Zellen in $F^{(2)}$ gefunden werden, mit denen das jetzt wieder ungehemmte Muster $\mathbf{x}_2^{(1)}$ einen neuen gelernten Filter von $F^{(1)}$ nach $F^{(2)}$ bildet. Damit wird dann auch eine neue gelernte Erwartung $\mathbf{x}_2^{(1)}$ von $F^{(2)}$ nach $F^{(1)}$ aufgebaut.

1.5 Kompetitive Netzwerkkanäle ("Dipol"-Modell)

Grossberg stellt sich nun die Frage, wie es sein kann, daß eine unspezifische Erregung eines Arousal-Felds selektiv die Aktivität der Zellen in $F^{(2)}$ nach der Höhe ihrer Erregungsstärke hemmen kann, so daß die aktiven Zellen am stärksten und die erregungsschwachen am geringsten blockiert werden. Eine Antwort ist das Modell von kompetitiven Netzwerkkanälen, die als Dipol bezeichnet werden. Die Abbildung 1.7 veranschaulicht die Struktur zweier wechselwirkender, kompetitiver Kanäle.

In der Abbildung 1.7 wird ein unspezifischer Input I - er wird als Grundtonus der Zellaktivitäten verstanden - den zwei Kanälen zugeleitet, der Testinput dagegen nur dem "On-Kanal". Diese Inputs haben die Signale S_1 und S_2 in den zwei Kanälen zur Folge. Die Signale S_i

werden durch die sich nur langsam ändernden chemischen Transmitter z_1 und z_2 gewichtet. Die gewichteten Signale $z_1 \cdot S_1$ und $z_2 \cdot S_2$ konkurrieren miteinander und führen zu den "On-und Off-Antworten" einer Zielzelle. Die Aktivität auf dem On-Kanal erregt die Zielzelle, die Aktivität auf dem Off-Kanal hemmt die Zielzelle.

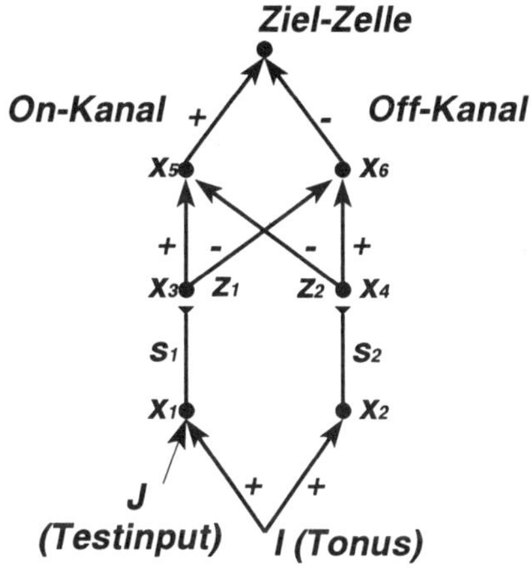

Abbildung 1.7: *Die neuronale Struktur des Dipols (Erläuterungen im Text)*

Die Differentialgleichung für die zeitliche Änderung eines Gewichts z leitet Grossberg aus folgenden Überlegungen her: Die einfachste Transmitter-Überführungsregel, um einen Input in ein dazu proportionales Signal zu transformieren, lautet: $S = B \cdot I$, wobei die Proportionalitätskonstante B sein soll. B wird als die Menge an vorhandener Transmittersubstanz interpretiert, und $B \cdot I$ als die freigesetzte Menge, um das Signal S zu erzeugen. Es muß ferner ein Regenerierungsprozeß existieren, der die verbrauchte Transmittersubstanz wieder erneuert.

Es sei z(t) der Betrag an verfügbarer Transmittersubstanz zur Zeit t. Wie kann man nun erreichen, daß zu allen Zeiten $t \geq 0$ $z(t) \cong B$ wird, so daß $S = I \cdot z(t)$ gilt?

Die Differentialgleichung

$$\frac{d}{dt} z = A \cdot (B - z) - I \cdot z \tag{17}$$

ist eine Lösung dieses Problems. Der Term A(B - z) besagt, daß z(t) mit der Rate A Transmittersubstanz akkumuliert, bis es den maximalen Betrag B erreicht hat. Der Term $-I \cdot z(t)$ gibt die Menge wieder, die durch den Input I beim Übertragungsprozeß abgebaut wird. Ist $z(t) \cong B$, so gilt für den Term $-I \cdot z$ die geforderte Beziehung $-B \cdot z$.

Geht nun, wie die Abbildung 1.7 zeigt, beim On-Kanal der Input $S_1 = I + J$ ein, beim Off-Kanal der Input $S_2 = I$, so gilt für z_1 nach (17)

$$\frac{d}{dt} z_1 = A \cdot (B - z_1) - S_1 \cdot z_1 \qquad \textbf{(18)}$$

und für z_2

$$\frac{d}{dt} z_2 = A \cdot (B - z_2) - S_2 \cdot z_2 . \qquad \textbf{(19)}$$

Nachdem sich z_1 an S_1 und z_2 an S_2 angepaßt haben, d.h.

$$\frac{d}{dt} z_1 = \frac{d}{dt} z_2 = 0$$

ergibt sich aus (18) bzw. (19)

$$z_1 = \frac{A \cdot B}{A + S_1} \qquad \textbf{(20)}$$

und

$$z_2 = \frac{A \cdot B}{A + S_2} \qquad \textbf{(21)}$$

Da $S_1 > S_2$ ist, gilt wegen (20) und (21) $z_1 < z_2$, d.h. im On-Kanal ist mehr Transmittersubstanz verbraucht worden als im Off-Kanal. Trotzdem ist die Aktivität der Zelle x_3 des On-Kanals größer als die der Zelle x_4 des Off-Kanals, da $S_1 \cdot z_1 = \frac{ABS_1}{A+S_1}$ größer ist als $S_2 \cdot z_2 = \frac{ABS_2}{A+S_2}$.

Die Netto-Aktivität x_6 ist damit negativ, während sich die Netto-Aktivität von x_5 zu

$$S_1 \cdot z_1 - S_2 \cdot z_2 = \frac{A^2 \cdot B \cdot J}{(A+I+J)\,(A+I)} \tag{22}$$

ergibt.

Wird nun der Testinput J abgeschaltet, so bleibt, da sich z_1 und z_2 nur langsam ändern, die Beziehung $z_1 < z_2$ für ein kurzes Zeitintervall erhalten, und es gilt mit $S_1^* = S_2^* = I$, daß jetzt die Nettoaktivität x_5 negativ wird. Die Netto-Aktivität x_6 im On-Kanal ist dagegen positiv, d.h. die Zielzelle wird gehemmt:

$$S_1^* \cdot z_1 = \frac{ABI}{A+S_1} = \frac{ABI}{A+I+J}$$

$$S_2^* \cdot z_2 = \frac{ABI}{A+S_2} = \frac{ABI}{A+I}$$

Die Netto-Aktivität von x_6 beträgt

$$S_2^* \cdot z_2 - S_1^* \cdot z_1 = \frac{A \cdot B \cdot I \cdot J}{(A+I+J)\,(A+I)} \tag{23}$$

Dieser Rückprall-Effekt (Rebound-effect) ist aber nur vorübergehend, weil z_1 und z_2 die gleichen Signale empfangen und sich daher auf dasselbe Niveau einstellen. Dies hat zur Folge, daß $x_5 = x_6 = 0$ wird.

Damit ist grundsätzlich aufgezeigt, daß ein Dipol in der Lage ist, nach Abschalten eines Testimpulses - bei Anwesenheit eines Grundtonus I - ein hemmendes Signal zu einer Zielzelle zu schicken.

Von Interesse ist aber, ob der Dipol auch dazu fähig ist, bei einer Änderung des Grundtonus I, d.h. beim Auftreten eines zusätzlichen Arousal-Inputs, ein hemmendes Signal zu produzieren, das proportional zum an der Zelle anliegenden Testinput J ist. Damit wäre der gesuchte Mechanismus gefunden, der in $F^{(2)}$ gezielt die aktivsten Zellen am stärksten hemmt.

Angenommen, die On- und Off-Kanäle sind an die Inputs I und J - wie oben dargelegt - adaptiert. Wird nun die unspezifische Erregung von I auf I^* erhöht, ändern sich die Signale S_1^* und S_2^*.

$$S_1^* = I^* + J \quad \text{und} \quad S_2^* = I^*$$

Ein kurzes Zeitintervall lang bleiben aber die an I und J adaptierten Gewichte z_1 und z_2 noch konstant. Zu einem Rückprall-Effekt kommt es, wenn $S_2^* \cdot z_2 - S_1^* \cdot z_1 > 0$, d.h. die Aktivität auf dem On-Kanal $x_5 = 0$ und die Aktivität auf dem Off-Kanal $x_6 > 0$ ist. Die Nettoaktivität

$$x_6 = S_2^* \cdot z_2 - S_1^* \cdot z_1 = A \cdot B \left(\frac{S_2^*}{A + S_2} - \frac{S_1^*}{A + S_1} \right) =$$
$$A \cdot B \cdot \frac{S_2^*(A+S_1) - S_1^*(A+S_2)}{(A+S_2) \cdot (A+S_1)} = J \cdot \frac{A \cdot B\,(I^* - I - A)}{(A+I) \cdot (A+I+J)} \qquad \textbf{(24)}$$

Für $I^* > I + A$ ist die Nettoaktivität $x_6 > 0$. Die Größe des Rückpralls ist - wie gefordert - in etwa proportional zum Testinput J, wenn dieser viel kleiner als A+I ist.

Sind die Speichereinheiten im klassifizierenden Neuronennetz $F^{(2)}$ als Dipole repräsentiert, lassen sich also die irrtümlich von $x_2^{(1)}$ aktivierten Zellen in $F^{(2)}$ durch einen Arousal-Input gezielt abschalten.

1.6 Das rekurrente "Shunting On-Center Off-Surround"-Netzwerk

Es drängt sich jetzt die Frage auf, ob die Aktivität des nächsten Codierungsmusters, das nun von $\mathbf{x_2}^{(1)}$ zur Codierung in $F^{(2)}$ aufgebaut wird, nicht viel zu klein ist, um wieder einen Feedback-Mechanismus nach $F^{(1)}$ in Gang zu setzen, der überprüfen soll, ob diesmal $\mathbf{x_2}^{(1)}$ korrekt von $F^{(2)}$ klassifiziert wird.

Bei der ersten Codierung war dieses Muster im Vergleich mit dem Muster $\mathbf{x_1}^{(2)}$ zu klein, um sich durchzusetzen. Grossberg beweist nun, daß die Frage verneint werden kann, wenn die Neuronenstruktur von $F^{(2)}$ ein sog. Shunting On-Center Off-Surround-Netzwerk darstellt. Dieses Netzwerk ist in der Lage kleine Differenzen der Anfangsmusteraktivitäten in große und leicht unterscheidbare Differenzen zu transformieren, die daraufhin im STM gespeichert werden.

Das einfachste dieser Netzwerke wird durch die Gleichung

$$\frac{d}{dt}x_i = -A x_i + (B - x_i)(f(x_i) + I_i) - x_i(\sum_{k \neq i} f(x_k) + J_i) \qquad \textbf{(25)}$$

definiert (siehe Abbildung 1.8).

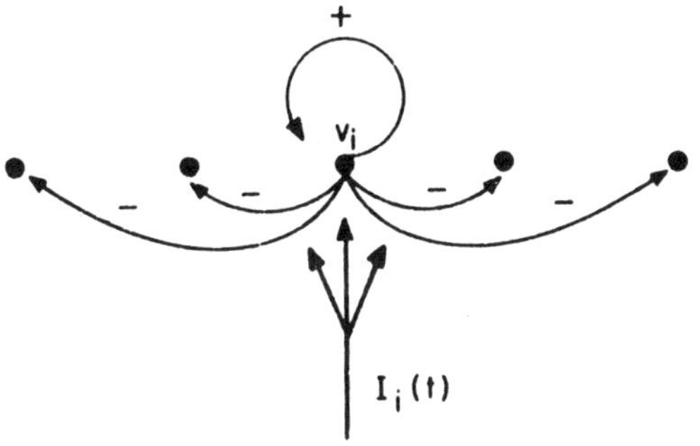

Abbildung 1.8: *Ein rekurrentes Shunting On-Center Off-Sourround-Netzwerk.*

Der Term $(B-x_i) \cdot f(x_i)$ beschreibt die Selbsterregung der Zelle v_i durch das positive Feedback-Signal $f(x_i)$, das die rekurrente On-Center-Aktivierung bewirkt. Der Term $-x_i \sum_{k \neq i} f(x_k)$ charakterisiert die Hemmung der Zelle v_i durch die negativen Feedbacksignale $f(x_k)$, wobei $k \neq i$ ist. Sie repräsentieren die Off-Center Hemmungssignale des Netzwerks. I_i ist der erregende Input für die Zelle v_i und J_i der hemmende Input, z.B. $J_i = \sum_{k \neq i} I_k$.

Eine wichtige Aufgabe des Netzwerks besteht nun darin, die Feed-back-funktion $f(\omega)$ als Funktion des Aktivitätslevels ω so zu wählen, daß Rauschen unterdrückt wird, aber der Kontrast zwischen den informativen Signalen verstärkt wird.

Im folgenden wird nur der einfachste Fall $I_i = J_i = 0$ diskutiert. Als erstes werden die Variablen $X_i = x_i/x$ und die totalen Aktivitäten $x = \sum_{k=1}^{n} x_k$, ferner die Funktion $g(\omega) = f(\omega)/\omega$ definiert.

Die zeitliche Änderung der totalen Aktivität $\dot{x}(t)$ ergibt sich aus (25) durch Summation über alle Zellen i zu:

$$\dot{x} = \frac{d}{dt}x = -Ax + (B-x)\sum_{k=1}^{n} f(X_k \cdot x) \qquad \textbf{(26)}$$

Die zeitliche Änderung der relativen Aktivitäten

$$\dot{X}_i = \frac{d}{dt}\left(\frac{x_i}{x}\right)$$

beträgt nach der Quotientenregel

$$\dot{X}_i = \frac{1}{x^2}\cdot(\dot{x}_i \cdot x - \dot{x} \cdot x_i)$$

Setzt man hier für $\dot{x}_i$ und $\dot{x}$ die Ausdrücke von (25) und (26) ein, so folgt

$$\dot{X}_i = \frac{1}{x^2}\left[x \cdot B \cdot f(x_i) - x_i B \cdot \sum_{k=1}^{n} f(x_k)\right]$$

Durch entsprechende Umformungen ergibt sich dann

$$\frac{d}{dt}X_i = B \cdot X_i \cdot \left[g(X_i \cdot x) - \sum_{k=1}^{n} X_k\, g(X_k \cdot x)\right].$$

Mit

$$g(x_i) = g(x_i)\cdot\frac{x}{x} = g(x_i)\cdot\frac{\sum_{k=1}^{n} x_k}{x} = \sum_{k=1}^{n} X_k\, g(x_i)$$

folgt daraus

$$\frac{d}{dt}X_i = B \cdot X_i \cdot \sum_{k=1}^{n} X_k\left[g(X_i \cdot x) - g(X_k \cdot x)\right]. \qquad \textbf{(27)}$$

Definiert man ferner $g_k = g(x_k)$ und $G = \sum_{k=1}^{n} X_k \cdot g_k$, so lassen sich (26) und (27) durch Umformungen als

$$\dot{X}_i = BX_i \sum_{k=1}^{n} X_k (g_i - g_k) \qquad \textbf{(28a)}$$

oder

$$\dot{X}_i = BX_i \cdot (g_i - G) \qquad \textbf{(28b)}$$

und

$$\dot{x} = x(B-x)\left(G - \frac{A}{B-x}\right) \qquad \textbf{(29)}$$

schreiben.

Anhand der Gleichungen (28) und (29) wird nun untersucht, welche Konsequenzen sich für unterschiedliche Rückkopplungsfunktionen f(ω) auf die Aktivitäten $x_i(t)$ ergeben, insbesondere, wenn t sehr groß wird.

1.7 Diskussion wichtiger Klassen von Rückkopplungsfunktionen

Von Interesse ist vor allem, ob für große t noch eine totale Aktivität

$$\lim_{t \to \infty} x(t) = \lim_{t \to \infty} \sum x_i(t) = E$$

existiert. Nimmt sie einen endlichen Wert an, so liegt eine sog. Normalisierung der Anfangsaktivität $x(0) = \sum x_i(0)$ vor. Wird sie gleich Null, so ist die Aktivität des Netzes nur vorübergehend. Bedeutsam ist natürlich ferner, wie sich die Gesamtaktivität schließlich auf die einzelnen Zellen v_i aufteilt. Kommt es zu einer sog. Uniformierung oder zu einer Konturverschärfung des ursprünglichen Musters? Als erstes soll nun der Fall einer linearen Funktion diskutiert werden.

1. Fall: f(ω) ist linear ansteigend

Da $f(\omega) = C \cdot \omega$, ist $g(\omega) = C$, also eine Konstante. Das bedeutet, daß in der Gleichung (29) alle zu summierenden Ausdrücke $g_i - g_k = C - C = 0$ sind;

d.h. $\dot{X}_i=0$. Die zeitliche Änderung der relativen Größen X_i ist also gleich Null. Das einmal eingegangene relative Anfangsmuster $X_i(0)$, mit $i=1,\ldots, n$, ändert sich für $t>0$ nicht mehr. $X_i(t)=X_i(0)$. Mit $X_i(t)=x_i(t)/x(t)$ folgt daraus $x_i(t)=X_i(0)\cdot x(t)$. Es genügt also, sich den Verlauf von $x(t)$ näher anzusehen.

Da im vorliegenden Fall

$$G = \sum_{k=1}^{n} X_k \cdot g_k = \sum_{k=1}^{n} \frac{x_k}{x} g_k = C,$$

läßt sich (29) als

$$\dot{x} = x(B-x)\left(C - \frac{A}{B-x}\right)$$

schreiben. Durch Umformung ergibt sich

$$\dot{x} = x(D - Cx) \tag{30}$$

mit $D=BC-A$. Diese Riccatische Differentialgleichung kann gelöst werden, wenn man die Transformation $x=\dot{y}/C\cdot y$ durchführt. Die Lösung lautet dann:

$$x(t) = \frac{x(0)e^{Dt}}{1+x(0)\cdot\frac{C}{D}\left(e^{Dt}-1\right)}, \quad \text{für } D \neq 0. \tag{31}$$

Für den Spezialfall $C=1$ und $D>0$, d.h. $B>A$ folgt

$$\lim_{t\to\infty} x(t) = \lim_{t\to\infty} \frac{x(0)\cdot e^{Dt}}{1+x(0)\frac{1}{D}\left(e^{Dt}-1\right)} = \text{(nach der l'Hospitalschen Regel)}$$

$$= \frac{x(0)\cdot D\cdot e^{Dt}}{x(0)\cdot e^{Dt}} = D = B-A$$

In diesem Fall ist also $\lim_{t\to\infty} x(t)=B-A$ und $\lim_{t\to\infty} x_i(t)=X_i(0)\cdot(B-A)$.

Liegen also für $t=0$ Eingangssignale bei den Zellen v_i an, die entsprechende Aktivitäten $x_i(0)$ hervorrufen, so bleiben diese erhalten (siehe Abbildung 1.9).

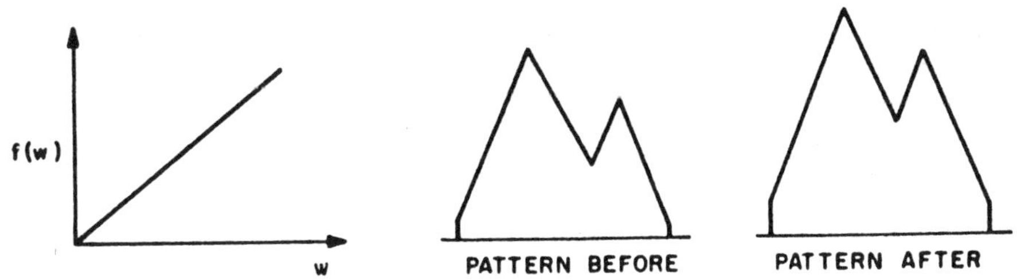

Abbildung 1.9: *Anfangs- und Endzustand des Aktivitätsmusters bei einer linearen Übertragungsfunktion* $f(\omega)=C\cdot\omega$.

Ist (B-A)>x(0), so liegt sogar eine lineare Verstärkung vor. Das bedeutet aber auch, daß zufällige Signale aufgrund von Rauschen ebenfalls linear verstärkt werden. Dies ist eine negative Eigenschaft der linearen Übertragungsfunktion. Für den Spezialfall C=1 und D<0 ist $e^{Dt}=e^{-|D|\cdot t}$ und daraus folgt aus (31) $\lim_{t\to\infty} x(t)=0$.

Für den Spezialfall C=1 und D=0 wird (30) zu $\dot{x}=-Cx^2$. Die Lösung dieser Gleichung lautet:

$$x(t) = \frac{x(0)}{1+x(0)\cdot C\cdot t}$$

Dann gilt $\lim_{t\to\infty} x(t)=0$. Für D≤0 verschwindet also die Gesamtaktivität x(t) für große Zeiten und damit auch die Aktivität der einzelnen Zelle $x_i(t)$.

2. Fall: f(ω) ist "langsamer als linear ansteigend"

Bei der 2.Klasse von Feedback-Funktionen soll f(ω) langsamer als eine lineare Funktion anwachsen; d.h. g(ω) ist monoton fallend. Ist $X_i>X_k$, so gilt - wie man anschaulich der Abbildung 1.10 entnehmen kann -, daß $g(X_i)<g(X_k)$ und damit auch $g(x_i)<g(x_k)$. Ist aber $X_i<X_k$, so folgt $g(x_i)>g(x_k)$.

Nimmt man die Indizierung der Zellen so vor, daß $X_1\le X_2\le\ldots\le X_n$ gilt, lassen sich für die zeitliche Änderung der relativen Aktivitäten X_i - Gleichung (28): $\dot{X}_i = B\cdot X_i \sum_{k=1}^{n} X_k(g_i-g_k)$ - die folgenden Aussagen machen:

Da $X_1<X_k$ (k=2,...,n), sind alle Ausdrücke $g_1-g_k\ge 0$. Daher ist $\dot{X}_1>0$; d.h. die relative Zellaktivität X_1 wird zeitlich anwachsen. Für X_n gilt

$X_n \geq X_k$ (k=1,..., n-1). Daher sind alle Ausdrücke $g_n - g_k < 0$; d.h. die relative Zellaktivität X_n wird zeitlich abnehmen.

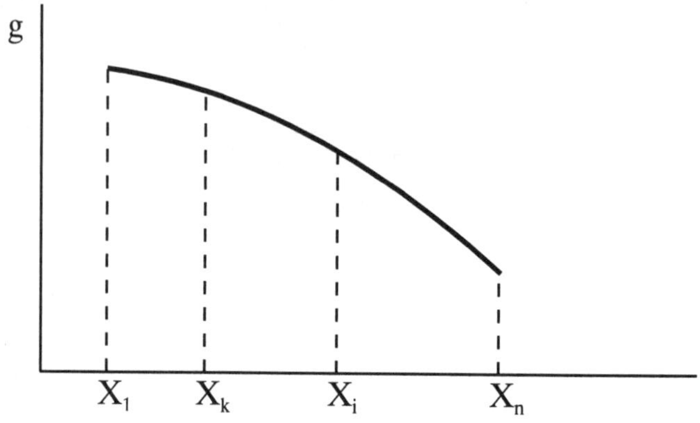

Abbildung 1.10: *g(ω) ist eine monoton fallende Funktion.*

Greift man nun eine Aktivität X_i zwischen 1 und n heraus, so muß - zur Bestimmung von $\dot{X}_i$ - die Summe $\sum_{k=1}^{n} X_k(g_i - g_k)$ in zwei Teilsummen aufgespalten werden. Für die Teilsummen gilt:

$$\sum_{k=1}^{i-1} X_k(g_i - g_k) = \begin{cases} < 0 & \text{für } X_i > X_k \\ > 0 & \text{für } X_i < X_k. \end{cases}$$

Die Größe der zwei Teilsummen bestimmt, ob X_i zeitlich anwächst oder abnimmt. Sind die zwei Teilsummen gleich groß, so ist $\dot{X}_i = 0$. Es gibt also eine relative Zellaktivität X_r, die zeitlich konstant bleibt, $X_r(t) = x_r(t)/x(t)$. Das heißt aber, daß die anderen relativen Aktivitäten nicht beliebig anwachsen bzw. abnehmen. Für $t \to \infty$ wird ein Aktivitätsendzustand erreicht, der für alle Zellen gleich groß ist:

$$\lim_{t \to \infty} X_i(t) = \frac{1}{n}.$$

Es muß aber noch die Frage beantwortet werden, ob für große Zeiten t überhaupt eine Zellaktivität vorhanden ist, d.h. $\lim_{t \to \infty} x(t) = E$, wobei E die Größe dieser totalen Aktivität sein soll.

Nimmt man dies an, so ist $\lim_{t \to \infty} \dot{x}(t) = 0$ und damit wird aus (29)

$$0 = E(B-E)\left(G - \frac{A}{B-E}\right)$$

Durch Umformung erhält man

$$0 = E\cdot[G\cdot(B-E)-A]$$

Die Gleichung ist Null, wenn der Faktor

$$G(B-E)-A = 0 \qquad \textbf{(32)}$$

Der Ausdruck $G=\sum_{k=1}^{n} X_k g(x_k)$ wird für $t\to\infty$ zu $G=\sum_{k=1}^{n}\frac{1}{n}g(\frac{E}{n})=g(\frac{E}{n})$ und damit wird aus (32) $g(\frac{E}{n})(B-E)-A=0$.

Eine permanente Aktivität $\lim_{t\to\infty} x(t)=E$ liegt also vor, wenn es eine Lösung der Gleichung

$$g(\frac{E}{n}) = \frac{A}{B-E} \qquad \textbf{(33)}$$

gibt. Die Abbildung 1.11 veranschaulicht die Lösungsmöglichkeiten.

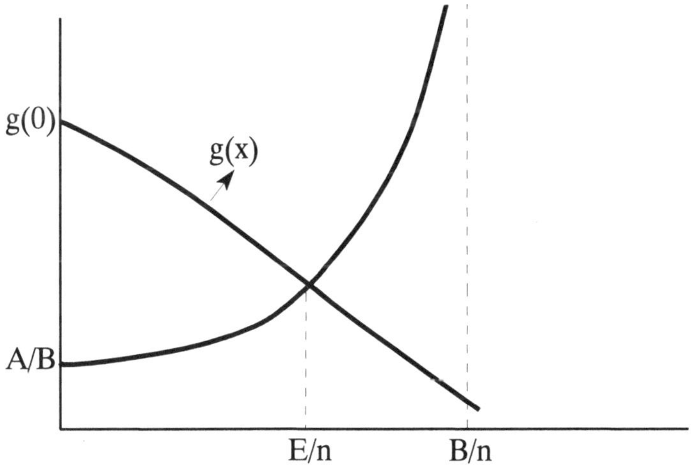

Abbildung 1.11: *Veranschaulichung der Lösung E/n von* $g(x)=\frac{A/n}{B/n-x}$.

In der Abbildung wurde E/n=x gesetzt. Keine Lösung existiert, wenn $g(0)\leq A/B$ ist. Ist $g(0)>A/B$, gibt es eine Lösung von (33). In der Abbildung 1.11 wird - für den Fall der permanenten Aktivität $\lim_{t\to\infty} x(t)=E$ - gezeigt, wie sich das Aktivitätsmuster verändert, wenn die Übertragungsfunktion $f(\omega)$ langsamer als linear ansteigt, d.h. $g(\omega)=f(\omega)/\omega$ monoton fallend ist.

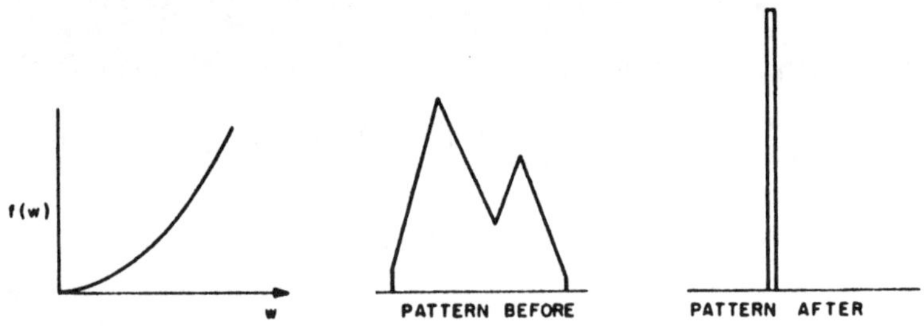

Abbildung 1.12: *Anfangs- und Endzustand des Aktivierungsmusters, wenn die Übertragungsfunktion f(ω) "langsamer als linear ansteigend ist".*

Die in Abbildung 1.12 dargestellte Aktivitätsmuster-Uniformierung zeigt in der Gegenwart von Rauschen unliebsame Konsequenzen, da alle Signale, ob sie von wichtigen Inputs oder von Rauschen herrühren, die gleiche Verarbeitung erfahren.

3.Fall: f(ω) steigt schneller als linear an

In diesem Fall ist $g(\omega)=f(\omega)/\omega$ eine monoton steigende Funktion (siehe Abbildung 1.13). Ist $X_i>X_k$, so wird auch $g(x_i)>g(x_k)$. Gilt wieder $X_1<X_2,\ldots,<X_n$, so erfährt die Zelle mit der größten Anfangsaktivität die größte positive Änderung.

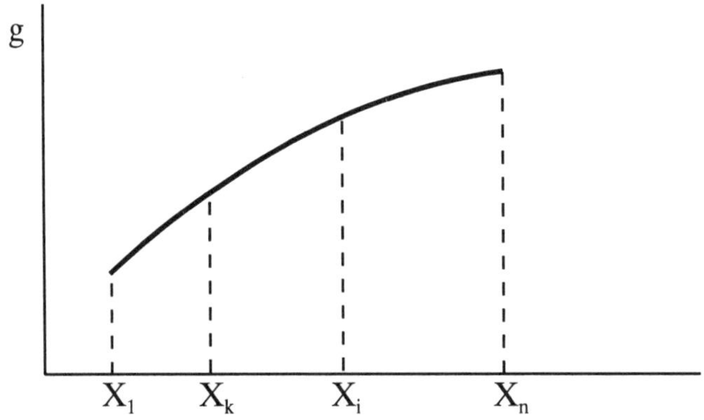

Abbildung 1.13: *g(ω) ist eine monoton steigende Funktion.*

Die Summe $\sum_{k=1}^{n} X_k(g_i-g_k)$ in der Gleichung (29) bestimmt auch hier wieder, ob die Änderung $\dot{X}_i$ der Zelle v_i positiv oder negativ wird. Sie läßt sich wieder in zwei Teilsummen aufspalten:

Die 1. Teilsumme Σ_1 ist größer als Null, die 2. Teilsumme Σ_2 kleiner als Null. Es sei $X_r(0)$ die Aktivität der Zelle v_r zum Zeitpunkt t=0, für die beide Teilsummen gerade gleich groß sind:

$\Sigma_1(0) = \Sigma_2(0)$ ¦........¦............¦
1 r n

Für alle Zellen links von r ist deren Gesamtsumme kleiner als Null und damit $\dot{x}_r<0$, d.h. ihre Aktivitäten nehmen ab. Im nächsten Zeitschritt (t=1) gilt daher für die Zelle v_r nicht mehr, daß $\Sigma_1(1)=\Sigma_2(1)$, sondern $\Sigma_1(1)<\Sigma_2(1)$. Die Zelle, für die $\Sigma_1(1)=\Sigma_2(1)$, liegt jetzt rechts von r. Mit zunehmenden Zeitschritten verschiebt sich die "Gleichgewichtszelle" immer weiter nach rechts. Alle Zellen links von der Gleichgewichtszelle erfahren eine Aktivitätsabnahme. Schließlich gilt für $t\rightarrow\infty$:

$$\lim_{t\rightarrow\infty} X_i(t) = \begin{cases} 1 & \text{für } i=n \\ 0 & \text{für } i\neq n \end{cases}$$

Die gesamte Aktivität konzentriert sich nur noch auf eine Zelle (im allgemeineren Fall auf einen Satz von Zellen). Die Aktivitäten aller anderen Zellen werden unterdrückt (siehe Abbildung 1.14).

Abbildung 1.14: *Anfangs- und Endzustand des Aktivitätsmusters, wenn die Übertragungsfunktion f(ω) "schneller als linear ansteigend ist".*

Es bleibt aber noch die Frage zu beantworten, ob für $t\rightarrow\infty$ überhaupt noch eine totale Aktivität E, $\lim_{t\rightarrow\infty} x(t)=E$, mit E>0 existiert.

Nimmt man dies wieder an, so ist $\lim_{t\rightarrow\infty} \dot{x}(t)=0$ und damit ergibt sich aus (29): $G\cdot(B-E)-A=0$. Damit wird $G=\sum_{k=1}^{n} X_k g(x_k)=1\cdot g(E)$. Eine Lösung $\lim_{t\rightarrow\infty} x(t)=E$ existiert also, wenn $g(E)\cdot(B-E)-A = 0$ wird, d.h.

$$g(E) = \frac{A}{B-E} \qquad \textbf{(34)}$$

Ist g(0)<A/B, so gibt es bei einem Kurvenverlauf für g, wie ihn die Abbildung 1.15 zeigt, zwei Lösungen. Ist g(0)>A/B gibt es nur eine Lösung.

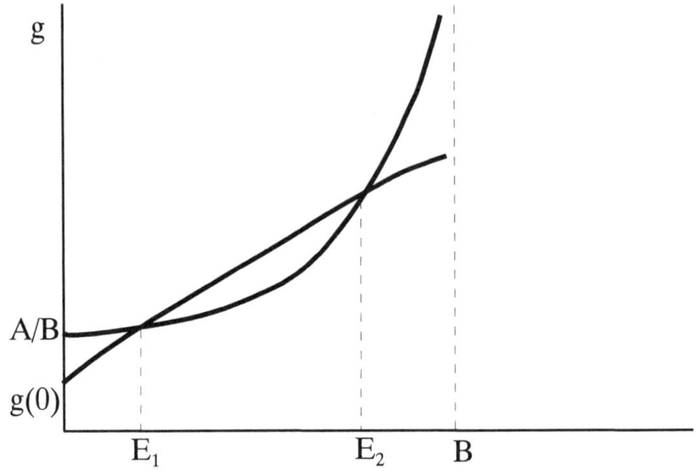

Abbildung 1.15: *Veranschaulichung der Lösungen E_1 und E_2 von g(E)=A/(B-E).*

Im Falle g(0)<A/B ist bei der ersten Lösung lim x(t) = E sehr klein, bei der zweiten Lösung liegt E in der Nähe von B, d.h. $x(\infty) = \lim_{t\to\infty} x(t) \approx B$. Mit $x_n(\infty) = X_n(\infty)\cdot x(\infty) \approx 1\cdot B \approx B$ heißt dies - da jede Zelle nur mit der maximalen Aktivität B feuern kann -, daß die Zelle v_n für $t\to\infty$ eine große Aktivität aufweist. Dies gilt natürlich auch, wenn die totale Anfangsaktivität x(0) der Zellen klein ist.

Ist die Struktur von $F^{(2)}$ ein rekurrentes On-Center-Off-Surround-Netzwerk mit der entsprechenden $f(\omega)$-Übertragungsfunktion, ist das Netz also - wie eingangs gefordert - in der Lage kleine Anfangsaktivitäten in große Erregungen umsetzen, die für eine Langzeitspeicherung in den Gewichten z_{ij} genutzt werden kann. Steigt die Signalfunktion $f(\omega)$ schneller als linear an, verhält sich das Netz wie eine "binäre Entscheidungsmaschine". Für große Zeiten t zeigt nur eine Zelle eine beachtliche Aktivität, alle anderen Aktivitäten und damit auch Signale von Rauschquellen werden unterdrückt. Letzterer Effekt ist natürlich positiv zu bewerten.

Die Eigenschaft, daß schließlich nur eine Zelle feuert, kann abgeschwächt werden, wenn $f(\omega)$ sich als Hybridfunktion aus den schon besprochenen Funktionen zusammensetzt, wie z.B. der Sigmoidfunktion (siehe Abbildung 1.16). Dann entsteht eine sog. Löschschwelle (Quenching Threshold (QT)). Liegt die Anfangsaktivität $x_i(0)$ einer Zelle unterhalb der Schwelle, so wird die totale Aktivität gelöscht ($x_i(\infty)=0$). Ist sie größer als QT, wird die Aktivität kontrastverstärkt und damit im Kurzzeitgedächtnis (STM) gespeichert. Die totale Aktivität wird dabei normalisiert.

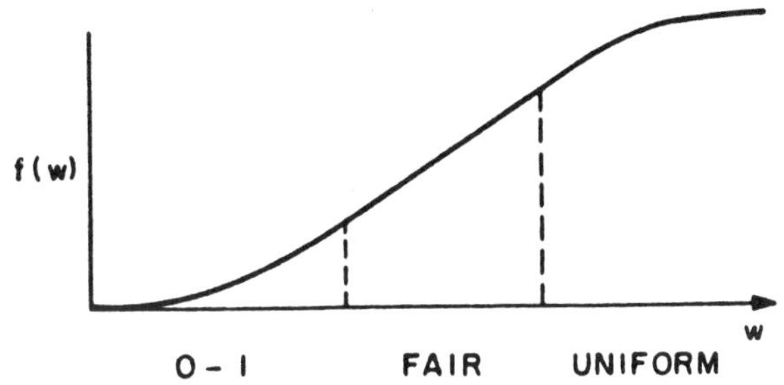

Abbildung 1.16: *f(ω) als Hybridfunktion aus 3 Funktionsklassen mit entsprechendem Übertragungsverhalten (Sigmoid-Funktion).*

Die Löschschwelle bildet sich aus, weil der "Schneller als Linear"-Bereich damit beginnt, das Muster kontrastierend zu verstärken. Gleichzeitig verschiebt die Normalisierung die Aktivitäten in den dazwischen liegenden linearen Bereich, der jedes Muster und im Besonderen das teilweise kontrastverstärkte Muster speichert. Da eine Löschschwelle existiert, ist das Netzwerk ein einstellbarer Filter. So zeigten Grossberg & Levine (1975), daß ein nicht spezifisches Arousal-Signal, das multiplikativ alle rekurrenten inhibitorischen Zwischenneuronen hemmt, die Löschschwelle erniedrigen kann und damit die Speicherung von Inputs im STM erleichtert.

Um das Verhalten des Netzes zu verstehen, wenn die Signalfunktion eine Sigmoidfunktion wie in Abbildung 1.16 darstellt, greift man auf die Gleichungen (28b) $\dot{X}_i = BX_i(g_i - G)$ und (29) $\dot{x} = x(B-x)\left(G - \frac{A}{B-x}\right)$ zurück.

Die Richtungsänderungen von jedem X_i und der Gesamtaktivität x hängen von g_i bzw. von A/(B-x) - verglichen mit der Größe $G = \sum_{k=1}^{n} X_k \cdot g(X_k \cdot x)$ - ab. G ist dabei das gewichtete Mittel aus allen Mustervariablen und x.

Nimmt man an, daß g(ω) wie in Abbildung 1.16 aussieht, dann gilt aufgrund von (28b) für $g_i > G$: $\dot{X}_i > 0$. In Abbildung 1.17 wird diese Relation durch nach rechts zeigende Pfeile festgehalten.

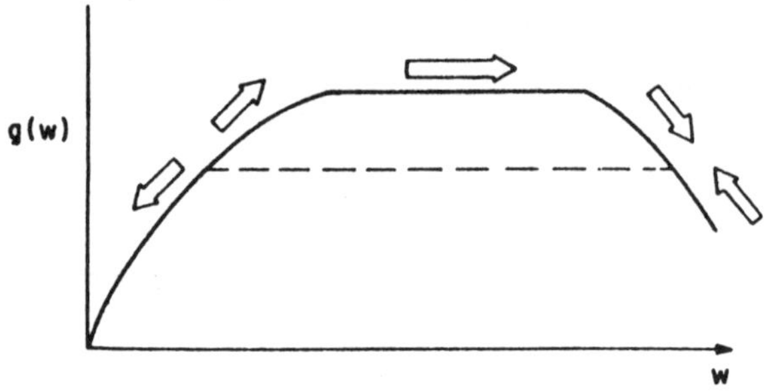

Abbildung 1.17: *Konvexes g(ω) mit linearem Zwischenbereich*

Ist $g_i < G$, dann folgt aus (28b): $\dot{X}_i < 0$. Die relative Aktivität X_i nimmt also zeitlich ab. In diesem Bereich zeigen die Pfeile in der Abbildung nach links. Die Kollision der Pfeile im rechten Teil der Abbildung bedeutet eine Tendenz zu einer uniformen Verteilung für große X_i, das Auseinandergehen der Pfeile im linken Teil der Abbildung bedeutet die Tendenz kleine X_i, z.B. Signale von Rauschquellen zu löschen und die Signale im mittleren Bereich zu verstärken. Die exakte mathematische Herleitung der Aktivitäten des Netzes für große Zeitwerte wird aber dadurch erschwert, daß nicht notwendiger Weise ein Anwachsen von X_i immer mit einem Anwachsen von x verbunden ist.

1.8 Erklärungen psychischer Phänomene mit Hilfe der Outstar- und Dipol-Strukturen

Bei der Erörterung der Fehlercodierungstheorie wurden zwei wichtige neuronale Strukturen postuliert und diskutiert:
1. die Outstar-Architektur und
2. die Dipolstruktur.

Diese neuronalen Strukturen werden von Grossberg auch zur Beschreibung und Erklärung wichtiger psychischer Phänomene herangezogen. So kann die Outstar-Architektur (Abbildung 1.18, siehe auch Abbildung 1.4), die bei der Fehlersuche als Feedback-Prozedur für das Erkennen eines Mismatch zum Einsatz kam, auch zur neuronalen Beschreibung und Erklärung des Klassischen Konditionierens verwendet werden.

Beim Klassischen Konditionieren löst ein unkonditionierter Reiz (US) eine unkonditionierte Reaktion (UR) aus. (Beim klassischen Experi-

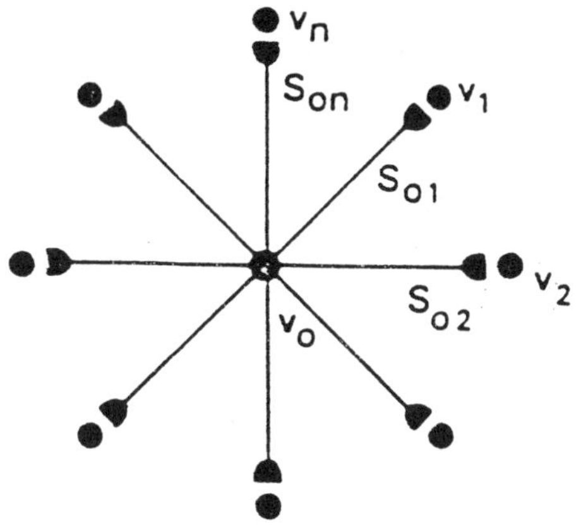

Abbildung 1.18: *Das Outstar-Modell als minimales Netzwerk für das Klassische Konditionieren.*

ment von Pawlov bewirkt z.B. der Anblick von Futter beim Hund den Speichelfluß.) Ein neutraler Reiz (z.B. ein Glockenton), der in einer Lernphase stets vor dem US dargeboten wird, ruft schließlich schon allein diese Reaktion hervor.

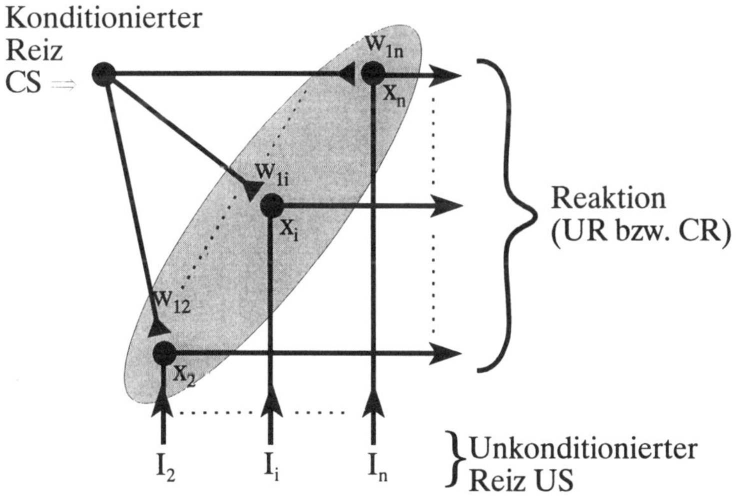

Abbildung 1.19: *Zur Transformation der Begriffe des Klassischen Konditionierens in die Struktur des Outstars.*

Faßt man das raumzeitliche Aktivierungsmuster x_2 bis x_n als Antwort des Netzes auf den unkonditionierten Reiz auf, die Erregung von x_1 als Antwort auf den konditionierten Reiz CS, so werden in der Lernphase die Gewichte w_{1i} ($i = 1,...,n$) so eingestellt, daß schließlich schon die Aktivierung der Zelle v_1 durch den CS allein, das entsprechende Aktivitätsmuster in den Zellen v_2 bis v_n für die betreffende Reaktion auslöst (siehe Abbildung 1.19).

Die Vorstellung Grossbergs, daß das raumzeitliche Aktivierungsmuster x_2 bis x_n die Antwort des Netzes auf den unkonditionierten Reiz US darstellt, soll anhand eines simplen Beispiels veranschaulicht werden, wobei die relativen Inputgrößen θ_i die entscheidenden Wirkvariablen sind.

Abbildung 1.20: *Gemälde von Modigliani als Reizinput.*

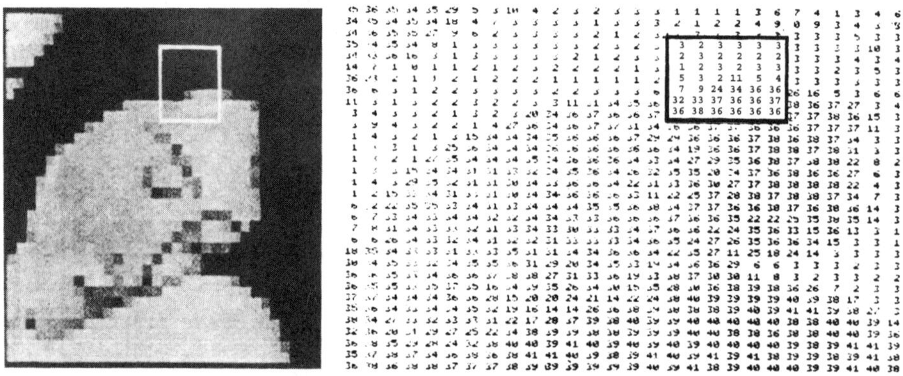

Abbildung 1.21: *Ausschnitte einer Grautonbeschreibung mit markiertem Kästchen (nach Frisby, 1989).*

In der Abbildung 1.20 ist in Schwarz-Weiß ein Gemälde von Modigliani abgebildet. Legt man ein Gitter von bestimmter Bildelementgröße darüber, so hat jedes Bildelement (Pixel) des Gemäldes einen bestimmten Helligkeitswert I_i. Die Gesamtheit aller Helligkeitswerte stellt eine sog. Grautonbeschreibung des Bildes dar (siehe Abbildung 1.21).

Die Inputs I_i seien nun die Signaleingänge in das Netz mit den Zellen v_2 bis v_n. Die Helligkeit I(t) einer Lichtquelle, die das Gemälde beleuchtet, kann variieren, ohne das Bild selbst zu verändern: Der Eindruck der nackten Frau bleibt erhalten. Mit anderen Worten, die relativen Lichtintensitäten, nicht ihre Absolutwerte charakterisieren das Bild. Sie bleiben zeitlich konstant. Der konstante relative Input zur Zelle v_i wurde mit θ_i bezeichnet. Ein Outstar lernt es, die relativen Inputs θ_i, d.h. das raumzeitliche Muster über seine relativen Gewichte Z_{1i} zu speichern.

Anhand der folgenden Modellrechnungen soll nun für ein konkretes Beispiel explizit vorgeführt werden, daß das Outstar-Modell eine neuronale Struktur zur Erklärung des Klassischen Konditionierens darstellt. Zur Vereinfachung der mathematischen Behandlung der Zusammenhänge (siehe Levine, 1991) wird dabei angenommen, daß nur drei Zellen v_1, v_2 und v_3 die entsprechende neuronale Struktur bilden (siehe Abbildung 1.22).

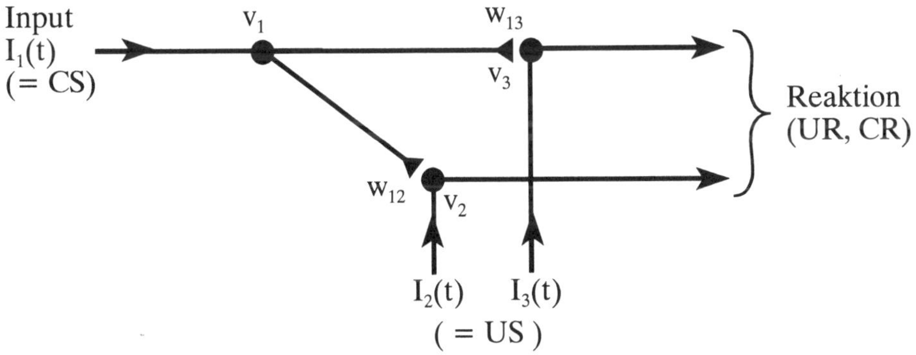

Abbildung 1.22: *Vereinfachte neuronale Struktur zur mathematischen Beschreibung des Klassischen Konditionierungseffektes.*

Die Inputs $I_2(t)$ und $I_3(t)$ (mit $I_2(t) = \theta_2 \cdot I(t)$ und $I_3(t) = \theta_3 \cdot I(t)$) repräsentieren den unkonditionierten Reiz US, der Input $I_1(t)$ stellt den konditionierten Reiz CS dar. Den zeitlichen Verlauf von $I_1(t)$, $I_2(t)$ und $I_3(t)$ zeigt die Abbildung 1.23.

Wie man der Abbildung entnimmt, erhalten die Zellen v_2 und v_3 jeweils nach 10 Zeitintervallen regelmäßig gleichzeitig den Input I_2 und I_3 (US-Signale). Jeweils ein Zeitintervall davor empfängt die Zelle v_1 den Input I_1.

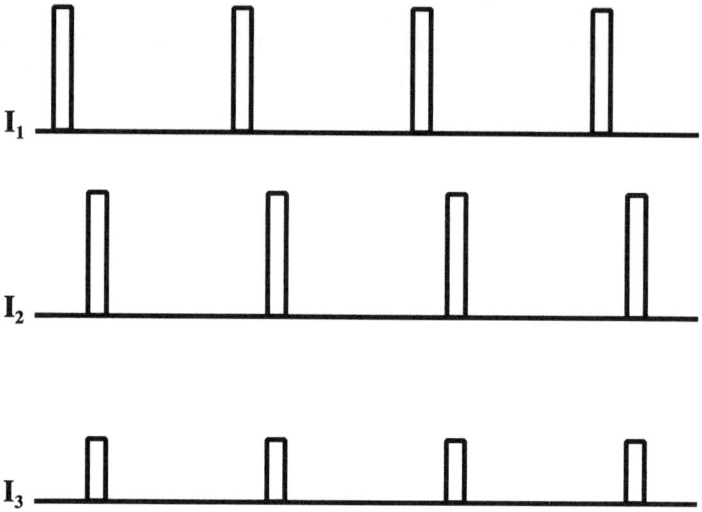

Abbildung 1.23: *Zeitlicher Verlauf der Inputs $I_1(t)$, $I_2(t)$ und $I_3(t)$ (I_1 repräsentiert den unkonditionierten Reiz, I_2 und I_3 den konditionierten Reiz).*

Die Aktivität $x_1(t)$ der Zelle v_1 wird durch zwei Anteile bestimmt, positiv durch den Input $I_1(t)$ und negativ durch den exponentiellen Zerfall zurück auf eine Grundrate, die hier gleich Null angesetzt wird. Die zeitliche Änderung von $x_1(t)$ ergibt sich dann zu

$$\frac{d}{dt}x_1(t) = -ax_1(t)+I_1 \quad \textbf{(35)}$$

mit der Zerfallskonstanten a.

Die zeitliche Änderung $\dot{x}_i(t)$ der zwei anderen Zellen v_i ($i = 2,3$) wird zu

$$\frac{d}{dt}x_i(t) = -ax_i(t)+bx_1(t)\cdot w_{1i}(t)+I_i(t) \quad \textbf{(36)}$$

Der zusätzliche Term $bx_1(t)\cdot w_{1i}(t)$ stellt das gewichtete Signal von der Zelle v_1 zur Zelle v_i dar, wobei b eine entsprechende Kopplungskonstante ist. Die zeitliche Änderung der synaptischen Gewichte w_{1i} - sie repräsentieren die Langzeitspeicherung - lautet:

$$\frac{d}{dt}w_{1i}(t) = -c\cdot w_{1i}(t)+e\cdot x_1(t)\cdot x_i(t) \quad \textbf{(37a)}$$

Der 1. Term gibt analog zu den anderen Differentialgleichungen den exponentiellen zeitlichen Zerfall von w_{1i} wieder, der 2.Term ist nach dem Hebbschen Lerngesetz zusammengesetzt. Nur wenn die Zellen v_1 und v_i gleichzeitig aktiv sind, kommt es zu einer Verstärkung der synaptischen Verbindung. (Dabei ist e eine entsprechende Kopplungskonstante.)

Der Differentialgleichung (37) ist zu entnehmen, daß die Gewichte $w_{1i}(t)$ passiv zerfallen, wenn keine Reize CS und US gekoppelt dargeboten werden. Eine Löschung (Extinktion) der gelernten Verbindung zwischen den zwei Reizen erfolgt aber nach experimentellen Befunden nur dann, wenn nach dem Auftreten des Reizes CS der Reiz US nicht erscheint. Diesem Sachverhalt wird durch die veränderte Differentialgleichung für die Gewichte w_{1i} Rechnung getragen:

$$\frac{d}{dt} w_{1i}(t) = x_1(t) \cdot (-c w_{1i}(t) + e x_i(t)) \qquad \textbf{(37b)}$$

Wird der konditionierte Reiz nicht dargeboten, ist $x_1=0$ und damit $\frac{d}{dt} w_{1i}=0$. Es erfolgt also kein passiver, zeitlicher Zerfall der Gewichte. Erscheint CS, aber nicht US, so ist $x_1>0$ und $x_i=0$. Damit resultiert ein zeitlicher Zerfall der Gewichte,

Für die Modellrechnung werden in den Gleichungen (35), (36) und (37b) die Werte a=5, b=1, c=0,1 und e=1 eingesetzt. Damit ergibt sich das folgende Gleichungssystem:

$$\begin{aligned}
\frac{dx_1}{dt} &= -5x_1(t) + I_1(t) \\
\frac{dx_2}{dt} &= -5x_2(t) + x_1(t) \cdot w_{12}(t) + I_2(t) \\
\frac{dx_3}{dt} &= -5x_3(t) + x_1(t) \cdot w_{13}(t) + I_3(t) \qquad \textbf{(38)} \\
\frac{dw_{12}}{dt} &= x_1(t) \cdot (-0{,}1 \cdot w_{12}(t) + x_2(t)) \\
\frac{dw_{13}}{dt} &= x_1(t) \cdot (-0{,}1 \cdot w_{13}(t) + x_3(t))
\end{aligned}$$

Durch Iteration über entsprechend viele Zeitschritte läßt sich nach dem Verfahren von Euler zeigen, daß die Gewichte w_{1i} konvergieren ($\lim w_{1i} = w^*_{1i} > 0$). Bei der Computersimulation mithilfe eines GW-BASIC-Programms wird $\frac{dx_i}{dt}$ durch $\frac{\Delta x_i}{\Delta t}$ ersetzt. Damit wird im (n+1)ten Zeitschritt z.B. aus der 1. Differentialgleichung

$$\frac{dx_1}{dt} = -5x_1(t) + I_1(t)$$

die Differenzengleichung

$$\Delta x_1(n+1) = \Delta t \cdot (-5 \cdot x_1(n) + I_1(n))$$

und somit

$$x_1(n+1) = x_1(n) + \Delta t(-5 \cdot x_1(n) + I_1(n))$$

Bei jedem Zeitschritt wird für Δt der Wert $\Delta t = 0{,}1$ genommen. Mit diesem Wert lassen sich die Gleichungen noch ausreichend exakt iterativ lösen.

Das folgende, in GW-Basic geschriebene, kurze Programmm demonstriert beispielhaft, wie mit Hilfe von Computersimulationen Lösungen für den zeitlichen Verlauf der relevanten Variablen berechnet werden können.

```
10 DIM Y1(50):DIM Y2(50):DIM Y3(50):DIM Z12(50):DIM Z13(50)
20 DIM U1(50):DIM U2(50):DIM U3(50):DIM R12(50):DIM R13(50)
25 REM EINGABE DER ANFANGSWERTE
26 REM X1(0)=D1...W12(0)=D12...
27 REM I2=J2,I3=J3
30 INPUT D1,D2,D3,D12,D13,J2,J3
35 X1=D1:X2=D2:X3=D3:W12=D12:W13=D13
40 K=1
50 FOR I=1 TO 1120
60 X1OLD=X1:X2OLD=X2:X3OLD=X3:W12OLD=W12: W13OLD=W13
70 IF K=1 THEN I1=2 ELSE I1=0
80 IF K=2 THEN I2=J2 ELSE I2=0
90 IF K=2 THEN I3=J3 ELSE I3=0
100 X1=X1+.1*(-5*X1OLD+I1)
110 X2=X2+.1*(-5*X2OLD+X1OLD*W12OLD+I2)
120 X3=X3+.1*(-5*X3OLD+X1OLD*W13OLD+I3)
130 W12=W12+.1*X1OLD*(-.1*W12OLD+X2OLD)
140 W13=W13+.1*X1OLD*(-.1*W13OLD+X3OLD)
150 IF K=10 THEN K=1 ELSE K=K+1
160 IF (I>100) AND (I<121) THEN A=I-100:Y1(A)=X1:Y2(A)=X2:
    Y3(A)=X3
```

```
170 IF (I>100) AND (I<121) THEN A=I-100:Z12(A)=W12:Z13(A)=W13
180 IF I>1100 THEN A=I-1100:U1(A)=X1:U2(A)=X2:U3(A)=X3:
     R12(A)=W12:R13(A)=W13
181 IF I=1101 THEN S2=0:S3=0
182 IF I>1101 THEN S2=S2+X2:S3=S3+X3
183 IF I=1102 THEN MAX2=X2:MAX3=X3
190 NEXT I
195 LPRINT D1;D2;D3;D12;D13;J2;J3;S2/S3;W12/W13;MAX2/MAX3
196 REM AUSGABE VON
197 REM X1(101),X2(101),X3(101),...
198 REM X1(120),X2(120),X3(120),...
200 FOR I=1 TO 20
210 LPRINT Y(I);Y2(I);Y3(I);Z12(I);Z13(I)
220 NEXT I
225 REM AUSGABE VON
226 REM X1(1101),X2(1101),X3(1101),...
227 REM X1(1120),X3(1120),X3(1120),...
230 FOR I=1 TO 20
240 LPRINT U1(I);U2(I);U3(I);R12(I);R13(I)
250 NEXT I
270 END
```

Die Modellrechnungen zeigen, daß sich die Gewichte w_{12} und w_{13} nach 1000 Zeitschritten zufriedenstellend stabilisiert haben.

Die allgemeinen Erörterungen zum Outstar-Modell (siehe die Gleichungen 11 und 12) zeigten, daß in der anfänglichen Lernphase ein Gleichgewichtszustand erreicht wird, wenn sich die relativen Gewichte Z_i an die relativen Aktivitäten X_i angepaßt haben, und sich die relativen Aktivitäten X_i ihrerseits stabilisieren, wenn die Größen X_i die Werte der relativen Inputgrößen θ_i angenommen haben. Für die Modellrechnungen heißt dies: $\theta_2=W_{12}=X_{2(max)}$ und $\theta_3=W_{13}=X_{3(max)}$.

Dabei gilt für die relativen Gewichte $W_{1i}=w_{1i}/w$ (mit $w=w_{12}+w_{13}$) und für die maximalen relativen Aktivitäten $X_{i(max)}=x_{i(max)}/x_{(max)}$ (mit $x_{(max)}=x_{2(max)}+x_{3(max)}$)

In der Tabelle 1.1 sind für verschiedene Inputmuster des unkonditionierten Reizes US die Ergebnisse der Modellrechnungen festgehalten. Sie bestätigen die gerade vorgetragenen Schlußfolgerungen über den Gleichgewichtszustand des Outstar-Modells in der Lernphase. In der Abbildung 1.24 ist ferner noch zur besseren Veranschaulichung beispielhaft für ein Inputmuster ($\theta_1=0{,}7$; $\theta_2=0{,}3$) der zeitliche Verlauf der Aktivitäten $x_1(t)$, $x_2(t)$, $x_3(t)$, $w_{12}(t)$ und $w_{13}(t)$ in den Iterationsschritten 1100-1120 dargestellt.

Tabelle 1.1: *Ergebnisse der Modellrechnungen zum Klassischen Konditionieren für verschiedene relative Inputs θ_2 und θ_3 am Ende der Lernphase (Erläuterungen im Text)*

θ_2	θ_3	w_{12}	w_{13}	W_{12}	W_{13}	$x_{2(max)}$	$x_{3(max)}$	$X_{2(max)}$	$X_{3(max)}$
0,5	0,5	0,1234	0,1234	0,5	0,5	0,1026	0,1026	0,5	0,5
0,6	0,4	0,1481	0,0987	0,6	0,4	0,1231	0,0821	0,6	0,4
0,7	0,3	0,1727	0,0740	0,7	0,3	0,1436	0,0615	0,7	0,3
0,8	0,2	0,1974	0,0494	0,8	0,2	0,1641	0,0410	0,8	0,2
0,9	0,1	0,2221	0,0247	0,9	0,1	0,1846	0,0205	0,9	0,1

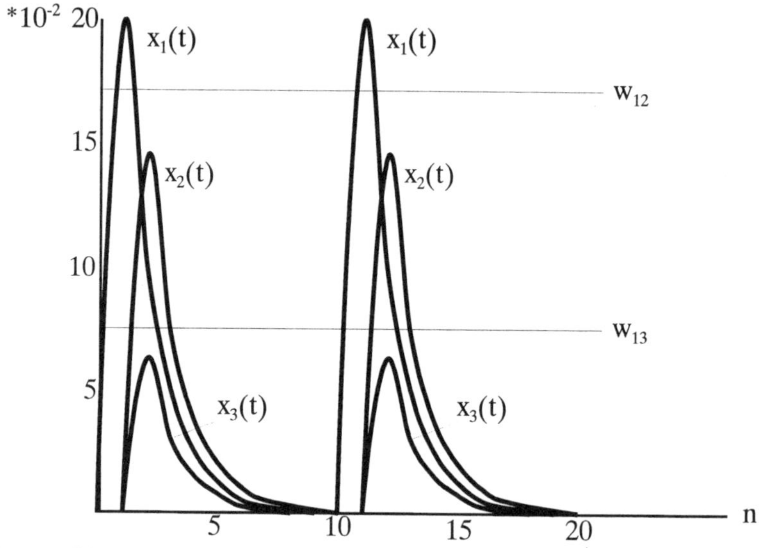

Abbildung 1.24: *Zeitlicher Verlauf von $x_1(t)$, $x_2(t)$, $x_3(t)$, $w_{12}(t)$ und $w_{13}(t)$ in den Iterationsschritten 1100 bis 1120 ($t=0,1[1100+n]$; Inputmuster: $\Theta_2=0,7$; $\Theta_3=0,3$; $I=2$; $I_1=2$).*

Nach abgeschlossener Lernphase ist der konditionierte Reiz schon allein in der Lage, in den Zellen v_2 und v_3 über die fest eingestellten Gewichte w_{12} und w_{13} relative Aktivitäten $X^*_{2(max)}$ und $X^*_{3(max)}$ zu produzieren, die identisch mit denen der Lernphase sind, d.h. $X^*_{2(max)}=X_{2(max)}$ und $X^*_{3(max)}=X_{3(max)}$.

Geht man also von der plausiblen Annahme aus, daß für die spezifische Auslösung der Reaktion das charakteristische Aktivitätsmuster entscheidend ist, d.h. die relativen Größen und nicht die absoluten Aktivitäten, ist damit nachgewiesen, daß das Outstar-Modell eine geeignete neuronale Struktur zur Beschreibung und Erklärung des Klassischen Konditionierungseffekts darstellt.

Die Ergebnisse der Modellrechnungen für den Zeitraum nach der Lernphase sind in der Tabelle 1.2 festgehalten. Grundlage für diese Berechnungen sind diesmal die Differentialgleichungen ohne den Inputs I_2 und I_3 des unkonditionierten Reizes:

$$\begin{aligned} \frac{dx_1}{dt} &= -5x_1(t) + I_1(t) \\ \frac{dx_2^*}{dt} &= -5x_2^*(t) + x_1(t) \cdot w_{12} \\ \frac{dx_3^*}{dt} &= -5x_3^*(t) + x_1(t) \cdot w_{13} \end{aligned} \qquad \textbf{(39)}$$

Tabelle 1.2: *Ergebnisse der Modellrechnungen zum Klassischen Konditionieren nach der Lernphase (ohne US) (Erläuterungen im Text)*

θ_2	θ_3	w_{12}	w_{13}	$x_{2(max)}$	$x_{3(max)}$	$X_{2(max)}$	$X_{3(max)}$
0,5	0,5	0,1234	0,1234	0,00246	0,00246	0,5	0,5
0,6	0,4	0,1481	0,0987	0,00296	0,00198	0,6	0,4
0,7	0,3	0,1727	0,0740	0,00345	0,00148	0,7	0,3
0,8	0,2	0,1974	0,0494	0,00394	0,00098	0,8	0,2
0,9	0,1	0,2221	0,0247	0,00444	0,00049	0,9	0,1

Als nächstes soll nun gezeigt werden, daß das von Grossberg entwickelte Modell von kompetitiven Netzwerkkanälen - er bezeichnet dieses Modell als Dipol - eine neuronale Struktur bildet, die auch zur Beschreibung und Erklärung erlernter Furchtreaktionen geeignet erscheint. In der Abbildung 1.25 sind in diesem Zusammenhang noch einmal die wesentlichen Strukturelemente des Dipols dargestellt.

Ein typisches Laborexperiment zur erlernten Furcht sieht folgendermaßen aus (Miller, 1948): Eine Ratte sitzt in einer Hälfte eines Käfigs auf einem "Elektro-Rost" und erhält über den Bodenkontakt schmerzhafte elektrische Schläge. Gelingt es ihr im "Trial-and-Error"-Verhalten

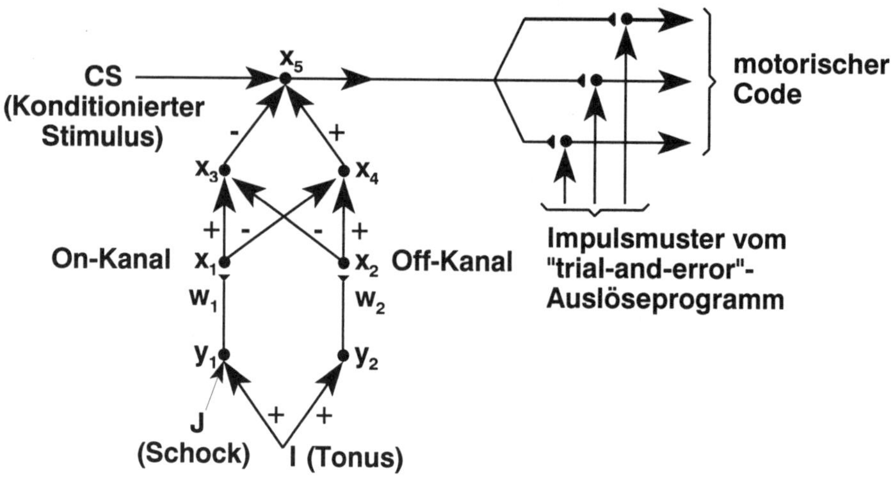

Abbildung 1.25: *Die neuronale Struktur des Dipols zur Beschreibung erlernter Furchtreaktionen (Erläuterungen im Text).*

den richtigen Hebel zu drücken, öffnet sich die Verbindungstür zur zweiten Kammer und sie entkommt den schmerzhaften Elektroschocks.

Der Lernvorgang, den richtigen Hebel zu drücken, ist graduell. Bei weiteren Schock-Versuchen kommt die richtige Reaktion immer "schneller". Schließlich wird der Hebel sofort gedrückt, wenn die Ratte in die betreffende Hälfte des Käfigs plaziert wird, und dies geschieht jetzt auch ohne verabreichten Schock. Offensichtlich lösen charakteristische Merkmale des Käfigs (z.B. die Farbe) als konditionierte Stimuli sofort die Furcht und die entsprechende Reaktion "Hebel drücken" aus.

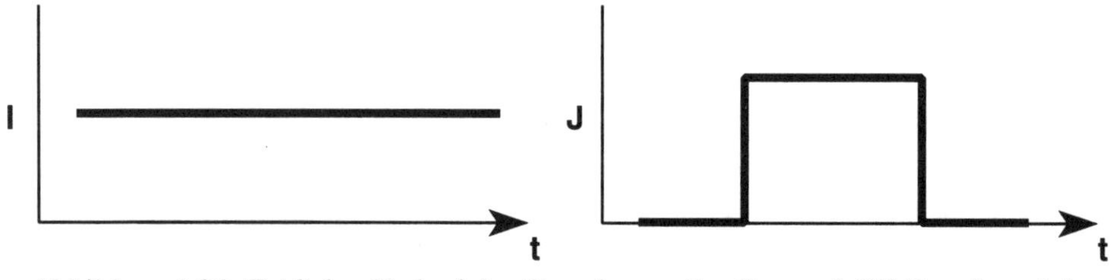

Abbildung 1.26: *Zeitlicher Verlauf des Grundtonus (im On- und Off-Kanal) und des Schocks J (im On-Kanal).*

Im Dipol-Modell erhalten die Eingangszellen des On-Kanals und des Off-Kanals die Grunderregung (= Tonus) I. Der On-Kanal bekommt durch den Schock noch die zusätzliche Erregung J, solange der Schock anhält (siehe Abbildung 1.26).

Mit dem Versuchs-Irrtum-Verhalten wird nun das richtige Handlungsprogramm ausgelöst, sodaß der Schock verschwindet. Solange der Schock andauert, dominiert der On-Kanal, d.h. die Zielzelle mit der Aktivität x_5 bekommt (siehe die Abbildung 1.25) hemmende Impulse. Nachdem der Schock verschwunden ist, kommt es zum schon erörterten Rebound-Effekt. Der Off-Kanal dominiert jetzt, die Zielzelle erhält nun erregende Impulse. Zusammen mit der Erregung, die durch den konditionierten Reiz CS ausgelöst wird, ist die Zielzelle in der Lage - wie beim Outstar-Modell - die Erregungen zum motorischen Code zu "samplen". Dies geschieht in einem allmählichen Lernprozeß durch entsprechende Einstellungen der Gewichte zu den Zellen, die den motorischen Code produzieren. Die zusätzliche positive Erregung der Zielzelle nach Beendigung des Schocks wird als "enhancement" bezeichnet. Nach der Lernphase ist der konditionierte Reiz CS schon allein fähig, das Handlungsprogramm "Hebeldrücken" auszulösen.

Um die zeitlichen Abläufe im Dipol besser zu verstehen, werden nun - wie zuvor beim Outstar - Modellrechnungen durchgeführt, die auf den folgenden Differentialgleichungen für die zwei Kanäle basieren:

$$
\begin{aligned}
\frac{dy_1}{dt} &= -ay_1+I+J & \frac{dy_2}{dt} &= -ay_2+I \\
\frac{dw_1}{dt} &= b(c-w_1)-ey_1w_1 & \frac{dw_2}{dt} &= b(c-w_2)-ey_2w_2 \\
\frac{dx_1}{dt} &= -fx_1+gy_1w_1 & \frac{dx_2}{dt} &= -fx_2+gy_2w_2 \\
\frac{dx_3}{dt} &= -hx_3+k(x_1-x_2)^+ & \frac{dx_4}{dt} &= -hx_4+k(x_2-x_1)^+ \\
& & \frac{dx_5}{dt} &= -m\,x_5+(x_3-x_4)
\end{aligned}
\qquad \textbf{(40)}
$$

Den Gleichungen entnimmt man, daß die zwei Kanäle - der Schock-Kanal und der "Relief"-Kanal - symmetrisch angelegt sind. Beide Kanäle zeigen den gleiche Satz von Aktivitätszerfallsraten a, f und h, dieselbe Transmitter-Erschöpfungsrate c, dieselbe Transmitter-Erholungsrate b, denselben maximalen Betrag c an Transmittersubstanz und dieselben Koeffizienten g und k für die Signaltransmission zwischen den Zellen. Ferner ist $(x)^+ = \max(x,0)$, d.h. nie kleiner als Null. In den Modellrechnungen wurde den Kanalparametern die Werte a=f=h=m=5, c=e=k=1 und b=0,5, g=10 zugewiesen. Das konzipierte GW-BASIC-Programm berechnet die Aktivitäten und Gewichte iterativ für 100 Zeitschritte mit $\Delta t=1$. Als Anfangswerte wurden die Aktivitäten $y_1=y_2=x_1=x_2=x_3=x_4=0$ und die Gewichte $w_1=w_2=0{,}5$ gesetzt. Das Programm gibt die Werte für x_3, x_4, w_1 und w_2 ab dem 50. Iterationsschritt aus. Der Schock tritt nach dem 60. Iterationsschritt auf und dauert $N\cdot\Delta t=N\cdot 0{,}1$ Zeiteinheiten an.

```
5 REM Programm "out.bas"
10 DIM Y1(50):DIM X1(50):DIM X2(50):DIM X3(50)
20 DIM X4(50):DIM W1(50):DIM W2(50)
25 REM Anfangsdaten
30 Y1=0:Y2=0:X1=0:X2=0:X3=0:X4=0:W1=.5:W2=.5
35 REM I=Tonus, N=Schocklänge, S=Schock
40 INPUT I,N,S
50 FOR K=1 TO 100
60 Y1OLD=Y1:Y2OLD=Y2:X1OLD=X1:X2OLD=X2
70 X3OLD=X3:X4OLD=X4:W1OLD=W1:W2OLD=W2
80 IF K>60 AND K<60+N+1 THEN J=S ELSE J=0
90 Y1=Y1+.1*(-5*Y1OLD+I+J)
100 Y2=Y2+.1*(-5*Y2OLD+I)
110 W1=W1+.1*(.5*(1-W1OLD)-Y1OLD*W1OLD)
120 W2=W2+.1*(.5*(1-W2OLD)-Y2OLD*W2OLD)
122 X1=X1+.1*(-5*X1OLD+10*Y1OLD*W1OLD)
124 X2=X2+.1*(-5*X2OLD+10*Y2OLD*W2OLD)
130 D12=X1OLD-X2OLD: IF D12<0 THEN D12=0
140 X3=X3+.1*(-5*X3OLD+D12)
150 D21=X2OLD-X1OLD: IF D21<0 THEN D21=0
160 X4 =X4+.1*(-5*X4+D21)
180 IF K>50 THEN A=K-50
190 Y1(A)=Y1:Y2(A)=Y2:X1(A)=X1:X2(A)=X2:X3(A)=X3:X4(A)=X4:
    W1(A)=W1:W2(A)=W2
200 NEXT K
210 REM ausgabe von
220 REM X3(51),X4(51),W1(51),W2(51)...
235 LPRINT I;N;S
240 FOR K=1 TO 50
250 LPRINT 50+K;X3(K);X4(K);W1(K);W2(K)
260 NEXT K
270 END
```

Die Abbildung 1.27 zeigt beispielhaft den zeitlichen Verlauf der Aktivität x_3 (On-Kanal) nach Einsetzen des Schocks und den Rebound-Effekt (Off-Kanal) anhand der Aktivität x_4 nach der Schockbeendigung.

Anhand der Modellrechnungen sollen nun Fragen beantwortet werden, die wichtige Informationen über Prozeßeigenschaften des Dipols widerspiegeln. Die 1. Frage lautet: Wie wirkt sich bei konstanter Schockstärke J und konstanter Schockdauer N·Δt die Stärke des Grundtonus I auf das Verhalten des Dipols aus?

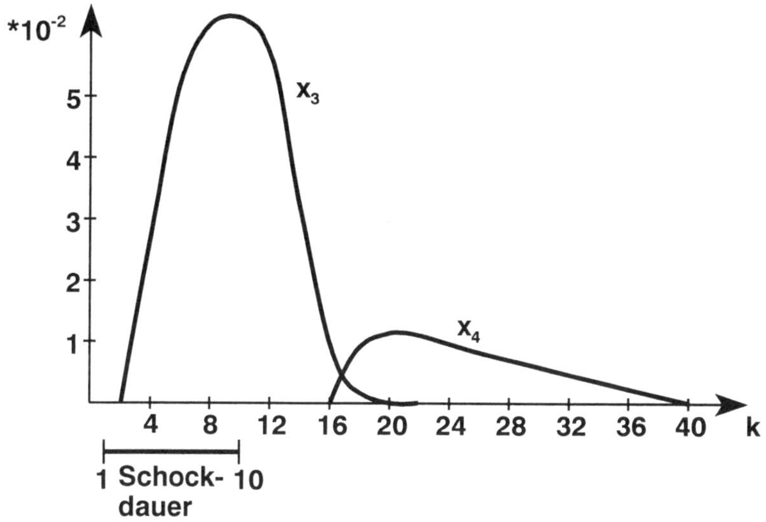

Abbildung 1.27: *Zeitlicher Verlauf $x_3(t)$ und $x_4(t)$ in den Iterationsschritten 60 bis 100: Grundtonus I=2; Schockstärke J=2 und Schocklänge N=10, t=0,1 (60+k).*

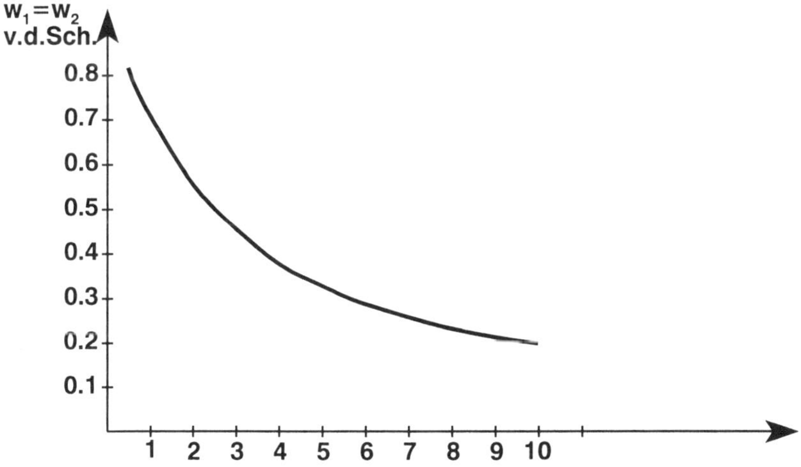

Abbildung 1.28: *Stabilisierte Gewichtswerte $w_1=w_2$ nach 60 Iterationsschritten (vor der Verabreichung des Schocks) in Abhängigkeit von der Tonusstärke I.*

Den Differentialgleichungen (40) entnimmt man, daß die Aktivitäten y_1 und y_2 mit größer werdendem Grundtonus anwachsen. Die Gleichungen für die Gewichte w_1 und w_2 zeigen aber, daß diese dann abnehmen. Bei größerem Grundtonus wird mehr Transmittersubstanz verbraucht, w_1 und w_2 pendeln sich damit vor dem verabreichten Schock auf niedrigere

Gleichgewichtswerte ein. Dies bestätigen die Modellrechnungen, deren Ergebnisse in Abbildung 1.28 festgehalten sind.Den Zusammenhang zwischen der Größe des Rebound-Effekts und der Stärke des Grundtonus I gibt die Abbildung 1.29 wieder. Der Kurvenverlauf zeigt, daß der Rebound-Effekt - mit $x_{4(max)}$ als Indikator für seine Stärke - zuerst mit zunehmendem Grundtonus steil ansteigt und dann wieder allmählich abnimmt.

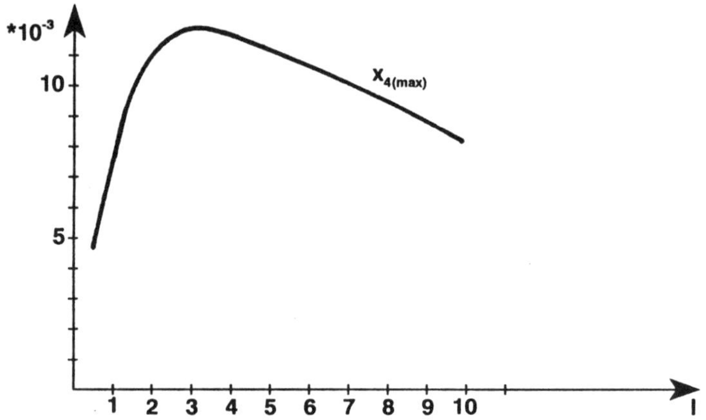

Abbildung 1.29: *Der Rebound-Effekt in Abhängigkeit von der Grundtonusstärke I (Schockstärke J=2; Schocklänge N=10).*

Als nächstes soll die folgende Frage beantwortet werden: Wie wirkt sich die Schockdauer $T = N \cdot \Delta t$ bei konstantem Tonus I und konstanter Schockstärke J auf das Verhalten des Dipols aus?

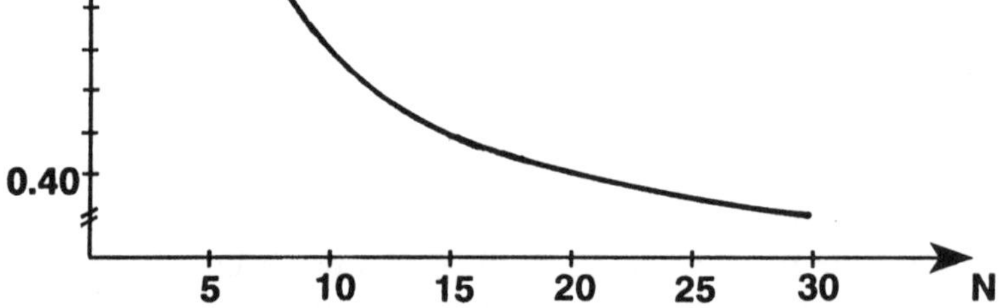

Abbildung 1.30: *Zusammenhang zwischen dem Gewicht w_1 (nach Schockbeendigung) und der Schocklänge N (Tonus I=2; Schockstärke J=2; Schockdauer $T=N \cdot \Delta t= N \cdot 0{,}1$).*

Aufgrund der Dipolstruktur läßt sich vorhersagen, daß bei längerer Schockdauer mehr Transmittersubstanz verbraucht wird und daher das Gewicht w_1 kleinere Werte als w_2 nach Beendigung des Schocks zeigen sollte. Der Kurvenverlauf zwischen dem Gewicht w_1 nach der Schockverabreichung und der Schocklänge N in der Abbildung 1.30 bestätigt diesen Zusammenhang.

Die Ergebnisse der Modellrechnungen zeigen ferner, daß die im Schocklängenbereich $10<N<30$ auf dem On-Kanal ausgelöste Aktivität x_3 unabhängig von der Schocklänge ist ($x_{3(max)}=6{,}3\cdot 10^{-2}$). Der Rebound-Effekt auf dem Off-Kanal wird dagegen mit zunehmender Schocklänge größer (siehe Abbildung 1.31).

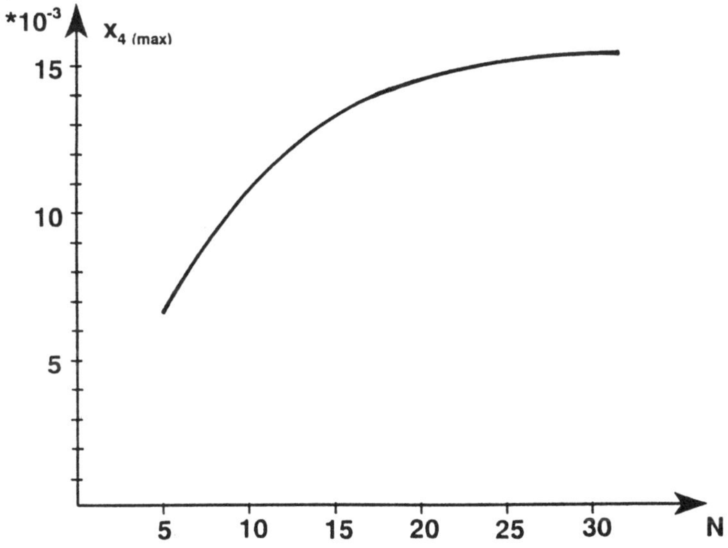

Abbildung 1.31: *Der Rebound-Effekt in Abhängigkeit von der Schocklänge N (Tonus I=2; Schockstärke J=2).*

Als letztes soll noch das Verhalten des Dipols bezüglich unterschiedlicher Schockstärken bei konstantem Tonus und konstanter Schockdauer analysiert werden.

Größere Schockstärken bewirken einen stärkeren Verbrauch der Transmittersubstanz und sollten daher zu kleineren Werten für das Gewicht w_1 auf dem On-Kanal führen. Diesen Zusammenhang zeigt die Abbildung 1.32. Der Abbildung 1.33 kann man schließlich noch entnehmen, daß der Rebound-Effekt auf dem Off-Kanal nach Schockbeendigung stetig mit der Schockstärke J zunimmt.

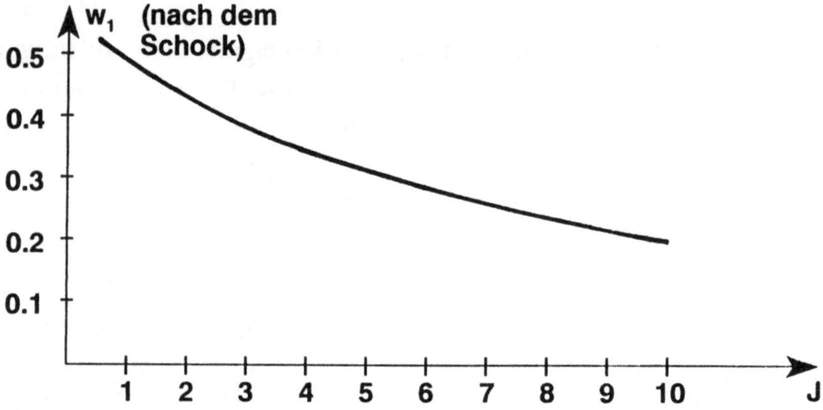

Abbildung 1.32: *Zusammenhang zwischen dem Gewicht w_1 (nach Schockverabreichung) und der Schockstärke J (Tonus I=2; Schocklänge= N=10).*

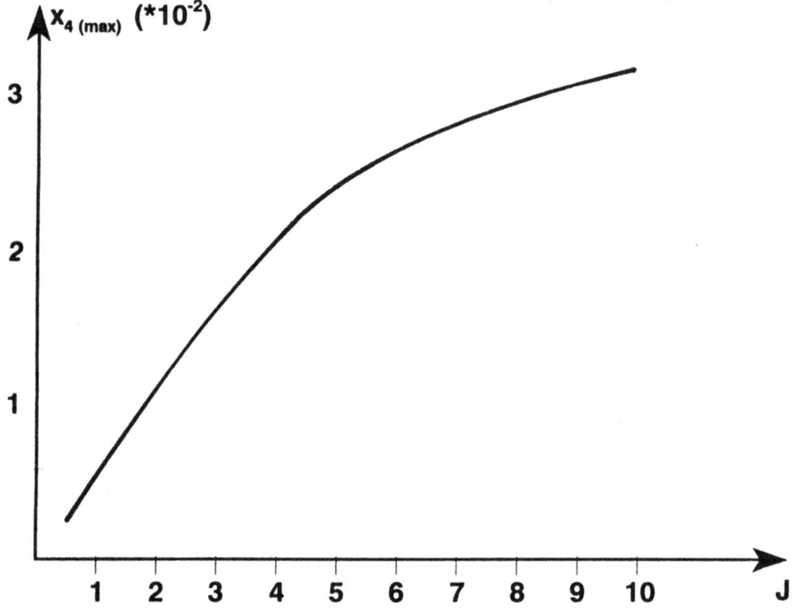

Abbildung 1.33: *Rebound-Effekt in Abhängigkeit von der Schockstärke J (Tonus I=2; N=10).*

1.9 Die Adaptive Resonanztheorie

Die von Grossberg entwickelten neurobiologischen Mechanismen der Fehlercodierungstheorie finden in seinen "Unsupervised Classification Models", die als ART1, ART2 und ART3 (Carpenter & Grossberg, 1987a, 1987b und 1990) in der angelsächsischen Literatur bekannt wurden, eine weitere Anwendung.

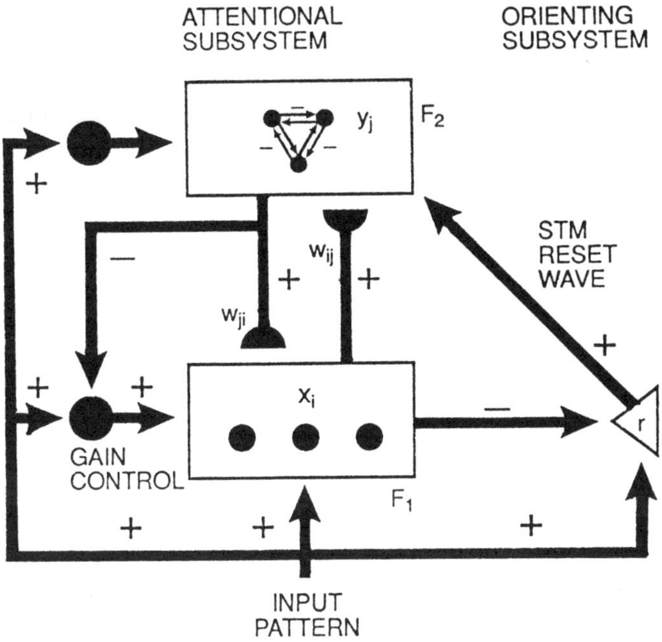

Abbildung 1.34: *Die ART1-Struktur (nach Carpenter & Grossberg, 1987a; Erläuterungen im Text)*

Die Struktur dieser Netzwerke, die eine stabile Codierung von Mustern nach selbstgewählten Kategorien ermöglichen soll, basiert auch auf der Vorstellung eines adaptiven resonanten Feedbacks zwischen zwei Neuronenschichten $F^{(1)}$ und $F^{(2)}$. Die Abbildung 1.34 zeigt die wichtigsten Elemente von ART1. Das Feld $F^{(1)}$ entspricht der sensorischen Auswertungsregion des Cortex. Die Neuronenschicht $F^{(2)}$ besteht aus Knoten, die spezifisch auf Kategorien von Aktivitätsmustern aus $F^{(1)}$ ansprechen. Die synaptischen Verknüpfungen w_{ij} und w_{ji} zwischen den zwei Feldern sind in beiden Richtungen nach unterschiedlichen Lerngesetzen modifizierbar. Die $F^{(1)}$-Knoten interagieren nicht dirckt miteinander, aber die $F^{(2)}$-Knoten sind untereinander als rekurrentes, kompetitives On-Center-Off-Surround Netzwerk organisiert. Nach dem bereits ausführlich geschilderten "Winner take all"-Prinzip wird in $F^{(2)}$ stets nur das Neuron aktiv, das die größte Aktivierung von $F^{(1)}$ erhält. Wie man der Abbildung 1.34 entnimmt, werden die Spuren der Kurzzeitspeicherung auf dem Merkmalsniveau $F^{(1)}$ bzw. auf dem Kategorienniveau $F^{(2)}$ und die "Bottom up"- und "Top down"-Spuren der Langzeitspeicherung im ART1 Modell noch durch die Aktivitäten anderer Knoten moduliert. So erfährt u.a. das $F^{(1)}$-Feld über einen sog. "Gain control"-Knoten eine Hemmung von der $F^{(2)}$-Schicht. Diese Hemmung erfüllt vor allem zwei Zwecke:

1. Sie verhindert, daß $F^{(2)}$-Aktivität ständig $F^{(1)}$-Zellen erregt und so zu "Halluzinationen" führt, wenn ein Kategorienknoten aktiv wird.
2. Sie schaltet nervöse Aktivität in $F^{(1)}$ ab, wenn es zu einem Mismatch zwischen dem Input-Muster und dem Erwartungsmuster der aktiven Kategorienzelle kommt.

Nur bei einer guten Übereinstimmung sind die aktiven $F^{(1)}$-Knoten in der Lage die unspezifische Hemmung von $F^{(2)}$ zu überwinden. Dann hemmen auch die aktiven $F^{(1)}$-Knoten das Arousal-Feld A, das in der Abbildung als "Orienting Subsystem" bezeichnet wird. Dadurch stabilisiert sich die Codierung des Inputmusters durch den betreffenden aktiven $F^{(2)}$-Knoten. Im Gegensatz dazu kann die $F^{(1)}$- Aktivität bei einem Mismatch das Arousal-System A nicht ausreichend hemmen. Die Aktivität von A führt zu einer "STM-Resetwave", und der aktive Kategorienknoten bleibt, solange das Input-Muster eingeht, abgeschaltet. Getestet wird jetzt ein neuer $F^{(2)}$-Knoten, der das nächstgrößte Signal von $F^{(1)}$ erhalten hat und der vorgetragene Prozeß wiederholt sich aufs Neue. Nachfolgend wird noch differenziert auszuführen sein, wie das Netz exakt entscheidet, daß ein Mismatch vorliegt.

Das ART1-Modell berücksichtigt auch noch zwei Regeln beim Klassifizieren eines Eingabemusters:
1. die 2/3-Regel. Sie besagt, daß ein $F^{(1)}$-Knoten von mindestens zwei von drei Signalquellen erregt werden muß um einen Output, der über seinem Schwellenwert liegt, zu erzeugen. Diese Quellen sind das Eingabemuster, der Knoten "Gain Control", der durch das Eingabemuster aktiviert, aber durch $F^{(2)}$ gehemmt wird und das Top-down-Signal (Erwartungsmuster) des aktiven Kategorie-Knotens von $F^{(2)}$.
2. die "Weber-Law"-Regel. Sie postuliert einen inversen Zusammenhang zwischen der "Größe" des Eingabemusters und der Größen der Langzeitspeicherung. Diese Regel verhindert, daß ein Kategorienknoten aus $F^{(2)}$, der ein spezielles binäres Eingabemuster, mit Einser an bestimmten Positionen des Eingabevektors, klassifiziert hat, auch jedes Superset-Eingabemuster mit Einser an denselben Positionen und noch zusätzliche, codiert.

Im folgenden wird nur eine vereinfachte Variante des komplexen ART1-Algorithmus näher beschrieben, wobei seine zwei entscheidenden Prinzipien,
- das Wettbewerbsprinzip und
- das Prinzip der "Unsupervised Adaptation"

mathematisch formuliert werden. Das Wettbewerbsprinzip hat zur Folge, daß jedes Neuron in $F^{(2)}$ sich zu einem Spezialisten für eine bestimmte Kategorie von Eingabemustern entwickelt, und das Prinzip der "Unsupervised Adaptation" besagt, daß das Netz ohne Lehrer seine Klassifikationskriterien selbst bestimmt.

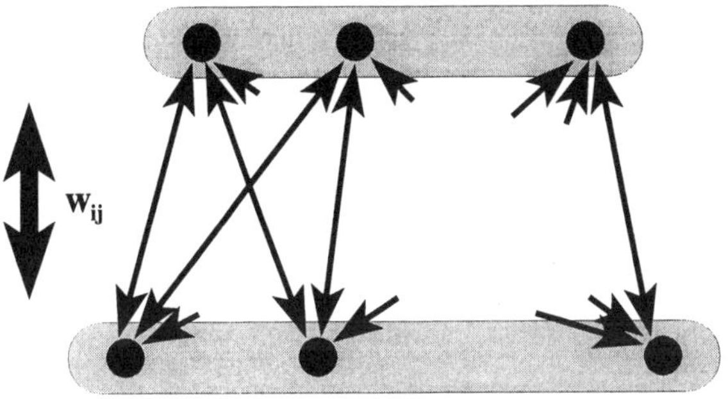

Abbildung 1.35: *Input- und Klassifikator-Schichten*

Die Abbildung 1.35 zeigt die Inputschicht $F^{(1)}$ mit den Zellen $v_1,...,v_i,...,v_n$ und die Klassifikator-Schicht $F^{(2)}$ mit den Zellen $v_{n+1},...,v_j,...,v_{n+m}$ mit $n>m$. Das Eingabemuster sei durch den Vektor $\mathbf{x}^{(1)}=(x_1^{(1)},...,x_n^{(1)})$ festgelegt, mit $x_i^{(1)} \in \{0,1\}$. Die doppelte Verbindungsstruktur hat zwei synaptische Gewichtssätze zur Folge, den von den Zellen v_i in $F^{(1)}$ zur Zelle v_j in $F^{(2)}$ zielenden Gewichtsvektor $\mathbf{w}_j=(w_{1j},...,w_{nj})$ und den von der Zelle v_j in $F^{(2)}$ zu allen Zellen v_i in $F^{(1)}$ gerichteten Satz $\mathbf{z}_j=(z_{j1},...,z_{jn})$ wobei $n+1 \leq j \leq n+m$ ist.

$\mathbf{z}_j$ repräsentiert das Erwartungsmuster ("Top down"-Signal), das für den Mustervergleich in $F^{(1)}$ benötigt wird. Das Ziel bei der Einstellung der Gewichte ist es, die $\mathbf{w}_j$- und $\mathbf{z}_j$-Vektoren so zu adaptieren, daß

1. ein Eingabevektor die Klassifikator-Zelle der ähnlichsten Klasse am stärksten aktiviert und
2. der neue Eingabevektor auch noch im Erwartungsmuster $\mathbf{z}_j$ Berücksichtigung findet, falls seine Ähnlichkeit mit diesem hinreichend ist.

Als Indikator für diese Ähnlichkeit wird ein Ähnlichkeitsparameter vorgegeben, den Grossberg als "Vigilance Threshold" ϱ bezeichnet. In der vereinfachten Variante des ART1-Algorithmus werden die Gewichte $\mathbf{w}_j$ und $\mathbf{z}_j$ zuerst folgendermaßen initialisiert:
$\mathbf{w}_j = (1/(n+1), ..., 1/(n+1))$ und $\mathbf{z}_j = (1, ..., 1)$

Die Belegung aller w_{ij} mit dem Wert $1/(n+1)$ bewirkt, daß ein noch nicht verwendeter $F^{(2)}$-Knoten erst dann zum Zuge kommt, wenn alle anderen schon getesteten sich als unbrauchbar erwiesen haben. Grossberg wählt den Vigilance Threshold-Parameter aus dem Bereich $0<\varrho<1$. Mit $\varrho \approx 1$ wird eine hohe Ähnlichkeit gefordert, ein Wert $\varrho \leq 0{,}5$ bedeutet schon eine unbrauchbare Klassifikation.

Aktiviert ein Eingabemuster $\mathbf{x}^{(1)} = (x_1^{(1)}, ..., x_n^{(1)})$ die Merkmals-Zellen von $F^{(1)}$, erregen diese ihrerseits die Klassifikator-Zellen von $F^{(2)}$. Dabei gilt bekanntlich $x_j^{(2)} = \sum_i w_{ij} x_i^{(1)}$. Es folgt nun die Rangbildung der $F^{(2)}$-Zellen nach der Stärke dieser Erregung. Diejenige Zelle v_j wird als vorläufige Klassifikator-Zelle des betreffenden Erregungsmusters ausgewählt, für die die Aktivität am größten ist: $x_{j^*}^{(2)} = \max\{x_j^{(2)}\}$.

Als nächstes wird aber im ART1-Modell überprüft, ob die Ähnlichkeit des Erregungsmusters mit dem "Erwartungsmuster" dieser Klassifikator-Zelle ausreichend ist. Grossberg sieht dabei die folgenden Schritte eines Ähnlichkeitsverfahren vor:

1. Es wird die Zahl der im Eingabevektor aktivierten Zellen bestimmt (= "die Zahl der Einser"): $\|\mathbf{x}^{(1)}\| = \sum_i x_i^{(1)}$
2. Es wird die Zahl der korrespondierenden aktivierten Zellen vom Eingangsmuster und Erwartungsmuster ermittelt:

   $\|\mathbf{x}^{(1)} \cdot \mathbf{z}_{j\bullet}\| = \sum_i x_i^{(1)} \cdot z_{ji}$
3. Es wird der Quotient $\|\mathbf{x}^{(1)} \cdot \mathbf{z}_{j\bullet}\| / \|\mathbf{x}^{(1)}\|$ als Indikator für Ähnlichkeit errechnet.

Ist dieser Ähnlichkeitskoeffizient kleiner als ϱ, wird auf die nächst rangniedrigere Klassifikatorzelle zurückgegriffen, usw. Ist das Ähnlichkeitsmaß aber größer als das vorgegebene ϱ, wird das Eingabemuster von der betreffenden Klassifikator-Zelle als codiert angesehen. Das Erwartungsmuster $\mathbf{z}_{j\bullet}$ der Klassifikator-Zelle muß aber so abgeändert werden, daß auch in Zukunft gewährleistet ist, daß das betreffende Muster von dieser Zelle codiert wird. Diese Anpassung nimmt Grossberg als Projektion des Erwartungsvektors auf die, durch den Eingabevektor aufgespannte "Hyperebene" vor. Somit gilt: $z_{j\bullet i}^{(neu)} = x_i^{(1)} \cdot z_{j\bullet i}^{(alt)}$

Auch die Aktivierungsgewichte w_{ij^*} erfahren eine Änderung in Richtung des codierten Eingabevektors $w_{ij^*}^{(neu)} = z_{j^*i} / (\frac{1}{2} + \|\mathbf{x}^{(1)} \cdot \mathbf{z}_{j^*}\|)$, so daß für jeden im folgenden aktivierten Eingangsvektor die betreffende Klassifikatorzelle maximal erregt wird, deren Erwartungsmuster zu einem hohen Grad mit diesem übereinstimmt.

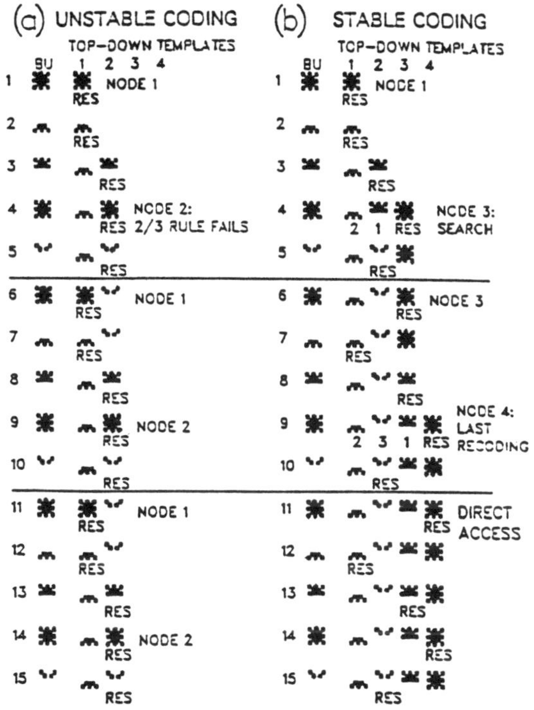

Abbildung 1.36: *Ergebnis eines Klassifizierungsversuches mit dem ART1-Modell (nach Carpenter & Grossberg, 1987a; Erläuterungen im Text)*

Die Abbildung 1.36 zeigt das Beispiel einer Klassifizierung von binären Mustern mit dem ART1-Algorithmus. Vier verschiedene Muster A, B, C und D werden dem System in der Reihenfolge ABCAD als Eingangsvektor fortlaufend präsentiert (siehe die BU-Spalten der Abbildung). In der Abbildung 1.36a wurde ein niedriger, in der Abbildung 1.36b ein hoher ϱ - Wert für den Abgleich benützt. Wie man sieht, kommt es im Falle a zu keiner stabilen Codierung. Bei den ersten zwei Eingaben wird nur eine Klassifikatorzelle von $F^{(2)}$ aktiviert, dann noch eine weitere. Es findet aber ein laufender Recodierungsprozeß der Erwartungsmuster der Klassifikatorzellen statt. Im Falle b stabilisieren sich die Erwartungsmuster schon bei der neunten Eingabe. Vier Klassifikatorzellen von $F^{(2)}$ sind zu Spezialisten für die Codierung der vier ver schiedenen Eingabemuster geworden.

Da mit der vorliegenden Arbeit nur die grundlegenden Mechanismen, die Grossberg für seine neuronalen Modelle entwickelt hat, vorgestellt werden sollen, wird hier auf eine nähere Beschreibung der ART2- und ART3-Modelle verzichtet. Es sei noch angemerkt, daß die ART2-Struktur analoge Daten verarbeitet, z.B. den Input einer kontinuierlichen Grauton-Skala. Um eine stabile, rauschunempfindliche Klassifizierung eines analogen Eingangsmusters zu erreichen, wurde die $F^{(1)}$-Schicht von Carpenter und Grossberg nach ihren drei Funktionen "Eingangsverarbeitung - Erwartungsgenerierung - Vergleich zwischen Eingabe und Ausgabe" aufgeteilt (siehe Abbildung 1.37).

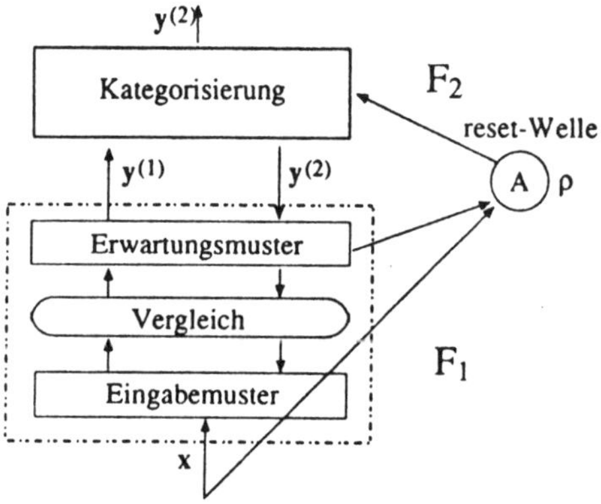

Abbildung 1.37: *Die Funktionsblöcke der ART2-Architektur (nach Brause, 1991, S. 164)*

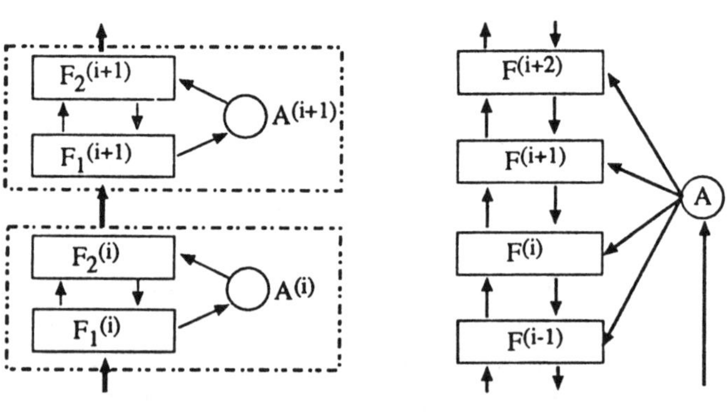

Abbildung 1.38: *Zur Struktur des ART3-Modells (nach Brause, 1991, S. 165)*

Die ART1- und ART2-Strukturen umfassen jeweils nur zwei Verarbeitungsschichten. In größeren Systemen erfolgt aber eine Verarbeitung über mehrere Schichten hinweg. Für diese komplexere Verarbeitung (ART-Kaskade) wurde mit ART3 ein Modell mit nur einer einzigen Aktivitätskontrolle entwickelt (siehe Abbildung 1.38).

Grundlegend für die Strukturen der neuronalen Modelle von Grossberg ist die Plastizität der Neuronen und damit der Neuronenverbände. Erst die Aktivitätsabhängigkeit der Synapsenstärke von Neuronenverbindungen ermöglicht ein verändertes, angemessenes Reagieren auf einströmende Information aus der Außenwelt. "Erfahrungen" verfestigen sich so langzeitlich in streng definierten Größen der Zellstrukturen und ermöglichen dadurch die für den Organismus relevanten Klassifizierungsleistungen und Reaktionen. Die vorgestellten Modellüberlegungen beschränken sich allerdings nur auf die wichtigsten theoretischen Grundaussagen von Grossberg. Im nächsten Kapitel wird das Neurokybernetische Modell von Lerch differenziert beschrieben. Dieses Modell macht, im Vergleich zum Ansatz von Grossberg, stark vereinfachende Annahmen über die Struktur der Neuronennetze. So werden sich verändernde Synapsenstrukturen zwischen den einzelnen neuronalen Elementen in den Modellüberlegungen nicht berücksichtigt. Es wird vielmehr von einer vorgegebenen, festen Struktur der Neuronen ausgegangen. Trotz dieser Vernachlässigung ergeben sich in Verbindung mit bestimmten statistischen Annahmen über die Erregungsausbreitung im Neuronennetz interessante Möglichkeiten der Beschreibung und Erklärung von Bewertungsprozessen, die bezüglich ihres kognitiven Komplexitätsgrades auf einer höheren semantischen Ebene als einfache Klassifizierungsleistungen angesiedelt sind.

2. Das Neurokybernetische Modell von Lerch

Das Neurokybernetische Modell wurde von Lerch zur Beschreibung und Erklärung von Absoluturteilen entwickelt.

2.1 Absoluturteile in der Bezugssystemforschung

Absoluturteile gehören zum natürlichen Verhaltensrepertoire des Menschen und nehmen im Rahmen der Kommunikation, d.h. des Informationsaustausches mit anderen, einen gewichtigen Raum ein. So wird z.B. ein bestimmter Politiker als sehr fähig, ein literarisches Werk als mittelmäßig oder ein in die Höhe gestemmtes Gewicht als leicht beurteilt. Die Einstufungen werden scheinbar jeweils auf einer absoluten Skala getroffen. Solch eine Skala beinhaltet beispielsweise bezüglich der Gewichtsdimension die Ausprägungen "leicht - mittel- schwer".

Eigenschaftsurteile der genannten Art über bestimmte Objekte erscheinen dem Beurteiler von seinem erlebten Wahrnehmungseindruck her als absolut abgegeben. Es läßt sich jedoch leicht zeigen, daß diese Urteile stets relativ zu einem "inneren" Bezugssystem produziert werden. In den Charakterisierungen "der kleine Elefant" und "die große Maus" sind zwar die Urteile ihrer grammatikalischen Form und ihrer anschaulichen Grundlage nach absolut, funktional hängen sie aber von der Klasse der zugehörigen Objekte ab. Die Klasse der zugehörigen Objekte stellt damit einen Bezugsrahmen dar, der bestimmte Erwartungsnormen bezüglich der Eigenschaftsausprägungen der betreffenden Klassenelemente miteinschließt.

In den zahlreichen psychologischen Untersuchungen über die Relativität von Absoluturteilen wurden nun zu einem Bezugssystem analysiert, die durch langjährige Erfahrung und Übung als stabiler Gedächnisbesitz des Beurteilers angesehen werden können. Solche Bezugssysteme werden als mnestisch stabilisiert bezeichnet. Einsichten in ihren Aufbau und ihre Eigenschaften wurden insbesondere von der Schule Wittes erforscht (Heyden, 1955; Emrich, 1957; Hruschka, 1959; Joerges, 1959; Witte, 1960 (a) und (b)).

Zum anderen interessierte man sich weiterhin in der psychologischen Grundlagenforschung für Bezugssysteme, die erst unmittelbar in der Untersuchungssituation durch die spezielle Versuchsinstruktion, die zu beurteilenden Reizobjekte und den zur Verfügung gestellten Urteilskategorien entstehen. Auch in solchen Beurteilungssituationen können die Versuchspersonen vielfach, ohne den Beurteilungsvorgang als erzwungen zu empfinden, Absoluturteile fällen.

Dabei zeigte sich, daß die "Geschlossenheit" bzw. "Offenheit" der zu klassifizierenden Reizserien das Urteilsverhalten wesentlich beeinflußt. Geschlossene Reizserien liegen z.B. dann vor, wenn alle zu beurteilenden Objekte simultan präsentiert werden (Heller, 1959) bzw. die Extremelemente der Beurteilungsserie den Versuchspersonen bekannt sind. Untersuchungen von Bezugssystemen mit offenen Objektklassen wurden z.B. von Helson (1964), Sarris (1971) und Parducci (1974) durchgeführt. In diesen Versuchen ergab sich, daß die Offenheit der Reizserie einen gewichtigen Einfluß auf die Struktur eines Bezugssystems ausübt. So zeigte sich in den Untersuchungen von Helson, daß ein nicht zu beurteilender Vergleichsreiz, der stets vor den eigentlichen Reizobjekten präsentiert wurde, zu einer Urteilsverschiebung der Serienreize führt. Aber auch die unterschiedlichen Häufigkeiten der Serienreize, mit denen Versuchspersonen konfrontiert werden, verändern ihre Absoluturteile.

Die auf dem Gebiet der Bezugssystemforschung durchgeführten Analysen stehen meist in der Tradition der Psychophysik. In diesem Teilgebiet der Allgemeinen Psychologie besteht ein wesentliches Forschungsziel darin, Zusammenhänge zwischen objektiven Reizgegebenheiten und subjektiv erlebten Empfindungsgrößen quantitativ darzustellen (Weber, 1834; Fechner, 1860). So verwundert es nicht, daß auch in den schon zitierten Forschungsarbeiten über Absoluturteile der Versuch unternommen wurde, die gefundenen Zusammenhänge mathematisch zu erfassen.

Untersuchungen auf dem Gebiet der Bezugssystemforschung haben zum Ziel, die Wirkzusammenhänge zwischen objektiven Reizgegebenheiten und subjektiven Wahrnehmungsurteilen aufzudecken. In einem größeren Rahmen lassen sich diese Forschungsarbeiten als Analysen von Klassifizierungsprozessen verstehen.

Das Paradigma dieser Untersuchungen zur Bezugssystemforschung sieht dabei immer wie folgt aus:

Vpn wird in der Laborsituation

1. eine Menge von zu beurteilenden Objekten ($S_1,...,S_n$) vorgegeben,
2. eine Menge von sog. Kontext- oder Ankerreizen ($A_1,...,A_r$) und
3. eine Menge von Urteilsreaktionen ($k_1,...,k_m$), deren Umfang begrenzt ist und deren Randelemente inhaltlich polar aufeinander bezogen sind.

Die Serien- und Kontextreize variieren dabei auf der gleichen Merkmalsdimension. Untersucht wird dann die Zuordnungsstruktur zwischen den Serienreizen S_i und den Urteilsreaktionen k_j unter der Bedingung, daß

a) kein Kontext- oder Ankerreiz auftritt
b) einer der Kontextreize A_i in der Urteilssituation enthalten ist.

Der Klassifizierungsprozeß besteht im Fall a darin, bei m zur Verfügung stehenden Urteilskategorien, die Menge der vorgegebenen Serienreize S_i in Teilmengen T_j einzuteilen, und zwar in die Teilmenge mit dem Merkmal "Urteilsreaktion k_1", in die Teilmenge mit dem Merkmal "Urteilsreaktion k_2" usw. (siehe Abbildung 2.1).

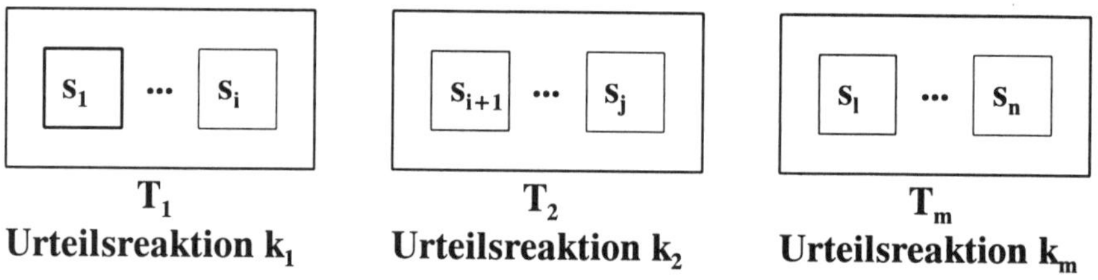

Abbildung 2.1: *Zur Klassenbildung von Serienreizen S_i nach den Urteilsreaktionen k_j*

Interpretiert die Vpn die ihr gestellte Aufgabe so, daß sämtliche Beurteilungskategorien m verwendet werden sollen, so wird sie insgesamt m verschiedene Teilmengen T_j bilden. Kennt sie die Menge der Serienreize S_i in ihren verschiedenen Ausprägungen (z.B. durch simultane Präsentation aller Serienreize) und unterscheiden sich die Serienreize S_i im Sinne einer arithmetischen Reihe durch einen konstanten Betrag auf der relevanten Merkmalsdimension, so bestände z.B. eine ausgezeichnete Zuordnungsregel darin, die Menge der Serienreize so aufzuteilen, daß die zu konstruierenden Teilmengen gleich viele Serienelemente umfassen (siehe dazu Abbildung 2.2 für den Fall mit m = 5 vorgegebenen Urteilskategorien mit den Codes 1 - 5).

In zahlreichen Untersuchungen zeigte sich aber (siehe Heller, 1959), daß eine derartige, eindeutige Klassifizierung der Serienreize auf die Teilmengen nicht auftritt. Die Ergebnisse machen vielmehr deutlich, daß es sich bei den Absoluturteilen um Klassifizierungsprozesse handelt, wie sie auch bei natürlichen Begriffsbildungen über sog. unscharfe Objektmengen auftreten. Die Kriterien entstehen dabei aus dem Vergleich zwischen verschiedenen Ausprägungsstufen der einschlägigen, anschaulichen oder komplexen Merkmalsdimension.

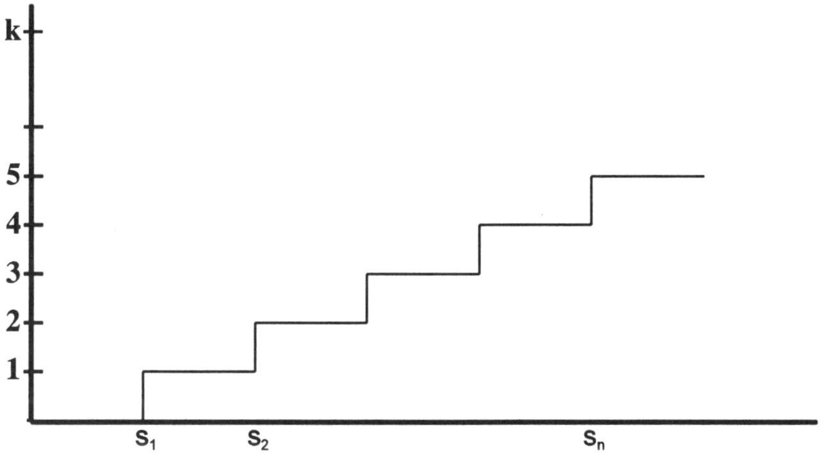

Abbildung 2.2: *Zur Veranschaulichung einer ausgezeichneten Zuordnungsregel zwischen Reiz und Urteilsreaktion*

Die Klassifizierung bei kontinuierlichen Merkmalsausprägungen erfolgt über die Bildung von Relationen (Hoffmann, 1971). Diese Art der Klassenbildung unterscheidet sich, wie Klix (1971) gezeigt hat, in struktureller Hinsicht nicht von der Verknüpfung zwischen alternativ-diskreten Merkmalen. Die besondere Eigenschaft der relational-stetigen Klassenbildung besteht aber darin, daß die Objekte der charakteristischen Menge nach dem Grad ihrer Zugehörigkeit zu einer definierten Klasse bestimmt sind. Eine quantitative Analyse dieser Klassifizierungsprozesse kann über die Theorie der unscharfen Mengen nach Zadeh (1965) durchgeführt werden.

Während bei alternativ-diskreten Merkmalen die Zugehörigkeitsfunktion $f_A(x)$ von Objekten x einer Gesamtmenge X zur betreffenden Merkmalsklasse A eindeutig festgelegt ist,

$$f_A(x) = \begin{cases} 1, \text{ wenn x aus A} \\ 0, \text{ wenn x nicht aus A} \end{cases}$$

ordnet die Zugehörigkeitsfunktion einer unscharfen Objektmenge A $f_A(x)$ jedem x aus X eine reele Zahl im Intervall [0,1] zu. Je näher der Wert $f_A(x)$ an 1 liegt, um so höher ist der Grad der Zugehörigkeit des Objekts zur gebildeten Klasse.

Im speziellen Fall der Beurteilung von Serienreizen S_i nach nur zwei Kategorien A_1 und A_2, d.h. bei einer Klassifizierungsaufgabe mit zwei zu bildenden Teilmengen, ist es dann offensichtlich, daß bei Kenntnis aller Serienreize S_1 bis S_n, die mental in eine Rangreihe S_1^* bis S_n^* überführt wurden, den Endgliedern die Zugehörigkeitsfunktion $f_{A1}(S_1^*)=1$ bzw. $f_{A2}(S_1^*)=0$ und $f_{A2}(S_n^*)=1$ bzw. $f_{A1}(S_n^*)=0$ entsprechen werden, während für die übrigen geordneten Serienreize gelten wird: $f_{A1}(S_{n+1}^*) \leq f_{A1}(S_n^*)$ und $f_{A2}(S_{n+1}^*) \geq f_{A2}(S_n^*)$.

Bei Urteilen bezüglich mehrerer, zu bildender Teilmengen erscheinen Zugehörigkeitsfunktionen charakteristisch, wie sie z.B. die Abbildung 2.3. zeigt.

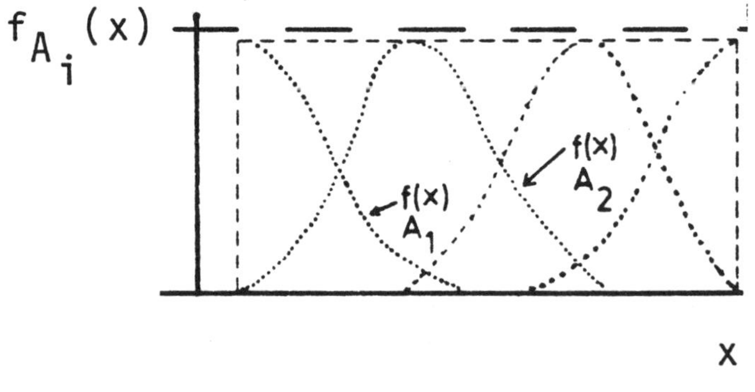

Abbildung 2.3: *Charakteristische Funktionen für unscharfe Untermengen (nach Zimmer, 1980)*

2.2 Eine neurokybernetische Analyse der Untersuchungsergebnisse von Heller

Bei den Untersuchungen, die von Wittes Mitarbeitern (Steiner, 1955; Altrichter, 1956; v.d. Heyden, 1959) durchgeführt wurden, ergaben sich bezüglich ihrer analysierten "wohlvertrauten Objektmannigfaltigkeiten" - ihre Untersuchungsobjekte sind dem täglichen Erfahrungsbereich der Vpn entnommen - Urteilshäufigkeitsverteilungen, wie sie die Abbildung

2.4 (nach Heller, 1959) zeigt. Bei allen Versuchen trat eine Gleichverteilung der Urteile bezüglich der kategorialen Bereiche auf, d.h. auf jede Kategorie entfielen statistisch gleich viele Urteile.

Die Abbildung 2.4 zeigt beispielhaft die Verteilung von 15 Vpn, die 25 vorgegebene - auf einem Blatt zufällig angeordnete - horizontale Striche nach den Kategorien "klein - mittel - groß" zu beurteilen hatten. Als Datengrundlage für die dargestellten Häufigkeitsverteilungen wurden dabei die von jeder Vp bezüglich der Strichobjekte individuell geäußerten Beurteilungen verwendet. Bei solchen Bewertungsprozessen kann die Gesamtheit der Vpn als abstrakte "Beurteilerquelle" aufgefaßt werden, deren Symbolvorrat im vorliegenden Fall die Zeichen "klein", "mittel" und "groß" enthält, wobei diese Zeichen mit bestimmten Wahrscheinlichkeiten ausgesandt werden.

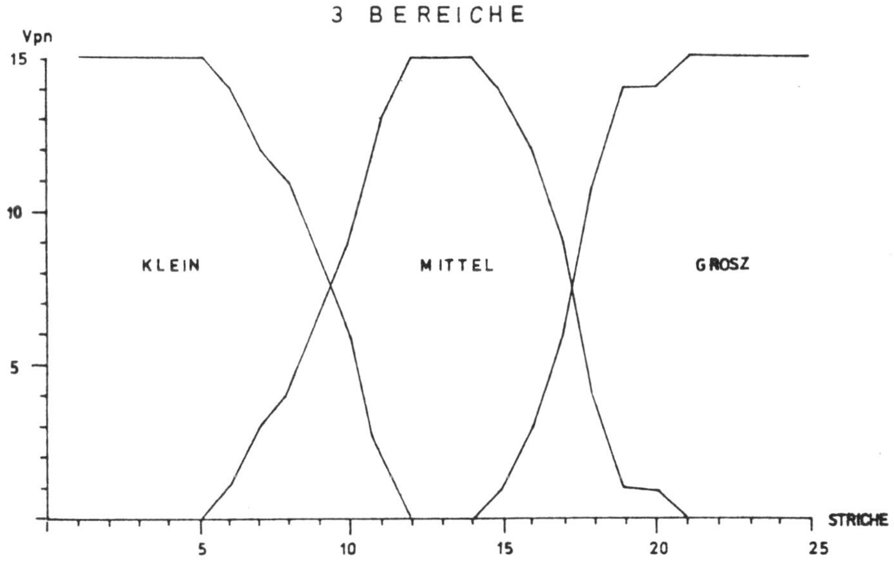

Abbildung 2.4: *Verteilung der Urteilshäufigkeiten bei drei Kategorien (nach Heller, 1959)*

Bei m Beurteilungskategorien umfaßt der Symbolvorrat m verschiedene Zeichen, die mit den Wahrscheinlichkeiten p_i ($1 \leq i \leq m$) abgegeben werden. Der Informationsbetrag I eines bestimmten Zeichens errechnet sich nach Shannon & Weaver (1948) zu $I = -\text{ld}\, p_i$ und die Entropie H - die charakteristische Größe einer Nachrichtenquelle - ergibt sich zu

$$H = -\sum_{i=1}^{m} p_i \cdot \mathrm{ld}\, p_i.$$

Werden die einzelnen Nachrichten mit gleicher Wahrscheinlichkeit ausgesandt, wird die Entropie H maximal: H = ldm.

Dieses Ergebnis drückt die allgemeine Vorstellung aus, daß die größte Unsicherheit vorliegt, wenn keine Nachricht gegenüber einer anderen bevorzugt auftritt. Das Wissen um eine bestimmte Abweichung von der Gleichverteilung dagegen bedeutet eine Vorinformation, die von der noch im Mittel zu erwartenden Information, der Entropie, abgeht. In den Untersuchungen von Witte und Mitarbeitern wurde von den Vpn - als Gesamtheit betrachtet - stets ein Beurteilungsverhalten gezeigt, das diesem Optimierungsprinzip genügte: Die Beurteilungen erfolgten derart, daß die Beurteilungsentropie maximal wurde, d.h. die Beurteilungskategorien wurden gleich häufig gewählt.

Die Tabellen 2.1 a - d geben die absoluten und relativen Häufigkeiten wieder, die Heller bei seinen Untersuchungen mit zwei, drei, vier und fünf Urteilskategorien erhielt.

Tabelle 2.1 a-d: *Urteilshäufigkeiten (nach Heller, 1959)*

2.1 a) 2 Urteilskategorien					
	klein	groß			
abs. Häuf.	273	277			
rel. Häuf. in %	49,64	50,36			
2.1 b) 3 Urteilskategorien					
	klein	mittel	groß		
abs. Häuf.	128	123	124		
rel. Häuf. in %	34,13	32,80	33,06		
2.1 c) 4 Urteilskategorien					
	klein	schwaches Mittel	starkes Mittel	groß	
abs. Häuf.	95	86	96	98	
rel. Häuf. in %	25,33	22,93	25,60	26,13	

2.1 d) 5 Urteilskategorien					
	klein	mittelklein	mittel	mittelgroß	groß
abs. Häuf.	78	74	74	73	72
rel. Häuf. in %	21,02	19,94	19,94	19,68	19,40

Tabelle 2.2: *Werte der maximalen Entropie im Versuch von Heller (1959)*

	Maximale Entropie	
	H_{max} (experimentell) in bit	H_{max} = ld m (theoretisch) in bit
2 Urteilskategorien	0,9999	1,0000
3 Urteilskategorien	1,5847	1,5849
4 Urteilskategorien	1,9981	1,9999
5 Urteilskategorien	2,3212	2,3219

Das von Lerch konzipierte neuronale Modell ist in der Lage durch "Anfitten" eines einzigen Parameterwertes an die empirischen Daten von Heller (siehe Abbildung 2.10), z.B. aus der Beurteilungssituation mit zwei Kategorien "klein - groß", die Zugehörigkeitsfunktionen der Vpn bei drei, vier und fünf Kategorien vorherzusagen.

Das Neurokybernetische Modell geht von der Vorstellung aus, daß für die Ausbildung eines kategorialen Bezugssystems im Zentralnervensystem ein bestimmtes Neuronenareal bereitgestellt wird, derart, daß eine linear angeordnete Kette von Neuronen nach steigender Dimensionsausprägung eindeutig den zu beurteilenden Objekten der Mannigfaltigkeit zugeordnet ist und dieser Neuronenkette eine gleichlange gegenübersteht, die die verschiedenen Kategorien repräsentiert, wobei postuliert wird, daß jede Kategorie die gleiche Anzahl von Neuronen umfaßt. Abbildung 2.5 veranschaulicht das Nervenzellenareal (in der Abbildung wurde zur besseren Übersicht angenommen, daß lediglich elf verschiedene Strichobjekte mittels drei Kategorien "klein - mittel - groß" zu beurteilen sind).

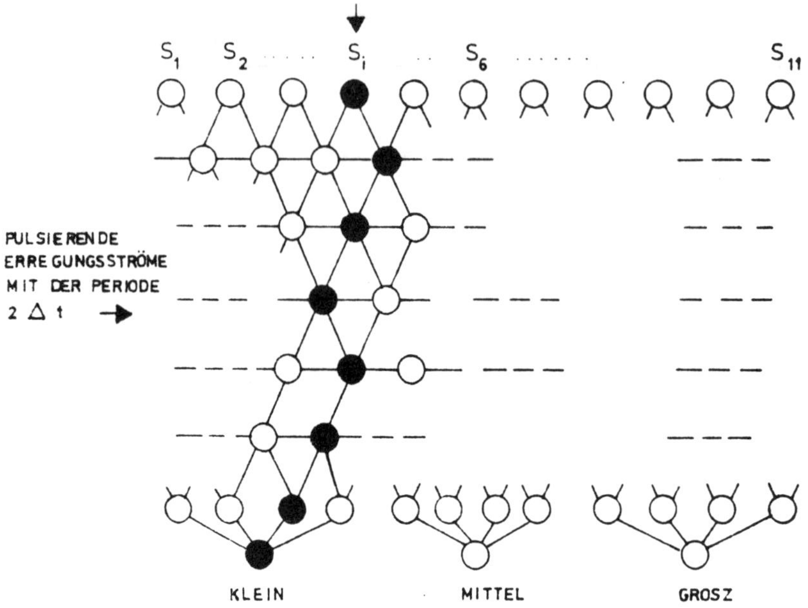

Abbildung 2.5: *Struktur des bereitgestellten Neuronenareals*

Zwischen der Neuronenkette, die die Strichobjekte repräsentiert, und der Neuronenkette, die die Kategorien umfaßt, befinden sich mehrere Lagen von miteinander verkoppelten Neuronenketten, wie sie Abbildung 2.5 zeigt. Laufen auf den horizontalen Neuronenketten voneinander unabhängig pulsierende Erregungsströme mit der Periode $2\Delta t$ ab, so ist gewährleistet, daß auf einer horizontalen Kette zwei benachbarte Neuronen nicht gleichzeitig erregt sind.

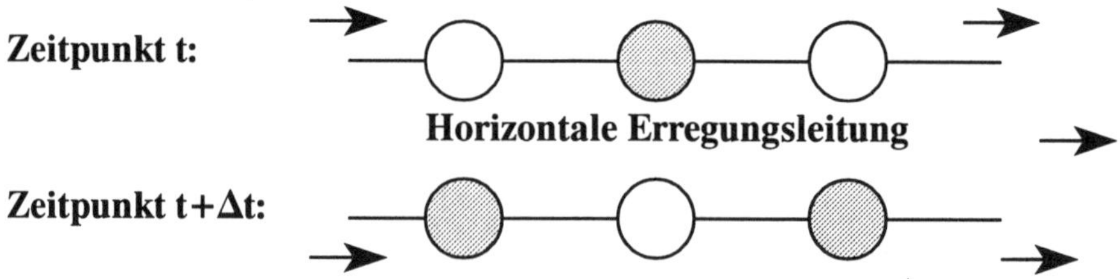

Abbildung 2.6: *Zur horizontalen Erregungsleitung*

Wird nun außerdem angenommen, daß in vertikaler Richtung eine Erregung nur dann von einer Nervenzelle weitergeleitet werden kann, wenn zwei Erregungsimpulse zur gleichen Zeit eintreffen - die Erregungsschwelle eines Neurons sei also in dieser Richtung doppelt so hoch - so ist die Wahrscheinlichkeit dafür, daß ein Neuron eine Erregung an die untere Neuronenkette, an das räumlich benachbarte linke oder rechte Neuron weitergegeben wird, gleichgroß: p = 1/2.

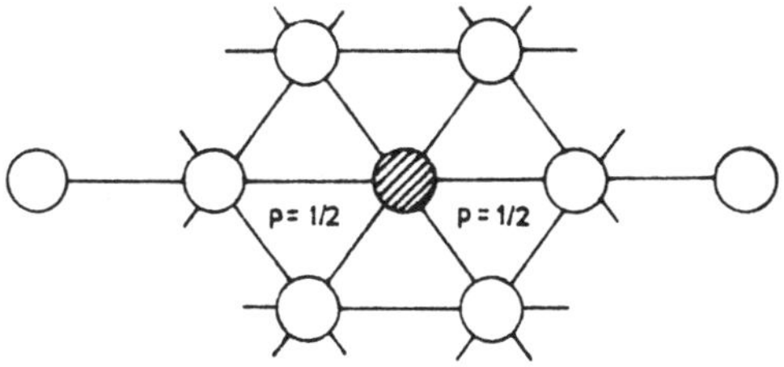

Abbildung 2.7: *Zur stochastischen Erregungsleitung*

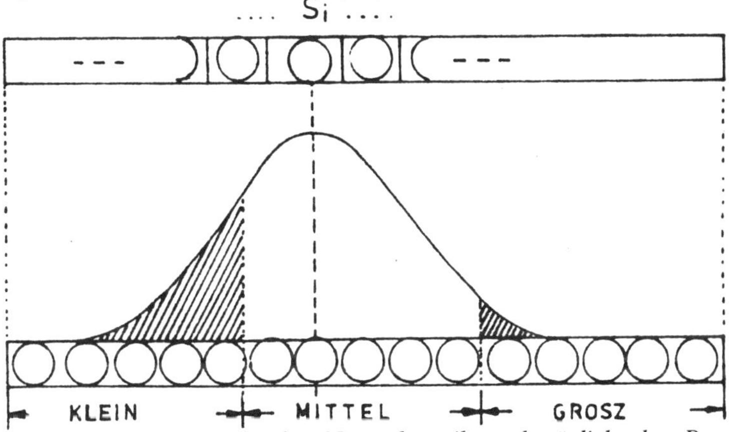

Abbildung 2.8: *Flächenanteile der Normalverteilung bezüglich der Beurteilungskategorien*

Es kann damit nicht mehr deterministisch vorhergesagt werden, wo der Erregungsimpuls, der bei S_i (dem zu beurteilenden Strichobjekt) eingegangen ist, auf der unteren Neuronenkette, die die Kategorien repräsentiert, eintreffen wird. Es kann also nicht eindeutig vorausgesagt werden, ob S_i als klein, mittel oder groß beurteilt wird. Berechnet werden aber kann die Wahrscheinlichkeit, mit der ein Impuls von einer S_i-Zelle ausgehend auf einer bestimmten Position der Kategorien-Neuronenkette landet. Die Wahrscheinlichkeitsverteilung ist eine Normalverteilung mit dem Mittelpunkt auf der Position der Kategorien-Neuronenkette direkt unterhalb der S_i-Zelle. Dies wird sofort verständlich, wenn man sich vor Augen führt, daß die Struktur des Neuronenareals in völliger Analogie zum Galton-Wahrscheinlichkeitsbrett zur Erzeugung einer Normalverteilung steht. Die Standardabweichung der Normalverteilung ist allerdings unbekannt. Für sie läßt sich vorweg lediglich sagen, daß sie in Abhängigkeit von der Anzahl der zwischengeschalteten, horizontalen Neuronenkette steht. Die Streuung wird größer sein, wenn mehr Ketten zwischengeschaltet sind.

Im folgenden wird nun bei der Ermittlung der Wahrscheinlichkeiten der allgemeine Fall behandelt, daß n Beurteilungsobjekte S_i bezüglich m Kategorien zu evaluieren sind. (Da bei Heller, 1959, n=25 Strichobjekte, also eine ungerade Anzahl, zu beurteilen sind, wird die Herleitung ebenfalls für ungerades n durchgeführt).

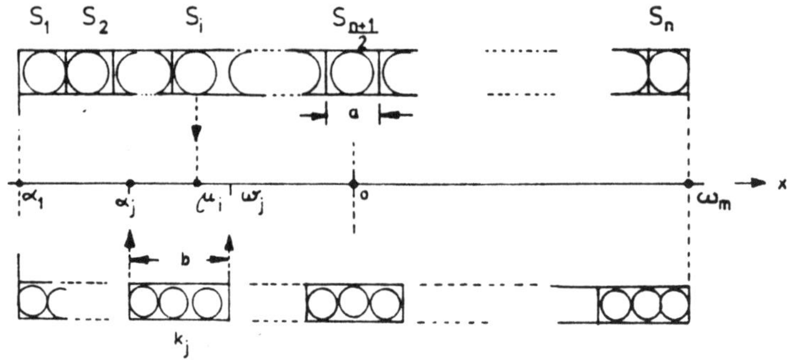

Abbildung 2.9: *Einführung einer x-Achse*

Die Längen der zwei Neuronenketten wurden, wie schon ausgeführt, im Modell als gleich angenommen. Beträgt die lineare Ausdehnung einer S_i-Zelle a und die lineare Ausdehnung einer Kategorie k_j gleich b, so muß gelten: $n \cdot a = m \cdot b$.

Wird die Länge a als Einheit benützt, d.h. a=1 gesetzt, so gilt für die Ausdehnung der Kategorie k_j: $b = n/m$. Die mittleren Positionen μ_i der Beurteilungsobjekte S_i und die Bereichsenden α_j und ω_j einer Kategorie k_j lassen sich dann bezüglich der in Abbildung 2.9 eingeführten x-Achse mit dem Ursprung 0 auf der Höhe des $S_{\frac{n+1}{2}}$-ten Beurteilungsobjektes wie folgt angeben:

$$mu_i = -\frac{n+1}{2} + i,$$

$$\alpha_j = \frac{n}{m}\left(j - \frac{m+2}{2}\right),$$

$$\omega_j = \frac{n}{m}\left(j - \frac{m}{2}\right).$$

Die Wahrscheinlichkeit, daß ein Objekt S_i mit der Kategorie k_j beurteilt wird, ergibt sich damit zu:

$$p_{i,j} = \frac{1}{\sigma\sqrt{2\pi}} \cdot \int_{\alpha_j}^{\omega_j} \exp\left\{-\frac{1}{2}\left(\frac{x - mu_i}{\sigma}\right)^2\right\} dx$$

Bei der Berechnung von Wahrscheinlichkeiten bezüglich der ersten (k_1) und letzten Kategorie (k_m) wird ein "Abschneiden" des Integrationsbereiches durch die Rechteckform des Neuronenareals nicht als sinnvoll erachtet. Angemessener erscheint es, sich die zwei Extremkategorienbereiche k_1 und k_m nach links bzw. rechts ausgedehnt zu denken, so daß z.B. eine Erregung, die auf der Kategorienkette noch links vom Bereich k_1 eintrifft, auch dieser Kategorie zugeordnet wird. Wird diese Erweiterung nicht vorgenommen, hat dies zur Folge, daß der betreffende Reiz überhaupt nicht beurteilt wird.

Im folgenden soll nun gezeigt werden, daß die durch das Neurokybernetische Modell vorhergesagten Wahrscheinlichkeitsverteilungen bezüglich der vorgegebenen Urteilskategorien mit den experimentell gewonnenen Urteilshäufigkeiten übereinstimmen. Zu diesem Vergleich werden die genannten Untersuchungsergebnisse von Heller herangezogen. Wie schon erläutert, mußten in der Untersuchung von Heller 25 Strichobjekte, die in ihrer Länge variierten, bezüglich vorgegebener Urteilskategorien von den Versuchspersonen eingestuft werden.

Die Abbildungen 2.10, 2.11, 2.12 und 2.13 zeigen die experimentell gewonnenen Urteilshäufigkeitsverteilungen, sowie die Verteilungen, die sich aus dem Neurokybernetischen Modell ergeben, wobei für die Standardabweichung der Normalverteilungen der Wert $\sigma = 1{,}5$ verwendet wurde. Bei allen verwendeten Kategorien ist die Übereinstimmung sehr zufriedenstellend. Dies kann als Indiz für die Angemessenheit des Modells aufgefaßt werden.

Die Annahmen, die dem Modell zugrunde liegen, seien noch einmal explizit aufgeführt:

1. Ein Seriationsoperator überführt die Reize nach ihrem Ausprägungsgrad in eine Rangreihe, die mit einer Neuronenkette korrespondiert.
2. Das gleiche erfolgt unter der Annahme einer bestimmten Ausdehnung der Kategorienkette mit den Kategorienurteilen.

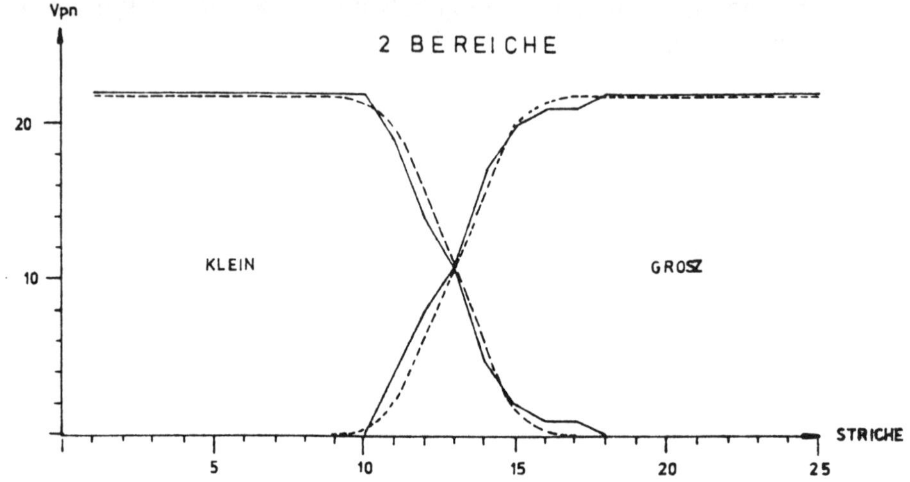

Abbildung 2.10: *Verteilung der Urteilshäufigkeiten bei 2 Kategorien (durchgezogene Linie: experimentell ermittelte Verteilungen nach Heller; gestrichelte Linie: theoretisch berechnete Funktionsverläufe nach Lerch)*

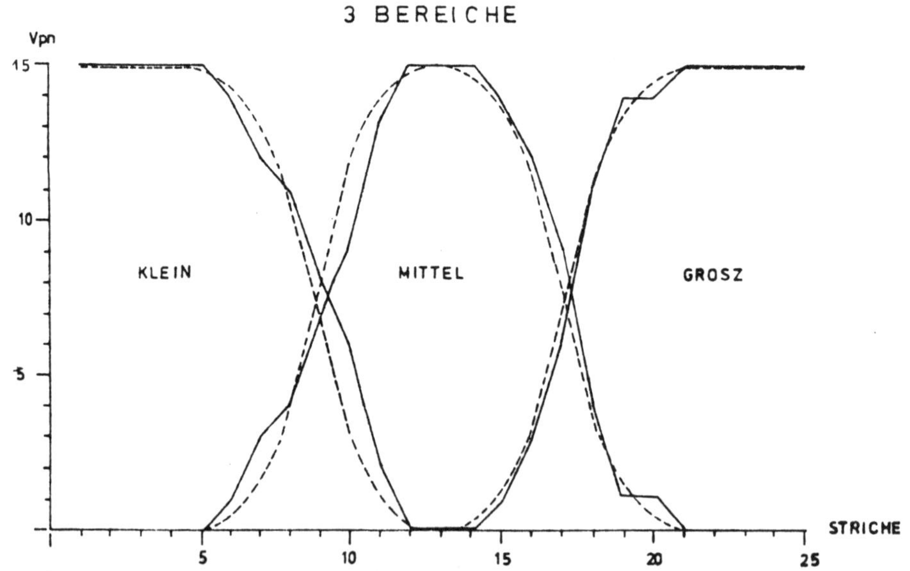

Abbildung 2.11: *Verteilung der Urteilshäufigkeiten bei 3 Kategorien (durchgezogene Linie: experimentell ermittelte Verteilungen nach Heller; gestrichelte Linie: theoretisch berechnete Funktionsverläufe nach Lerch)*

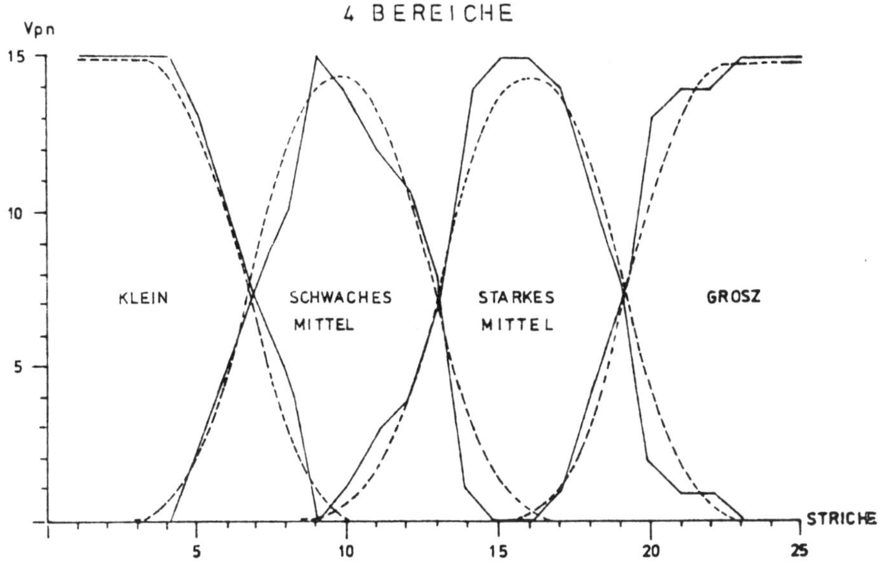

Abbildung 2.12: *Verteilung der Urteilshäufigkeiten bei 4 Kategorien (durchgezogene Linie: experimentell ermittelte Verteilungen nach Heller; gestrichelte Linie: theoretisch berechnete Funktionsverläufe nach Lerch)*

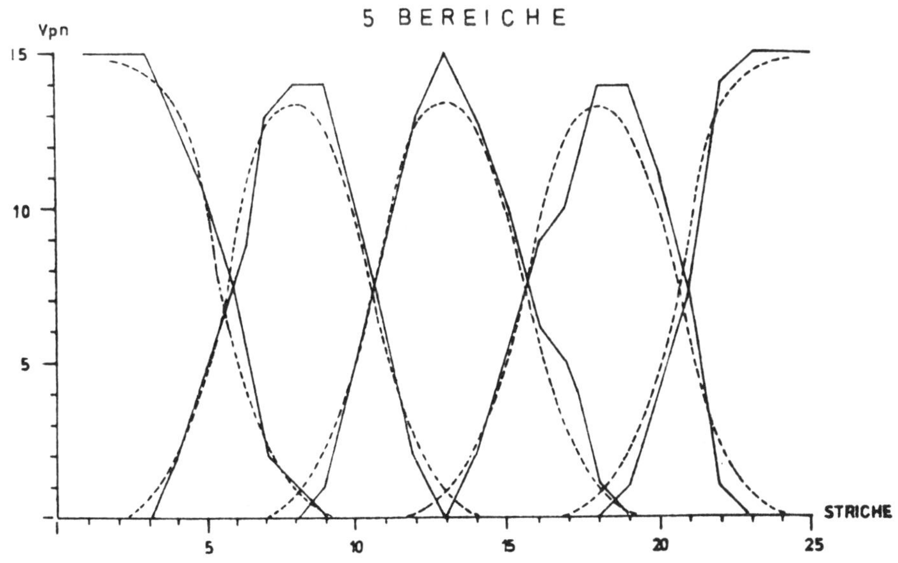

Abbildung 2.13: *Verteilung der Urteilshäufigkeiten bei 5 Kategorien (durchgezogene Linie: experimentell ermittelte Verteilungen nach Heller; gestrichelte Linie: theoretisch berechnete Funktionsverläufe nach Lerch)*

3. Ein Neuronenareal verbindet die zwei ausgezeichneten Neuronenstränge. Durch seine innere Verknüpfungsstruktur wirkt es als stochastischer Operator, der deterministische Zuordnungen zwischen Reiz und Urteil verhindert.

Die Vorstellung periodischer Erregungsströme, die über das Neuronenareal hinweglaufen, kann dabei als neurophysiologisch akzeptabel bewertet werden. Die besondere Art der Neuronenverknüpfung wie auch die speziellen Annahmen über die Richtungsabhängigkeit der Erregungsschwellen der einzelnen Neuronen muten natürlich künstlich an. Sie wurden insbesondere aufgrund der damit sich ergebenden einfachen mathematischen Bestimmung der Zugehörigkeitsfunktionen vorgenommen. Der Realität angemessen wäre wohl die Vorstellung normalverteilter Reizschwellenwerte (Epstein, 1973). Die Berechnung der Zugehörigkeitsfunktionen wird dann aber wesentlich schwieriger.

2.3 Der Zusammenhang zwischen Ankerreiz und Adaptationsniveau

An Hand einer informationspsychologischen Analysc konnte Lerch (1979) nachweisen, daß der Aufbau von Bezugssystemen beim kategorialen Urteilsverhalten einem Optimierungsprinzip genügt. Wird eine vorgegebene Serie von Reizen (S_i) nach m vorgegebenen Kategorien beurteilt, so erfolgt eine Kategorienzuordnung spontan derart, daß die Beurteilerentropie maximal ist. Das von Lerch entwickelte Neurokybernetische Modell konnte die Versuchsergebnisse von Heller (1959) angemessen beschreiben und erklären.

Bei der Mehrzahl der Untersuchungen zum kategorialen Urteilsverhalten wurden Serienreize S_i einer physikalischen Dimension S mit konstanter Reizdifferenz ΔS benützt (s. z.B. Sarris, 1969; Heller, 1959; Helson, 1964), d.h. $S_1 = S$; $S_2 = S+\Delta S$; ...; $S_n = S+(n-1)\cdot\Delta S$. In Anlehnung an diese experimentellen Bedingungen wurden im Neurokybernetischen Modell von Lerch die Abstände der aufeinanderfolgenden Neuronen, die die Reize repräsentieren, als konstant angegeben. Diese Modellannahme führte zu einer angemessenen Übereinstimmung zwischen experimentellen Daten und theoretischen Ergebnissen. Wie aber später noch aus den Versuchsergebnissen von Sarris ersichtlich wird, ist eine logarithmische Transformation etwa im Sinne des Weber-Fechnerschen Gesetzes (s. Klix, 1971) ebenfalls denkbar. Sie stellt außerdem eine allgemeinere und insbesondere auch noch raumsparende Abbildung der physikalischen Reizdimension auf einer Neuronenkette dar. Die lineare Abbildung, wie sie im Neurokybernetischen Modell von Lerch benutzt wurde, erweist sich dabei auch als ein Spezialfall der logarithmischen Transformation: Betrachtet man z.B. 5 Serienreize S_1, S_2, S_3, S_4, S_5 mit den konstanten Abständen ΔS, so fungiert S_3 als Serienmitte, $S_3 = S_m$, und die Reize S_i lassen sich nun folgendermaßen beschreiben: $S_1 = S_m - 2\Delta S$, $S_2 = S_m - \Delta S$, $S_3 = S_m$,, $S_4 = S_m + \Delta S$ und $S_5 = S_m + 2\Delta S$.

Bei der logarithmischen Abbildung der physikalischen Dimension auf die Neuronenkette gilt dann z.B. für den Abstand von S_4 nach S_3, daß dieser proportional ist dem Ausdruck

$$\ln S_4 - \ln S_3 = \ln\frac{S_4}{S_3} = \ln\frac{S_m + \Delta S}{S_m} = \ln(1 + \frac{\Delta S}{S_m}).$$

Dieser Term läßt sich für $\left|\frac{\Delta S}{S_m}\right| \ll 1$ als Reihenentwicklung von $\frac{\Delta S}{S_m}$ darstellen:

$$\ln\left(1 + \frac{\Delta S}{S_m}\right) = \frac{\Delta S}{S_m} - \frac{1}{2}\left(\frac{\Delta S}{S_m}\right)^2 + \ldots + (-1)^{n+1} \cdot \frac{1}{n}\left(\frac{\Delta S}{S_m}\right)^n \pm \ldots$$

Für $\frac{\Delta S}{S_m} \ll 1$ ergibt sich als gute Näherung, daß $\ln\left(1 + \frac{\Delta S}{S_m}\right) \approx \frac{\Delta S}{S_m}$. Liegen die Serienreize also in der Nähe der Serienmitte, so bilden sie sich linear auf der Neuronenkette ab.

Das kategoriale Beurteilungsverfahren unterliegt, wie an Hand der Daten von Heller nachgewiesen wurde, dem Optimierungsprinzip, daß die Beurteilungsentropie maximal sei. Bei m vorgegebenen Kategorien und n Serienreizen S_i mit konstanten Abständen stellt sich dann das Adaptationsniveau AL - es ist der Indifferenzpunkt im Größenurteil über eine Reizserie, der je nach Reizdimension im verbalen Urteil als "mittelgroß" oder "weder leicht noch schwer" usw. bezeichnet wird - so ein, daß die Kategorienmitte und die Serienmitte im Neurokybernetischen Modell direkt übereinander liegen. Dies läßt sich aus der Entropiebeziehung unmittelbar ableiten. So beträgt z.B. bei der Beurteilung einer Serie von fünf Tönen nach den zwei Kategorien m_1 = "tief" und m_2 = "hoch" die Entropie

$$H_0 = -\frac{1}{5}\sum_{i=1}^{5} [p(S_i/\text{tief}) \cdot \text{ld}\, p(S_i/\text{tief}) + p(S_i/\text{hoch}) \cdot \text{ld}\, p(S_i/\text{hoch})].$$

Da $p(S_i/\text{hoch}) = 1 - p(S_i/\text{tief})$ ist, ergibt sich H_0 zu

$$H_0 = -\frac{1}{5}\sum_{i=1}^{5} [p_i \text{ld}\, p_i + (1-p_i) \cdot \text{ld}(1-p_i)], \text{wobei } p(S_i/\text{tief}) = p_i.$$

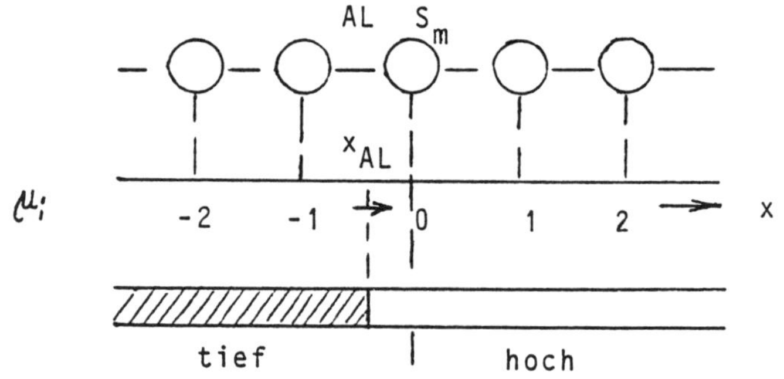

Abbildung 2.14: *Veranschaulichung der Modellgrößen*

Mit $p_i = \int_{-\infty}^{x_{AL}} \frac{1}{\sigma\sqrt{2\pi}} \cdot \exp\left(-\frac{1}{2\sigma^2}(x-mu_i)^2\right) dx$, wobei x_{AL} den Wert für das Adaptationsniveau auf der x-Achse darstellt, folgt:

$$H_0 = -\frac{1}{5}\sum_{i=1}^{5} \left\{ \int_{-\infty}^{x_{AL}} \frac{1}{\sigma\sqrt{2\pi}} \cdot \exp\left(-\frac{1}{2\sigma^2}(x-mu_i)^2\right) dx \cdot \right.$$
$$\text{ld}\left[\int_{-\infty}^{x_{AL}} \frac{1}{\sigma\sqrt{2\pi}} \exp\left(-\frac{1}{2\sigma^2}(x-mu_i)^2\right) dx\right] +$$
$$+ \left(1 - \int_{-\infty}^{x_{AL}} \frac{1}{\sigma\sqrt{2\pi}} \exp\left(-\frac{1}{2\sigma^2}(x-mu_i)^2\right) dx\right) \cdot$$
$$\left. \text{ld}\left(1 - \int_{-\infty}^{x_{AL}} \frac{1}{\sigma\sqrt{2\pi}} \cdot \exp\left(-\frac{1}{2\sigma^2}(x-mu_i)^2\right) dx\right) \right\}.$$

Dieser Ausdruck soll maximal werden. Aus der Extrembedingung $\frac{dH_0}{dx_{AL}} = 0$ läßt sich sofort der unbekannte Wert für x_{AL} berechnen, für den die Entropie maximal wird. Vorweg sei noch darauf aufmerksam gemacht, daß eine Beurteilungshäufigkeit $p(S_i/\text{tief}) = 0$ bzw. 1 keinen Betrag zur Entropie leistet. In beiden Fällen ist also $H_{S_i} = 0$. Bildet man nun die erste Ableitung von H_0 nach x_{AL}, so ergibt sich die Extrembedingung zu:

$$\sum_{i=1}^{5} \exp\left(-\frac{1}{2\sigma^2}(x_{AL}-mu_i)^2\right) \cdot \left\{ \ln\left[\int_{-\infty}^{x_{AL}} \frac{1}{\sigma\sqrt{2\pi}} \exp\left(-\frac{1}{2\sigma^2}(x-mu_i)^2\right) dx\right] - \ln\left[1 - \int_{-\infty}^{x_{AL}} \frac{1}{\sigma\sqrt{2\pi}} \exp\left(-\frac{1}{2\sigma^2}(x-mu_i)^2\right) dx\right]\right\} = 0$$

Die Lösung dieser komplizierten Gleichung wurde auf der Cyber-Rechenanlage des Leibniz-Rechenzentrums München ermittelt. Für $x_{AL} = 0$ wird die Gleichung erfüllt. Das Adaptationsniveau AL ist unter den genannten Bedingungen gleich der Serienmitte S_m.

Als nächstes wird nun der allgemeinere Fall betrachtet, daß eine kategoriale Beurteilung einer Reizserie vorgenommen werden soll, wobei zusätzlich ein Ankerreiz, der aber nicht explizit beurteilt wird, von bestimmter Größe A der gleichen physikalischen Dimension präsentiert wird. Experimentelle Ergebnisse (z.B. von Sarris) zeigen, daß dann das Adaptationsniveau eine Verschiebung erfährt. Dies wird sofort verständlich, wenn man annimmt, daß der Ankerreiz genauso wie die Serienreize bei der Konstruktion des kategorialen Beurteilungssystems verrechnet wird und einen entsprechenden Beitrag zur Gesamtentropie H_{ges} liefert. Die Gesamtentropie wird somit:

$$H_{ges} = \{n \cdot H_0 + [(-p_A \cdot \operatorname{ld} p_A - (1 - p_A) \cdot \operatorname{ld}(1 - p_A)]\}/(n + 1)$$

mit $p_A = p\ (A/\text{tief})$ und n = Anzahl der Serienreize. Sie soll wieder dem Optimierungsprinzip genügen, d.h. maximal werden. Dies führt zu der Extremalbedingung $\frac{dH_{ges}}{dx_{AL}} = 0$. Aus dieser Bedingung ergibt sich ein funktionaler Zusammenhang zwischen x_A und x_{AL}, wobei x_A den Wert für den Ankerreiz A auf der x-Achse im Neurokybernetischen Modell darstellt. Da eine logarithmische Abbildung auf der Reiz-Neuronenkette angenommen wird, ergibt sich x_A zu

$$x_A = C \cdot (\ln \frac{A}{S_m}) / \frac{\Delta S}{S_m}$$

$\frac{\Delta S}{S_m}$ wird also als Einheit auf der x-Achse verwendet; C stellt eine unbekannte Proportionalitätskonstante dar. (Aus dem Vergleich mit experimentellen Daten von Sarris ergibt sich, wie später gezeigt werden kann, als brauchbarer Näherungswert $C=1/\ln 10$. Die Extremalbedingung $\frac{dH_{ges}}{dX_{AL}} = 0$ führt zu der Gleichung:

$$\sum_{i=1}^{5} \exp\left(-\frac{1}{2\sigma^2}(x_{AL}-mu_i)^2\right) \cdot \left[\ln \int_{-\infty}^{x_{AL}} \frac{1}{\sigma\sqrt{2\Pi}} \cdot \exp\left(-\frac{1}{2\sigma^2}(x-mu_i)^2\right) dx - \ln\left(1 - \int_{-\infty}^{x_{AL}} \frac{1}{\sigma\sqrt{2\Pi}} \cdot \exp\left(-\frac{1}{2\sigma^2}(x-mu_i)^2\right) dx\right)\right] +$$

$$\exp\left(-\frac{1}{2\sigma^2}(x_{AL}-x_A)^2\right) \cdot \left[\ln \int_{-\infty}^{x_{AL}} \frac{1}{\sigma\sqrt{2\Pi}} \cdot \exp\left(-\frac{1}{2\sigma^2}(x-x_A)^2\right) dx - \ln\left(1 - \int_{-\infty}^{x_{AL}} \frac{1}{\sigma\sqrt{2\Pi}} \cdot \exp\left(-\frac{1}{2\sigma^2}(x-x_A)^2\right) dx\right)\right] = 0.$$

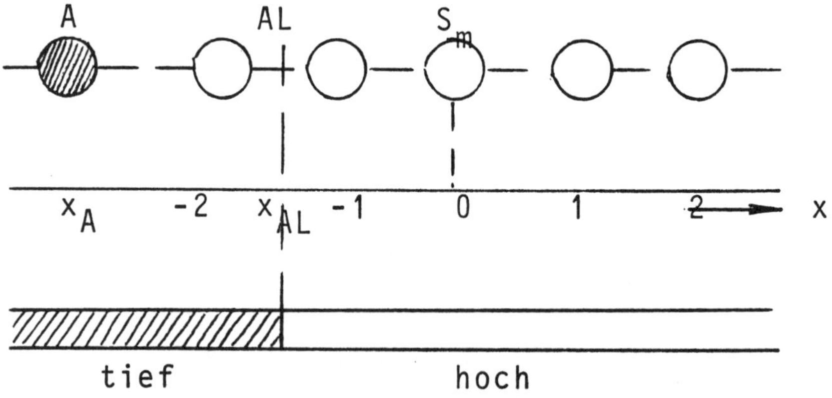

Abbildung 2.15: *Zur Lage des Ankerreizes und der Ausbildung des Adaptationsniveaus*

Diese Gleichung zwischen den zwei Variablen x_A und x_{AL} läßt sich aber nicht explizit nach x_{AL} auflösen, so daß x_{AL} als Funktion von x_A, d.h. x_{AL}

= $f(x_A)$, darstellbar wäre. Lösungen dieser Gleichung können wieder mit Hilfe eines Digitalrechners ermittelt werden, wenn spezielle Werte für die Serienmitte S_m, den Intervallabstand ΔS, der Streuung σ und der Proportionalitätskonstante C in die Gleichung eingesetzt werden.

Der qualitative Verlauf des Adaptationsniveaus AL in Abhängigkeit vom Ankerreiz A läßt sich aber aus dem bisher Gesagten schon prognostizieren: Für große Abstände des Ankerreizes vom Adaptationsniveau wird der Beitrag des Ankerreizes zur Gesamtentropie gleich 0. Damit stellt sich das Adaptationsniveau bei der Serienmitte S_m ein. In den Bereichen, in denen der Ankerreiz einen Beitrag zur Entropie leistet, tritt eine Verschiebung des Adaptationsniveaus ein und zwar für $A<S_m$ in Richtung nach unten, für $A>S_m$ nach oben ein. Bei einem kontinuierlichen Funktionsverlauf muß also die Funktion AL = f(A) von kleinen zu großen A-Werten hin ein Minimum und ein Maximum durchlaufen. Damit läßt sich ein qualitativer Verlauf der Funktion voraussagen, wie ihn die Abbildung 2.16 zeigt.

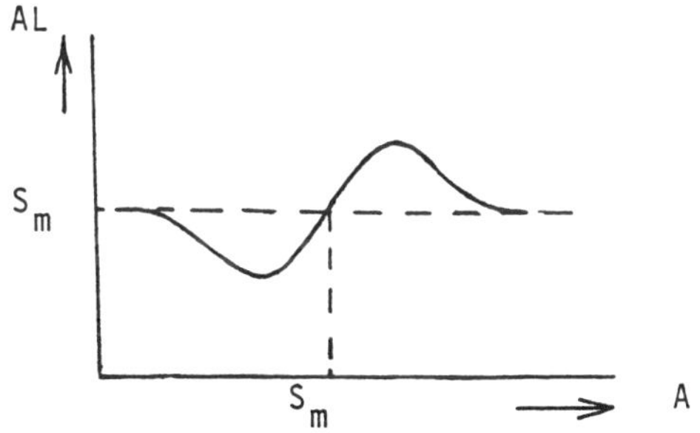

Abbildung 2.16: *Prognostischer Verlauf der Funktion AL = f(A)*

Helson (1964) konnte in einer Untersuchung an Hand von Gewichtsurteilen zeigen, daß der Ankerreiz das Adaptationsniveau heben oder senken kann. Eine leichte Standardgröße erhöhte den Schwereindruck der Vergleichsreize, eine schwere erniedrigte das Gewichtsurteil.

Sarris (1967) untersuchte daran anschließend, wie sich der Einfluß einer ganzen Serie von Ankerreizen auf das Adaptationsniveau auswirkt. Dabei wurden die Serienreize konstant gehalten und die Ankerreize systematisch variiert. Die Experimente ergaben, daß der Einfluß der Ankergröße auf das Adaptationsniveau nicht konstant ist. Sarris experimentierte mit Gewichten, Kreisflächen und Tonhöhen. Die genauesten Experimente wurden mit Tonhöhen durchgeführt: Sarris benutzte dabei drei Tonserien mit jeweils fünf Serienreizen mit ΔS = 25 Hz:

Tonserie 1: 250 - 275 - 300 - 325 - 350 Hz
Tonserie 2: 500 - 525 - 550 - 575 - 600 Hz
Tonserie 3: 750 - 775 - 800 - 825 - 850 Hz

Jede Versuchsserie wurde unter dem Einfluß von Ankerreizen als Variablen durchgeführt. Abbildung 2.17 gibt die gewonnenen Ergebnisse wieder.

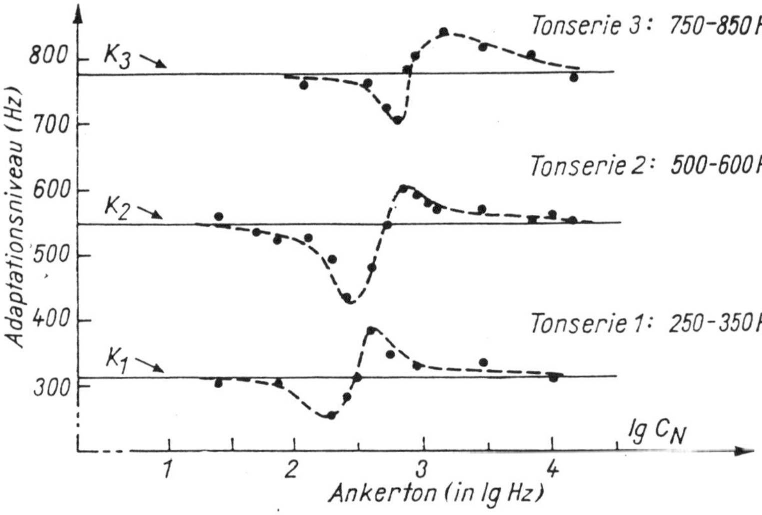

Abbildung 2.17: *Experimentelle Ergebnisse von Sarris zum Einfluß des Ankerreizes auf das Adaptationsniveau (aus Klix, S. 251)*

Der qualitativ vorhergesagte Verlauf wird also durch die experimentellen Ergebnisse bestätigt. Extrem entfernte Ankerreize haben keinen Einfluß auf das Adaptationsniveau. Der Beitrag des Ankerreizes zur Gesamtentropie ist hier gleich 0. Der Ankerreiz gewinnt erst Einfluß auf das Adaptationsniveau, wenn er einen bedeutsamen Beitrag zur Gesamtentropie leistet.

Für die Daten der Tonserie 1: S_m = 300 Hz, ΔS = 25 Hz wurde unter Verwendung der Parameterdaten σ= 0,75; 1,0 und 1,5 der funktionale Verlauf von AL = f(A) aus der obigen Extremalbedingung ermittelt. (Die unterschiedliche Anzahl der Urteilskategorien bei Sarris und bei der Modellherleitung ändert dabei nichts an den wesentlichen Funktionszusammenhängen). Es zeigte sich, daß die Proportionalitätskonstante C die Lage der Extrema der Funktion bestimmt. Eine Anpassung an die Daten von Sarris wurde in etwa mit C≈1/ln10 möglich. Die Streuung σ bestimmt die Höhe der Verschiebung des Adaptationsniveaus. Für kleine σ-Werte ergeben sich größere Verschiebungen. Für $\sigma = 0{,}75$ werden die Daten des unteren Teils des experimentell ermittelten Funktionsverlaufes angemessen wiedergegeben, nicht aber die des oberen Teils. Als Kompromiß müßte ein noch kleinerer σ-Parameterwert benützt werden. Für σ-Werte kleiner als 0,75 konnte aber der Funktionsverlauf theoretisch nicht mehr ermittelt werden. Zu jedem Ankerwert ergaben sich Mehrfachlösungen für das Adaptationsniveau, so daß kein eindeutiger Funktionsverlauf mehr angebbar war. Schon bei $\sigma = 0{,}75$ ergaben sich für größere Abstände des Ankers von der Serienmitte Mehrfachlösungen, so daß für diese Ankerwerte der Verlauf der Funktion nicht mehr eindeutig wurde. Abbildung 2.18 zeigt die theoretischen Funktionsverläufe zwischen Adaptationsniveau und Ankerreiz unter Benützung der angegebenen σ-Werte.

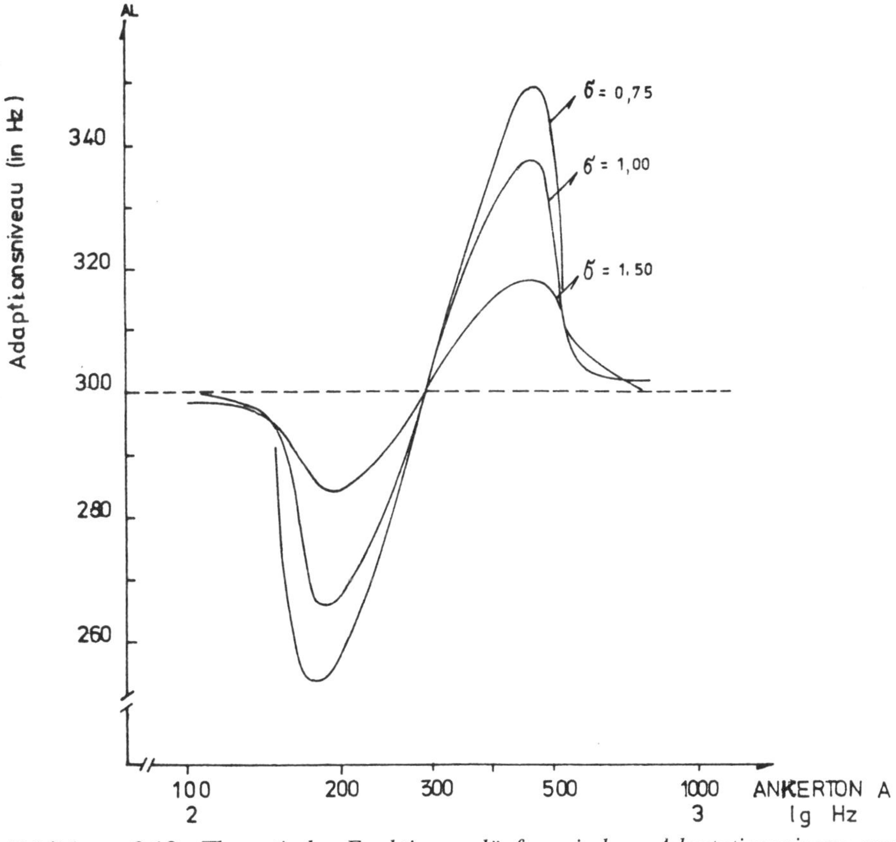

Abbildung 2.18: *Theoretische Funktionsverläufe zwischen Adaptationsniveau und Ankerreiz in Anlehnung an die 1. Tonserie von Sarris*

Insgesamt gesehen sind die Vorhersagen aus dem Neurokybernetischen Modell zum Zusammenhang zwischen Adaptationsniveau und Ankerreiz sehr zufriedenstellend. Das Neurokybernetische Modell kann also sowohl "molekulare" (= Zugehörigkeitsfunktionen) als auch "molare" (= Kontrasteffekt) Ergebnisse der Bezugssystemforschung erklären, bzw. deren Auftreten vorhersagen. Der Terminus "erklären" bedeutet dabei, daß ein relativ unbekanntes und komplexes Phänomen auf die Wirkung relativ einfacherer Bedingungen zurückgeführt wird, wobei auch die Komponenten, die zur Erklärung herangezogen werden, wiederum auf einfachere Strukturen zurückgeführt werden können. Der Vorgang des Erklärens ist damit ein iterativer Prozeß.

"Die Entscheidung, wann ein Phänomen erklärt ist, kann nicht aus der Methode des Erklärens, sie muß aus ihrem Ziel abgeleitet werden. Im allgemeinsten Falle ist dies die Voraussagbarkeit des Erklärten oder seiner Eigenschaften aus den Komponenten (und ihrer Wechselwirkungen), die eben zum Erklärten herangezogen wurden" (Klix, 1976, S. 12).

Dabei ergibt sich die Bedeutung eines Modells aus seiner Erklärungspotenz, viele Effekte eines Orientierungsbereiches angemessen zu beschreiben und zu prognostizieren. Das Ähnlichkeits-Klassifikations-Modell von Sarris ist in seiner Gültigkeit auf spezielle Urteilsphänomene mit Ankerreizwirkung beschränkt. Das Neurokybernetische Modell von Lerch erlaubt, wie sich aus den folgenden Ausführungen ergeben wird, darüber hinaus noch eine sinnvolle Interpretation von weiteren Ergebnissen über Absoluturteile.

Zuvor sollte aber noch Hellers Kritik an den Versuchen von Helson und Sarris dargelegt werden. Nach Heller (1980) sind die Ergebnisse des "Helson-Versuches" darauf zurückzuführen, daß die gebotenen Reizserien offene Klassifizierungsmengen darstellen und sich die Versuchspersonen nicht in einem Zustand der Orientiertheit über den Bereichsumfang der Reizserie sondern in einem Zustand des "sich-orientieren-an" befinden. Nur bei völliger Orientiertheit über die Grenzen einer Reizserie können Versuchspersonen absolute Eigenschaftsausprägungen feststellen. Dann hat der Kontext aber keinen Einfluß auf das abgegebene Urteil, und es kommt zu keiner Verschiebung des Adaptationsniveaus.

Nach Heller liegen in echten Bezugssystemen immer geschlossene Mengen vor. Eine geschlossene Menge kann in einem Experiment auch durch - möglichst simultane - Präsenz der Pole gegeben sein. Damit ist Orientiertheit nicht nur das Prinzip des mnestisch stabilisierten Bezugssystems. Diesem Prinzip muß bei allen Skalierungsexperimenten mit direkten Methoden Rechnung getragen werden.

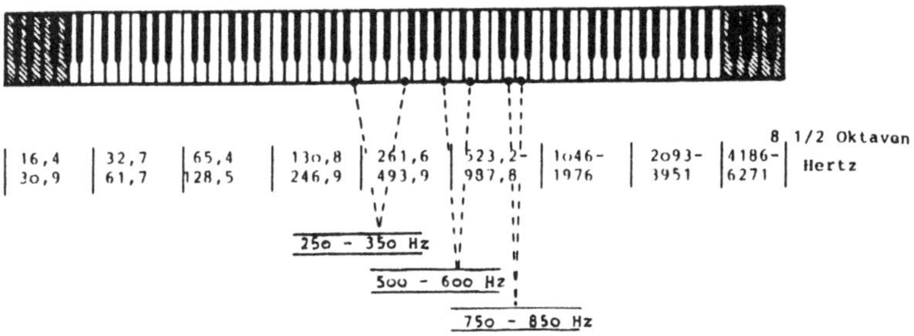

Abbildung 2.19: *Tonumfang der gebotenen Serien, bezogen auf das Klavier*

Um das Ausmaß der Desorientiertheit der Versuchspersonen im Helson-Versuch zu verdeutlichen, trägt Heller die drei bei Sarris verwendeten Tonserien auf dem Klavier, das fast alle Tonhöhen des Orchesters umfaßt, ein (siehe Abbildung 2.19). Die Gesamtheit der Klavierklänge repräsentiert in etwa den Erfahrungshintergrund, den eine Versuchsperson in das genannte Experiment einbringt und in dem ihre Skala verankert ist. Aus der Lage der im Versuch verwendeten Tonserien wird nun sichtbar, daß diese nicht um eine phänomenale Mitte liegen, während die Skala d.h. die Bildmenge symmetrisch vorgegeben ist. Das Prinzip der Orientiertheit ist damit im Helson-Versuch verletzt, d.h. die Skala ist zur Serie nicht isomorph. Die Folge ist, daß die Versuchspersonen die Kategorien nur "quasi-absolut" verwenden oder daß jetzt der Kontext die Funktion einer Begrenzung übernimmt. In diesem Fall der Desorientiertheit kann der Ankerreiz phänomenal wirksam werden.

Hellers Orientierungstheorie hat damit auch Konsequenzen auf die Anwendung des Neurokybernetischen Modells zur Erklärung des funktionellen Zusammenhangs zwischen Adaptationsniveau und Ankerreiz. Offensichtlich gilt also die Annahme, daß der Ankerreiz genauso wie die Serienreize bei der Konstruktion des kategorialen Beurteilungssystem verrechnet wird und einen entsprechenden Beitrag zur mittleren Reizentropie liefert nur für den Fall, daß die Versuchspersonen sich nicht im Zustand der Orientiertheit befinden.

2.4 Eine Reizanalyse von Reizhäufigkeitseffekten mit Hilfe des Neurokybernetischen Modells

Hellers Orientierungstheorie hat Schüssler (1979) angeregt nachzuweisen, daß die schon erwähnten Häufigkeitseffekte im Sinne der Range-Frequency-Theorie Parduccis (1963) auf mangelnder Orientiertheit der Versuchspersonen beruhen könnten.

Zur Prüfung dieser Annahme wurde Versuchspersonen eine Serie von 19 äquidistanten Stäben (von 1,5 bis 28,5 cm) in einem zweifaktoriellen Versuchsplan zur Beurteilung von fünf verbalen Kategorien vorgelegt. Die Darbietungshäufigkeit der Stablängen wurde dreifach variiert:

1. Gleichverteilung:
   Die 19 Stäbe der Serie wurden gleich oft zur Beurteilung dargeboten.
2. Positiv schiefe Häufigkeitsverteilung:
   Die Reize 1 - 10 wurden je viermal, die Reize 11 - 19 nur je einmal gezeigt; also ergab sich ein Verhältnis von erster zur zweiter Serienhälfte von 4:1. Geboten wurden die Reize in vier Blöcken der Reize 1 - 10, und die Reize 11 - 19 wurden zufällig auf die Blöcke verteilt.
3. Negativ schiefe Häufigkeitsverteilung:
   Die Reize 1 - 9 wurden nur je einmal und die Reize 10 - 19 je viermal präsentiert.

Der Faktor Orientiertheit wurde zweifach abgestuft:

1. Nichtorientierte Versuche:
   Die Versuchspersonen sahen einen Probedurchgang, der bei der Gleichverteilung mit den neunzehn Reizen identisch war. Bei den schiefen Verteilungen wurden alle Blöcke als Übungsrunde vorgeschaltet; allerdings in anderer Zufallsfolge als der Hauptdurchgang. Der nicht beurteilte Probedurchgang repräsentierte jeweils die eingesetzte Häufigkeitsverteilung.
2. Orientierte Versuche:
   Dem theoretischen Ansatz entsprechend waren die beiden Pole (Endreize) während der Beurteilung simultan präsent. Um die Orientierung gut zu ermöglichen, wurde der kürzeste Stab und der längste unten im Abstand von 12 cm befestigt. Die zu beurteilenden Stäbe wurden nach der Methode der einzelnen Reize zwischen den Polen dargeboten. Alle drei Stäbe begannen links auf einer zu denkenden Vertikalen.

Jede Zelle des 6-Feldes-Versuchplanes wurde mit je acht Versuchspersonen besetzt, so daß sich sechs unabhängige Stichproben ergaben. Abbildung 2.20 gibt das mittlere Kategorienurteil über die Serienreize bei den nichtorientierten Versuchen wieder. Bei der Gleichverteilung schwingt das subjektive Urteil der Versuchspersonen um die Winkelhalbierende. Der mittlere Fehler $\sqrt{d_i^2/n}$ beträgt (in Reizeinheiten umgerechnet) nur etwa 1 cm. Bei den schiefen Häufigkeitsverteilungen liegen die Funktionskurven deutlich darüber bzw. darunter. Der sogenannte F-Effekt von Parducci, d.h. die Tendenz einer Versuchsperson, gleichviel Reize in jede Urteilskategorie einzuordnen, ist deutlich zu beobachten.

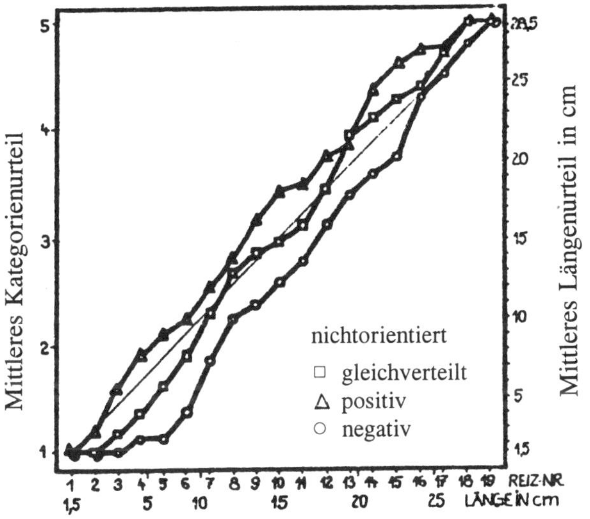

Abbildung 2.20: *Nichtorientierte Versuche: Die Abhängigkeit des mittleren Urteils von der Art der Häufigkeitsverteilung für eine Serie von äquidistanten Stäben*

"Werden die kurzeren Stäbe häufiger gezeigt (positive Verteilung), beobachtet man eine Überschätzung der Stablängen im Vergleich zur Gleichverteilung und damit zur objektiven Länge, und entsprechend findet man bei einer negativen Verteilung eine Unterschätzung der Längen. Am mittleren Stab Nr. 10, der 15 cm lang ist, läßt sich die Urteilsverschiebung gut nachweisen. Während dieser Stab bei der Gleichverteilung mit durchschnittlich 2,96 (entspricht 14,72 cm) beurteilt wurde, wird er bei positiver Verteilung mit 3,44 (gleich 17,96 cm) und bei negativer Verteilung mit 2,59 (gleich 12,26 cm) eingeschätzt (ein t-Test über das Urteil zu dem Stab Nr. 10 bei positiver und negativer Verteilung zeigt signifikant unterschiedliche Werte: $t = 3,54$; $df = 14$, $p<.001$)" (Schüssler, 1980, S. 121f).

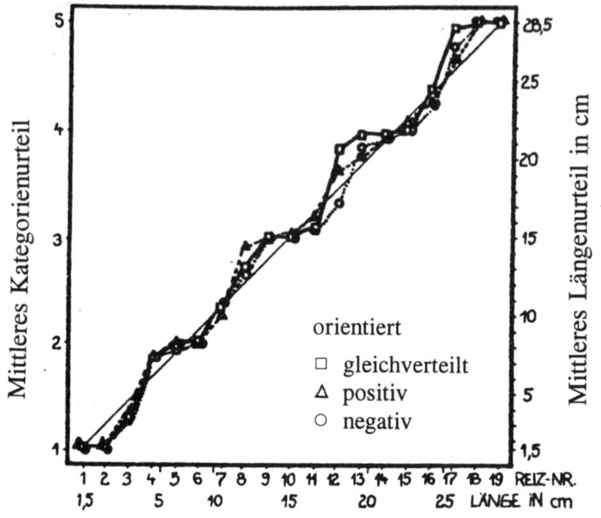

Abbildung 2.21: *Orientierte Versuche: Das Verschwinden der Abhängigkeit des mittleren Urteils von der Art der Häufigkeitsverteilung (nach Schüssler, 1980, S. 122)*

Dieser Häufigkeitseffekt verschwindet, wie Abbildung 2.21 zeigt, unter den orientierten Bedingungen. Hier folgen alle drei Urteilsfunktionen der Proportionalitätsgeraden, wobei die fünf Plateaus der 5-Kategorien-Ratingskala sichtbar werden (siehe auch die Abbildung 2.2 zum idealisierten Urteilsprozeß).

Der Häufigkeitseffekt läßt sich nun beim Klassifizierungsprozeß für den nichtorientierten Fall mittels des Neurokybernetischen Modells von Lerch angemessen voraussagen. Dies sei mittels der folgenden Modellrechnung demonstriert, die, der einfachen mathematischen Behandlung wegen, nur mit fünf Serienreizen S_i, die mit unterschiedlichen relativen Häufigkeiten h_i auftreten sollen, und nur mit zwei Urteilskategorien (kurz - lang) durchgeführt wird. An den grundlegenden Beziehungen wird durch diese Vereinfachungen nichts verändert.

In der Modellrechnung wird im ersten Schritt die Verschiebung des Adaptationsniveaus von der Serienmitte durch die unterschiedlichen Darbietungshäufigkeiten der Reizserie bestimmt. Im zweiten Schritt werden sodann für diese speziell vorliegende Neuronenstruktur die mittleren Urteilswerte U_i für die einzelnen Serienreize S_i bestimmt. Die Modellrechnung wird dabei in Analogie zur Schüssler-Untersuchung für drei verschiedene Datensätze durchgeführt.

1. Datensatz (gleiche Darbietungshäufigkeiten):

$h_1 = h_2 = h_3 = h_4 = h_5 = 0{,}2; \sum_{i=1}^{5} h_i = 1.$

2. Datensatz (positive schiefe Verteilung):

$h_1 = 0{,}4; h_2 = 0{,}3; h_3 = h_4 = h_5 = 0{,}1; \sum_{i=1}^{5} h_i = 1.$

3. Datensatz (negative schiefe Verteilung):

$h_1 = h_2 = h_3 = 0{,}1; h_4 = 0{,}3; h_5 = 0{,}4; \sum_{i=1}^{5} h_i = 1.$

In einem dritten Schritt werden die Ergebnisse mit den drei Datensätzen wie bei der Arbeit von Schüssler graphisch dargestellt und miteinander verglichen.

Die gemittelte Reizentropie H_0 ergibt sich, wenn die Serienreize mit unterschiedlichen Häufigkeiten h_i auftreten zu:

$$H_0 = -\sum_{i=1}^{5} h_i[p(S_i/\text{ kurz})\text{ ld } p(S_i/\text{ kurz}) + p(S_i/\text{ lang})\text{ ld } p(S_i/\text{ lang})].$$

Mit $p(S_i/\text{ lang}) = 1 - p(S_i/\text{ kurz})$ und $p(S_i/\text{ kurz}) = p_i$ folgt

$$H_0 = -\sum_{i=1}^{5} h_i[p_i \text{ ld } p_i + (1 - p_i)\text{ld}(1 - p_i)].$$

Wird nun $p_i = \int_{-\infty}^{x_{AL}} \frac{1}{\sigma\cdot\sqrt{2\pi}}\cdot\exp(-\frac{(x-\mu_i)^2}{2\sigma^2})dx$ in die obige Gleichung eingesetzt und wieder die Extremalforderung $\frac{dH_0}{dX_{AL}} = 0$ angesetzt, so ergibt sich eine Bedingungsgleichung für die Verschiebung des Adaptationsniveaus x_{AL} von der Serienmitte, die durch die unterschiedlichen Häufigkeiten h_i der Serienreize verursacht ist:

$$\sum_{i=1}^{5} h_i\cdot\exp(-\frac{(x-\mu_i)^2}{2\sigma^2})\cdot\{\ln\int_{-\infty}^{x_{AL}} \frac{1}{\sigma\sqrt{2\pi}}\exp(-\frac{(x-\mu_i)^2}{2\sigma^2})dx - \ln(1-\int_{-\infty}^{x_{AL}} \frac{1}{\sigma\sqrt{2\pi}}\exp(-\frac{(x-\mu_i)^2}{2\sigma^2})dx\} = 0$$

Abbildung 2.22 veranschaulicht die Struktur des Neuronenareals und die Verschiebung des Adaptationsniveaus x_{AL} für den Fall $h_1 \geq h_2 \geq h_3 \geq h_4 \geq h_5$.

In der Modellrechnung wurde $\sigma=1$ verwendet. In der obigen Extremalgleichung wird nun der Ausdruck auf der linken Seite als v bezeichnet, so daß die Gleichung lautet: v=0. Die Größe v hängt nur noch von x_{AL} ab: $v(x_{AL})=0$.

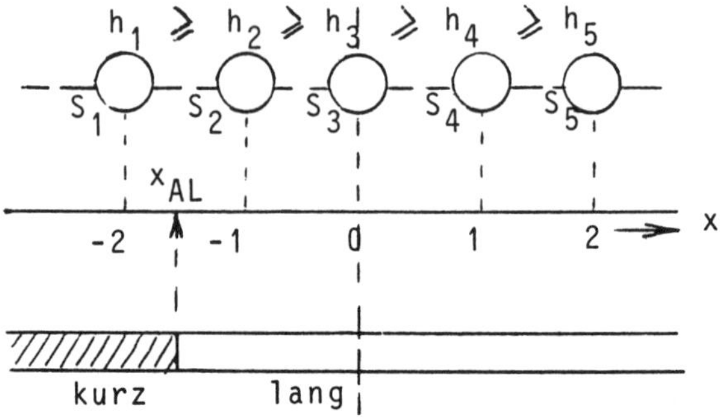

Abbildung 2.22: *Veranschaulichung der Verschiebung des Adaptationsniveaus x_{AL} durch unterschiedliche Reizdarbietungshäufigkeiten h_i*

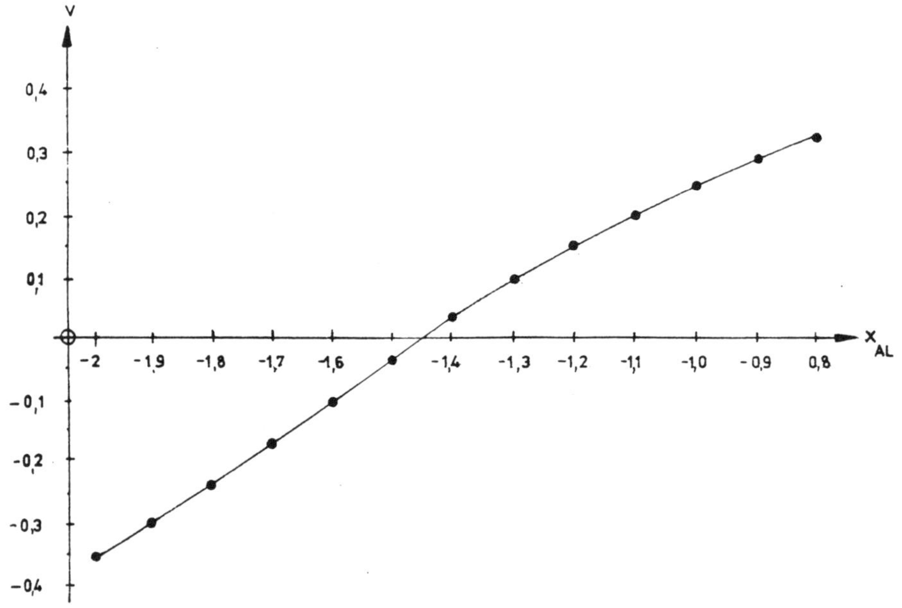

Abbildung 2.23: *Zur Lösung der Gleichung $v(x_{AL}) = 0$ (3. Datensatz)*

Die Lösung der Gleichung wurde wieder mit einem Digitalrechner ermittelt, in dem für vorgegebene x_{AL}-Werte die zugehörigen v-Werte bestimmt wurden. Wechselt die Sprungfunktion sgn(v) ihren Wert, so liegt die Lösung der Gleichung $v(x_{AL})=0$ vor. Abbildung 2.23 stellt eine graphische Veranschaulichung des Lösungsverfahrens für den dritten Datensatz dar.

Für die drei verschiedenen Datensätze ergeben sich aus der Modellrechnung die folgenden x_{AL}-Werte:
1. Gleiche Darbietungshäufigkeit: $x_{AL} = 0$
2. Positive schiefe Häufigkeitsverteilung: $x_{AL} = -1{,}45$
3. Negative schiefe Häufigkeitsverteilung: $x_{AL} = +1{,}45$

Im zweiten Schritt werden für die drei Datensätze die mittleren Urteilswerte für die Serienreize berechnet. Für den vorliegenden Fall mit zwei Kategorien gilt dann für den mittleren Urteilswert U_i eines Serienreizes S_i, mit der Codierung "kurz" = 1 und "lang" = 2:
$U_i = p(S_i/\text{ kurz})\cdot 1 + (1 - p(S_i/\text{ kurz})\cdot 2.$
Tabelle 2.2 gibt die berechneten Urteilswerte für die drei Datensätze wieder (siehe dazu das Basic-Programm im Anhang 2).

Tabelle 2.2: *Mittlere Urteilswerte U_i für drei verschiedene Datensätze und $\sigma = 1$, berechnet nach dem Neurokybernetischen Modell von Lerch*

Gleiche Darbietungshäufigkeit $x_{AL}=0$	1,02	1,16	1,50	1,84	2,00
Positive schiefe Häufigkeitsverteilung $x_{AL}=-1{,}45$	1,30	1,70	1,90	2,00	2,00
Negative schiefe Häufigkeitsverteilung $x_{AL}= +1{,}45$	1,00	1,00	1,07	1,33	1,71

In Anlehnung an die graphische Darstellung von Schüssler werden nun die drei Urteilsfunktionen in Abbildung 2.24 für einen Simultanversuch eingezeichnet. Wie man sieht, kann das Neurokybernetische Modell den Häufigkeitseffekt nachvollziehen. Eine positive schiefe Häufigkeitsverteilung führt, wie auch die experimentellen Ergebnisse von Schüssler zeigen, zu höheren gemittelten Urteilswerten, eine negative schiefe Häufigkeitsverteilung der dargebotenen Reize zu niedrigeren Werten.

In diesem Zusammenhang sei auch auf Häufigkeitseffekte verwiesen, die durch unterschiedliche Darbietungszeiten der einzelnen Serienreize hervorgerufen werden. So zeigte sich in einer Untersuchung von Helson und Kozaki (1968) zur Größendiskrimination, daß längere Darbietungszeiten der größeren Serienreize zu einem höheren Adaptationsniveau und niedrigeren mittleren Urteilswerten der Serienreize führten und umgekehrt längere Darbietungszeiten der kleineren Serienreize einen niedrigeren AL-Wert und größere Urteilswerte verursachten.

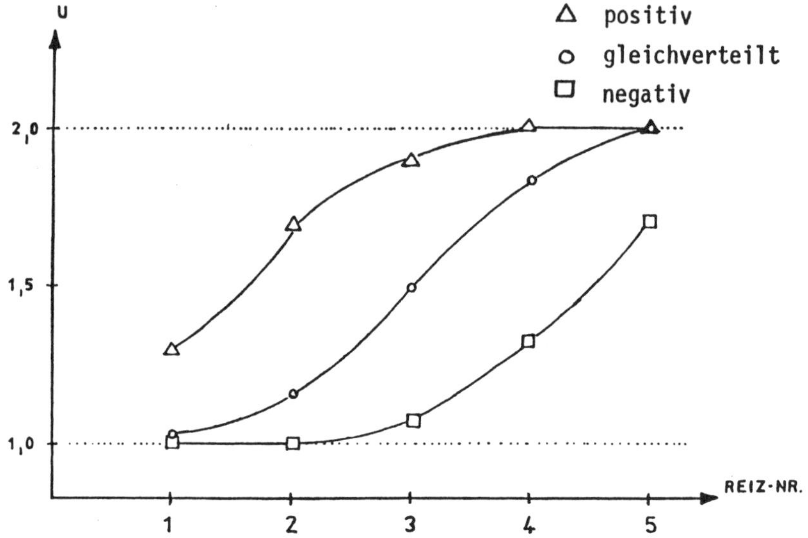

Abbildung 2.24: *Theoretisch ermittelte Abhängigkeit des mittleren Urteils von der Art der Häufigkeitsverteilungen, ermittelt nach dem Neurokybernetischen Modell von Lerch*

Auch dieser "Darbietungszeit-Häufigkeitseffekt" läßt sich mittels des Neurokybernetischen Modells erklären. Bezeichnet man die Darbietungszeiten der Serienreize S_i mit T_i, so beträgt die gesamte Darbietungszeit der Reize:

$$T = \sum_{i=1}^{n} T_i \text{ (mit n = Anzahl der Serienreize)}$$

Die unterschiedlichen Darbietungszeiten T_i bedingen dann unterschiedliche "relative Häufigkeiten" $h_i = T_i / T$, wobei wieder auf die obige Modellrechnung zurückgegriffen werden kann. Die Ergebnisse von Helson und Kozaki entsprechen dabei den Ergebnissen der Modellrechnung.

2.5 Der Nachweis individueller Bewertungsinvarianzen

Die bisherigen Ausführungen bezogen sich nur auf Ergebnisse, die anhand einer Versuchspersonengesamtheit gewonnen wurden. Die folgenden Untersuchungen werden zeigen, daß das Neurokybernetische Modell in der Lage ist, auch individuelle Zugehörigkeitsfunktionen einzelner Versuchspersonen beim Klassifizierungsprozeß zu beschreiben.

Der Nachweis der Erklärungspotenz des Modells soll dabei für verschiedene Reizqualitäten erbracht werden. Insbesondere soll untersucht werden, ob das Modell auch bei komplexen Merkmalsdimensionen, wie Leistungsbewertungen oder ästhetischen Urteilen anwendbar ist. Ausgangspunkt der weiteren Analysen sind dabei Untersuchungsergebnisse von Heller (1959) und Hruschka (1959). Aus ihnen geht hervor, daß die individuellen Urteilsbereichsgrenzen von Versuchspersonen bei Versuchswiederholungen nur wenig variieren. Dies läßt den Rückschluß auf eine stabile Beurteilungsstruktur bei den einzelnen Versuchspersonen zu.

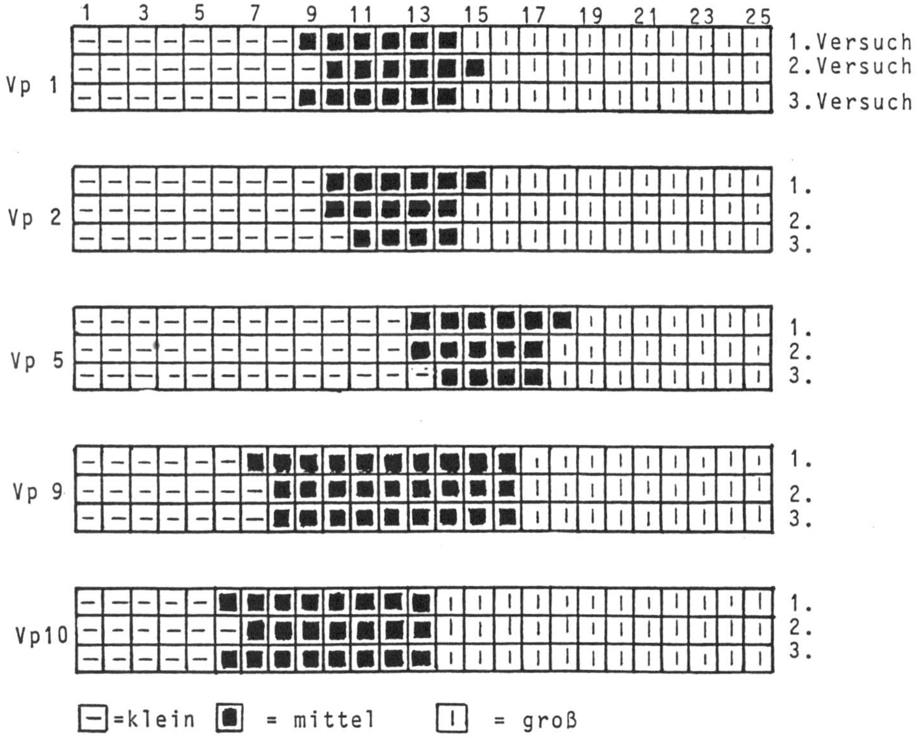

Abbildung 2.25: *Ergebnisse zur intraindividuellen Konstanz nach Heller (1959)*

Bei den Untersuchungen von Heller mußten z.B. 25 Strichobjekte verschiedener Länge nach den vorgegebenen Kategorien "klein - mittel - groß" beurteilt werden. Abbildung 2.25 zeigt die gewonnenen Urteile von fünf ausgewählten Versuchspersonen bei drei Versuchsdurchgängen. Die Reihenfolge der zu beurteilenden Strichobjekte erfolgte nach einem Zufallsprogramm. In der Abbildung 2.25 sind die Urteile zu den Strichobjekten geordnet aufgelistet.

Der Nr. 1 entspricht das kleinste Strichobjekt, der Nr. 25 das größte. Man entnimmt der Abbildung 2.25 z.B., daß die Versuchsperson 1 im ersten Versuch die Strichobjekte mit der Nr. 1 - 8 als "klein" eingestuft hat, die Strichobjekte mit der Nr. 9 - 14 als "mittel" und die Strichobjekte mit der Nr. 15 - 25 als "groß". Im zweiten und dritten Versuch zeigt sich bei der Versuchsperson 1 eine fast gleiche Kategorienzuordnung. Ähnlich konsistente Urteilsrelationen ergeben sich auch bei den anderen Versuchspersonen. Die dargestellten Ergebnisse spiegeln damit ein invariantes Bewertungsverhalten der einzelnen Versuchspersonen wider. Die unterschiedlichen Lagen der Beurteilungsbereiche weisen ferner auf ein individuelles Beurteilungsverhalten hin.

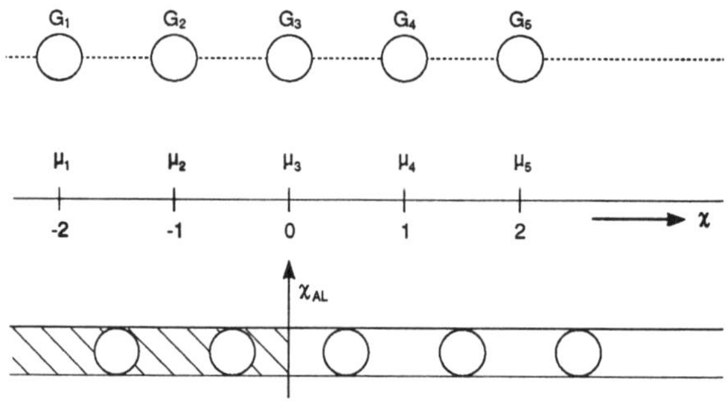

Abbildung 2.26: *Zur Neuronenstruktur der Beurteilungssituation*

Mit der folgenden Analyse soll gezeigt werden, daß das Neurokybernetische Modell es erlaubt, diese beobachteten Unterschiede in der Bereichsausbildung sowie ihre relativ stabile Struktur zu erklären. Dabei wird auch auf die informationspsychologische Analyse des Zusammenhangs von Ankerreiz und Adaptationsniveau Bezug genommen. Da im folgenden insbesondere auf Versuchsergebnisse einer Beurteilung von fünf Gewichten nach den Kategorien "leicht" und "schwer" zurückgegriffen wird, soll bei den nachführenden Ausführungen angenommen werden, daß fünf Beurteilungsobjekte nach zwei Kategorien zu evaluieren seien (für die Durchführung des Versuches ist der Verfasser Frau G. Schäfer zu Dank verpflichtet). Dieser Beurteilungssituation entspricht nach dem Neurokybernetischen Modell die Ausbildung einer Neuronenstruktur im Zentralnervensystem wie sie Abbildung 2.26 zeigt.

Eine linear angeordnete Kette von Neuronen ist nach steigender Dimensionsausprägung eindeutig den zu beurteilenden Gewichten zugeordnet. Dieser Neuronenkette steht die Kategorienkette "leicht - schwer" gegenüber. Zwischen den zwei Neuronenketten befinden sich, wie bereits erläutert, mehrere miteinander verbundene Neuronenschichten - sie sind in der Abbildung nicht eingezeichnet -, die bewirken, daß nicht mehr vorhergesagt werden kann, wo ein Erregungsimpuls, der bei G_i (dem zu beurteilenden Gewicht) eingegangen ist, auf der Kategorienkette eintreffen wird. Das Neurokybernetische Modell erlaubt aber, die Wahrscheinlichkeit zu berechnen, daß ein Gewicht G_i als "leicht" bzw. "schwer" beurteilt wird.

In der Abbildung 2.26 wurde die Grenze zwischen der Kategorie "leicht" und "schwer" - sie repräsentiert das Adaptationsniveau x_{AL} - direkt über die Serienmitte $\mu_3 = 0$ eingezeichnet. Diese Zuordnung ergibt sich, wie gezeigt wurde, aus der Extremalforderung, daß die gemittelte Reizentropie maximal werden soll. Experimentell wurde diese Extremalforderung für ein Kollektiv von Versuchspersonen nachgewiesen. Die Wahrscheinlichkeitsverteilungen "leicht" und "schwer" sind damit symmetrisch bezüglich des Gewichtes G_3 (siehe Abbildung 2.27).

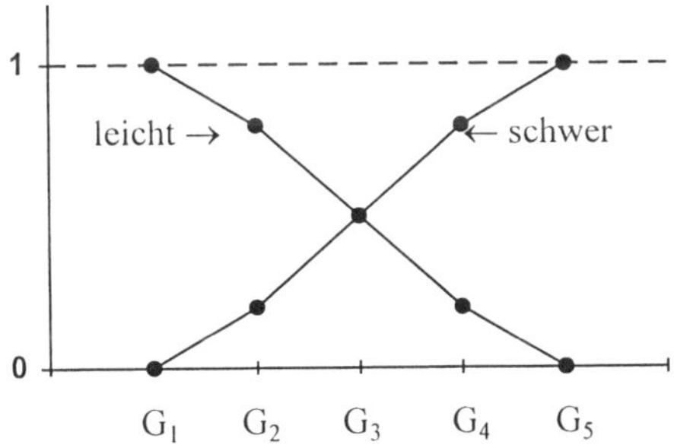

Abbildung 2.27: *Fiktive Urteilshäufigkeiten zur vorgegebenen Neuronenstruktur*

Aus den individuell verschiedenen Urteilsbereichsgrenzen, wie sie die Versuchspersonen z.B. in der Untersuchung von Heller zeigten, entnimmt man aber, daß diese Idealverteilungen für eine einzelne Versuchsperson nicht charakteristisch sind. Abweichungen von obigen Verteilungen lassen sich verstehen, wenn angenommen wird, daß das Adaptationsniveau gegenüber der Serienmitte verschoben ist, d.h. die Kategorienbereiche "leicht" und "schwer" eine unterschiedliche Anzahl von Neuronen umfassen. Den experimentellen Nachweis der Verschiebung des Adaptationsniveaus, z.B. durch die Einführung eines Ankergewichtes erbrachte Sarris (1971). Der gefundene funktionale Zusammenhang läßt sich mit Hilfe des Neurokybernetischen Modells herleiten. Der Ankerreiz wird beim Aufbau des kategorialen Bezugssystems mitverrechnet und leistet einen entsprechenden Beitrag zur Gesamtentropie.

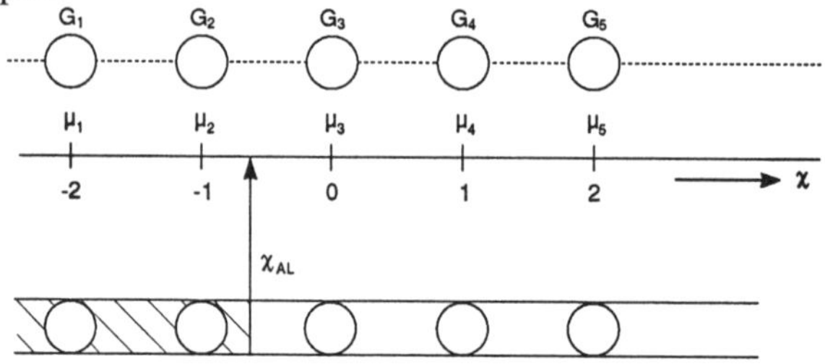

Abbildung 2.28: *Neuronenstruktur mit einer Verschiebung der Kategorienmitte*

Nimmt man nun an, daß aufgrund des täglichen Umgangs mit Gewichten ein im Unterbewußtsein der Versuchsperson vorhandener "Residualreiz" als Ankerreiz wirksam wird, so läßt sich eine Verschiebung der Serienmitte auch für den Fall der Abwesenheit eines realen Vergleichsreizes zufriedenstellend erklären. Zu prüfen bleibt jedoch, ob die angenommenen Verschiebungen des Adaptationsniveaus tatsächlich zu Wahrscheinlichkeitsverteilungen führen, die mit experimentell gewonnenen Urteilshäufigkeiten der einzelnen Versuchspersonen übereinstimmen. Die Wahrscheinlichkeit, daß ein Gewicht G_i als "leicht" bzw. "schwer" beurteilt wird, beträgt bei einer Abweichung des Adaptationsniveaus x_{AL} von der Serienmitte:

$$p(G_i/l) = \frac{1}{\sigma\sqrt{2\pi}} \int_{-\infty}^{x_{AL}} \exp(-\frac{(x-\mu_i)^2}{2\sigma^2})dx \quad \text{und} \quad p(G_i/s) = 1 - p(G_i/l).$$

In Tabelle 2.3 sind für verschiedene Streuungswerte σ des Neurokybernetischen Modells und ausgewählten Adaptationsverschiebungen x_{AL} die zugehörigen theoretisch berechneten Urteilshäufigkeiten $p(G_i/ l)$ und $p(G_i/ s)$ dargestellt.

In Anlehnung an die Versuchsmethodik von Helson (1964) wurde sechs Versuchspersonen eine Serie von fünf Gewichten in Form von Holzwürfeln gleicher Dimension mit unterschiedlicher Bleifüllung zur kategorialen Beurteilung vorgelegt. Die Gewichtsserie lautete:

G_1 = 225 p,
G_2 = 265 p,
G_3 = 305 p,
G_4 = 345 p und
G_5 = 385 p.

Tabelle 2.3: *Theoretisch berechnete Urteilshäufigkeiten bei zwei Kategorien und fünf Beurteilungsobjekten*

	x_{AL}	$p(G_1/l)$	$p(G_1/s)$	$p(G_2/l)$	$p(G_2/s)$	$p(G_3/l)$	$p(G_3/s)$	$p(G_4/l)$	$p(G_1/s)$	$p(G_5/l)$	$p(G_5/s)$
$\sigma=$ 0,5	-0,6	1,00	0,00	0,79	0,21	0,12	0,88	0,00	1,00	0,00	1,00
	-0,4	1,00	0,00	0,88	0,12	0,21	0,79	0,00	1,00	0,00	1,00
	-0,2	1,00	0,00	0,95	0,05	0,34	0,66	0,01	0,99	0,00	1,00
	0,0	1,00	0,00	0,98	0,02	0,50	0,50	0,02	0,98	0,00	1,00
	0,2	1,00	0,00	0,99	0,01	0,66	0,34	0,05	0,95	0,00	1,00
$\sigma=$ 0,75	-0,6	0,97	0,03	0,70	0,30	0,21	0,79	0,02	0,98	0,00	1,00
	-0,4	0,98	0,02	0,79	0,21	0,30	0,70	0,03	0,97	0,00	1,00
	-0,2	0,99	0,01	0,86	0,14	0,39	0,61	0,05	0,95	0,00	1,00
	0,0	1,00	0,00	0,90	0,10	0,50	0,50	0,09	0,91	0,00	1,00
	0,2	1,00	0,00	0,95	0,05	0,61	0,39	0,14	0,86	0,01	0,99
$\sigma=$ 1,0	-0,4	0,95	0,05	0,73	0,27	0,34	0,66	0,08	0,92	0,01	0,99
	0,0	0,98	0,02	0,84	0,16	0,50	0,50	0,16	0,84	0,02	0,98
	0,2	0,99	0,01	0,88	0,12	0,58	0,42	0,21	0,79	0,04	0,96
$\sigma=$ 1,25	-0,4	0,90	0,10	0,68	0,32	0,37	0,63	0,13	0,87	0,03	0,97
	0,0	0,95	0,05	0,79	0,21	0,50	0,50	0,21	0,79	0,05	0,95
	0,2	0,96	0,04	0,83	0,17	0,56	0,44	0,26	0,74	0,07	0,93

Mit jeder Versuchsperson wurden vier Versuchsdurchgänge mit je 60 zu beurteilenden Gewichten durchgeführt. Die Aufeinanderfolge der Gewichte war mittels Zufallszahlen festgelegt, wobei die Anzahl der Gewichte in den Durchgängen variierte (siehe Tabelle 2.4).

Tabelle 2.4: *Anzahl der Gewichte in den Versuchsdurchgängen*

	G_1	G_2	G_3	G_4	G_5
V IA	12	12	12	12	12
V IB	15	15	10	10	10
V IC	10	10	10	15	15
V ID	10	10	20	10	10
Σ	47	47	52	47	47

Mittels dieser speziellen Versuchsanordnung sollte überprüft werden, ob die unterschiedliche Anzahl von Gewichten in den Serien Einfluß auf die Urteilshäufigkeiten zeigt. Auf die dabei gewonnenen detaillierten Ergebnisse wird hier aber nicht eingegangen. Bedeutsam ist, daß jedes Gewicht insgesamt von einer Versuchsperson ca. 50 mal zu beurteilen war und über die dabei gewonnenen Urteilsantworten die Urteilshäufigkeiten bezüglich der zwei Kategorien "leicht" und "schwer" errechnet wurden.

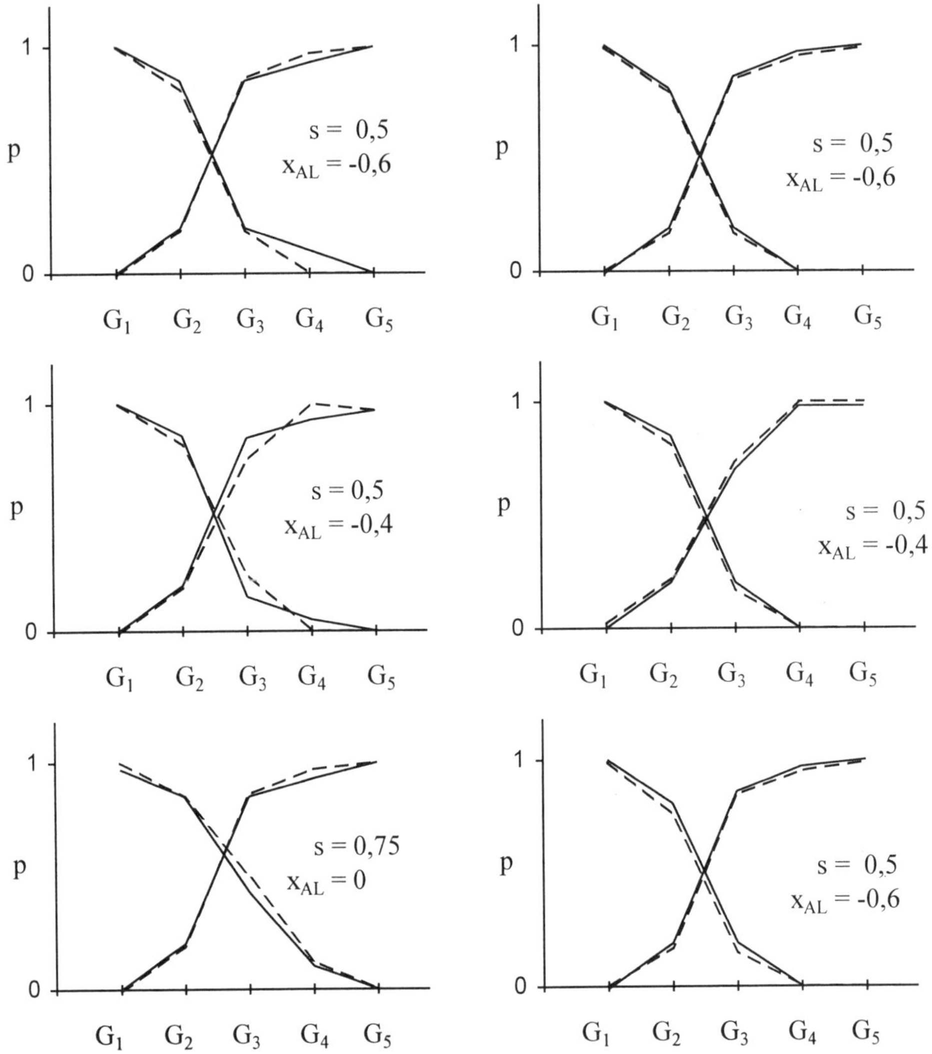

Abbildung 2.29: *Verteilung der Urteilshäufigkeiten bei zwei Kategorien (sechs Versuchspersonen; durchgezogene Linie: experimentell, gestrichelte Linie: theoretisch)*

Tabelle 2.5: *Anzahl der Gewichte in den drei Versuchsdurchgängen*

	G_1	G_2	G_3	G_4	G_5
V IA	12	12	12	12	12
V IB	20	15	10	10	10
V IC	5	10	10	15	20
Σ	37	37	32	37	37

Tabelle 2.6: *Theoretisch berechnete Urteilshäufigkeiten nach dem Neurokybernetischen Modell (5 Kategorien; 5 Beurteilungsobjekte)*

	p(G_1/Kategorie)					p(G_2/Kategorie)					p(G_3/Kategorie)				
x_{AL}	sl	l	m	s	ss	sl	l	m	s	ss	sl	l	m	s	ss
σ=0,50															
-0,4	0,79	0,20	0,01	0,00	0,00	0,12	0,54	0,32	0,02	0,00	0,00	0,06	0,45	0,45	0,04
0,0	0,95	0,05	0,01	0,00	0,00	0,35	0,54	0,11	0,00	0,00	0,01	0,20	0,58	0,58	0,01
0,6	0,96	0,04	0,00	0,00	0,00	0,77	0,22	0,01	0,00	0,00	0,08	0,55	0,34	0,34	0,00
σ=0,75															
-0,4	0,71	0,24	0,05	0,00	0,00	0,21	0,40	0,31	0,08	0,00	0,02	0,13	0,36	0,36	0,13
0,0	0,86	0,13	0,01	0,00	0,00	0,40	0,39	0,18	0,03	0,00	0,05	0,24	0,41	0,24	0,06
0,6	0,96	0,04	0,00	0,00	0,00	0,70	0,24	0,06	0,00	0,00	0,20	0,40	0,31	0,08	0,01
σ=1,00															
-0,4	0,66	0,23	0,09	0,02	0,00	0,28	0,31	0,26	0,12	0,03	0,05	0,16	0,29	0,29	0,21
0,0	0,79	0,16	0,04	0,01	0,00	0,42	0,31	0,19	0,07	0,01	0,11	0,23	0,31	0,23	0,12
0,6	0,91	0,07	0,02	0,00	0,00	0,65	0,23	0,10	0,02	0,00	0,27	0,31	0,26	0,12	0,04
σ=1.25															
-0,4	0,63	0,21	0,11	0,04	0,01	0,32	0,25	0,22	0,14	0,07	0,10	0,16	0,24	0,24	0,26
0,0	0,74	0,16	0,08	0,02	0,00	0,44	0,25	0,18	0,09	0,04	0,16	0,21	0,25	0,21	0,17
0,6	0,86	0,10	0,03	0,01	0,00	0,62	0,21	0,12	0,04	0,01	0,31	0,25	0,23	0,14	0,07
σ=1,50															
-0,4	0,61	0,18	0,12	0,06	0,03	0,35	0,21	0,19	0,14	0,11	0,14	0,16	0,20	0,20	0,30
0,0	0,70	0,15	0,09	0,04	0,02	0,45	0,21	0,17	0,10	0,07	0,21	0,18	0,21	0,19	0,21
0,6	0,82	0,10	0,05	0,02	0,01	0,60	0,19	0,12	0,06	0,03	0,34	0,21	0,20	0,14	0,11

Tabelle 2.6 (Fortsetzung)

	p(G_4/Kategorie)					p(G_5/Kategorie)				
	sl	l	m	s	ss	sl	l	m	s	ss
σ=0,50										
-0,4	0,00	0,00	0,03	0,32	0,65	0,00	0,00	0,00	0,01	0,99
0,0	0,00	0,00	0,12	0,54	0,34	0,00	0,00	0,00	0,06	0,94
0,6	0,00	0,05	0,45	0,45	0,05	0,00	0,00	0,02	0,32	0,66
σ=0,75										
-0,4	0,00	0,01	0,08	0,31	0,60	0,00	0,00	0,00	0,05	0,95
0,0	0,00	0,03	0,18	0,39	0,40	0,00	0,00	0,01	0,13	0,86
0,6	0,00	0,13	0,36	0,37	0,14	0,00	0,01	0,08	0,30	0,61
σ=1,00										
-0,4	0,00	0,03	0,13	0,26	0,58	0,00	0,00	0,02	0,10	0,88
0,0	0,01	0,07	0,19	0,31	0,42	0,00	0,01	0,05	0,15	0,79
0,6	0,05	0,16	0,29	0,29	0,21	0,00	0,03	0,13	0,26	0,58
σ=1.25										
-0,4	0,02	0,06	0,14	0,22	0,56	0,00	0,01	0,04	0,12	0,83
0,0	0,04	0,09	0,18	0,25	0,44	0,00	0,02	0,08	0,16	0,74
0,6	0,10	0,16	0,24	0,24	0,26	0,01	0,06	0,14	0,23	0,56
σ=1,50										
-0,4	0,04	0,07	0,14	0,20	0,55	0,01	0,02	0,06	0,12	0,79
0,0	0,07	0,10	0,17	0,21	0,45	0,02	0,04	0,09	0,15	0,70
0,6	0,14	0,16	0,20	0,20	0,30	0,04	0,07	0,14	0,20	0,55

Die Abbildungen 2.29 a - f zeigen die experimentell gewonnenen Urteilshäufigkeiten sowie die theoretisch berechneten Verteilungen mit den entsprechenden Parameterwerten. Die Übereinstimmung ist zufriedenstellend. Zur Überprüfung der Frage, ob diese Ergebnisse auf eine größere Anzahl von Urteilskategorien generalisiert werden können, beurteilte eine andere Versuchspersonengruppe die vorgegebenen fünf Gewichte nun nach den fünf Kategorien "sehr leicht (sl) - leicht (l) - mittel (m) - schwer (s) - sehr schwer (ss)". Die sechs Versuchspersonen unterzogen sich diesmal drei Durchgängen zu je 60 zu beurteilenden Gewichten.

Auch hier kann auf die differenzierten Ergebnisse nicht eingegangen werden. Insgesamt mußte jedes Gewicht ca. 35 mal beurteilt werden. In Tabelle 2.6 sind wieder für verschiedene σ- und x_{AL}-Werte, die nach dem Neurokybernetischen Modell ermittelten theoretischen Urteilshäufigkeiten festgehalten.

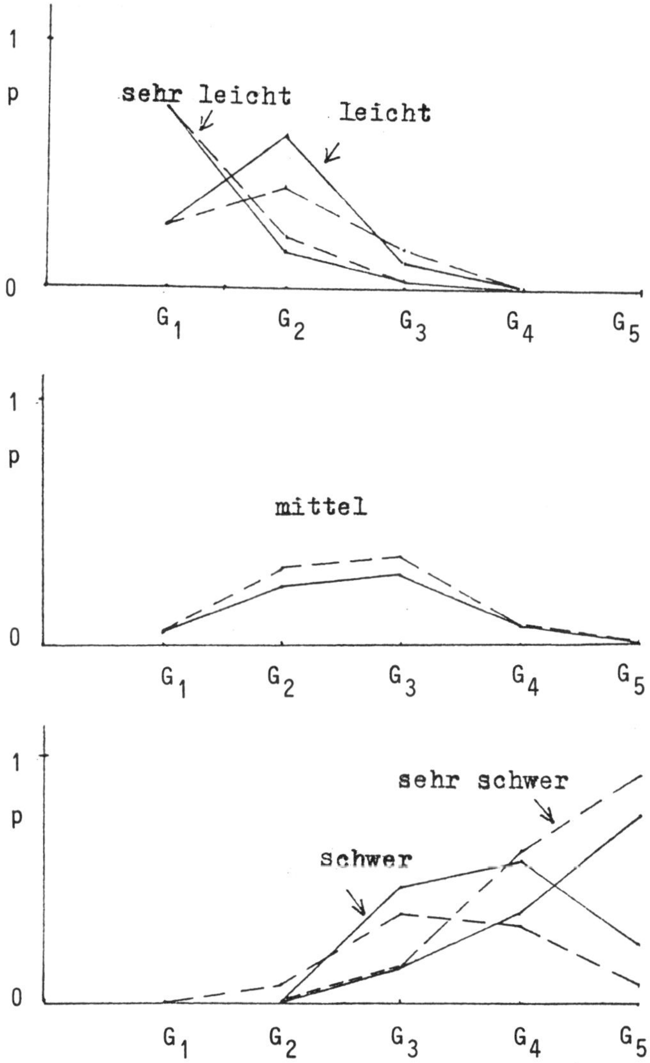

Abbildung 2.30: *Verteilung der Urteilshäufigkeiten von Vp 2 bei fünf Kategorien (durchgezogene Linie: experimentell, gestrichelte Linie: theoretisch;* $\sigma=0,75$, $x_{AL}=-0,4$*)*

Die Übereinstimmung zwischen den experimentellen und theoretisch angefitteten Werten fiel diesmal bei den einzelnen Versuchspersonen nicht mehr so optimal aus. Eine Verbesserung ließe sich vielleicht durch eine größere Anzahl der vorzunehmenden Beurteilungen erreichen.

Die Abbildungen 2.30 a - c zeigen beispielhaft die experimentell gewonnenen Daten und die theoretisch berechneten angefitteten Urteilshäufigkeiten einer Versuchsperson. Zur besseren Übersicht wurde eine Trennung der Kategorien vorgenommen.

2.6 Kausalattribuierungen beim "Anstoßeffekt"

An Hand einer ausführlichen Studie über Kausalattribuierungen beim "Anstoßeffekt" soll die Erklärungspotenz des Neurokybernetischen Modells noch weiter demonstriert werden. Zuvor erscheint es aber zum Verständnis des Versuchsdesigns notwendig, sich die Zielsetzungen der Attribuierungsforschung vor Augen zu führen.

In der Attribuierungstheorie werden die subjektiven Erklärungsschemata analysiert, die Versuchspersonen benützen, wenn sie Umweltphänomene auf ihre Wirkungs-Ursachen-Relationen hin beschreiben (siehe Kelley, 1967). Die Wahrnehmung von Kausalität läßt sich dabei als eine vom Beobachter vorgenommene Attribuierung verstehen, denn Kausalität ist, wie es schon Hume (1739) in seinen Betrachtungen feststellte, sicherlich kein inhärentes Merkmal sensorischer Inhalte von Umweltereignissen. An Hand eines anschaulichen Beispiels macht Hume darauf aufmerksam, daß man lediglich sehen kann, daß z.B. ein Ball B sich auf den Anstoß eines Balles A hin bewegt. Eine Verursachung der Bewegung von B wird aber nicht beobachtet. Der Beobachter kann aber schließen, daß der Ball A die Bewegung von Ball B bewirkt hat; d.h. er kann attribuieren, daß der Anstoß von A Ursache der Wirkung - der Lageänderung von B - ist.

Verursachungsinterpretationen stellen damit wesentliche kognitive Konstruktionen für den Aufbau von angemessenen Realitätsmodellen der Umwelt dar, die dadurch entsprechend sinnvoll erlebt werden kann (Kant, 1781). In Untersuchungen von Heider und Simmel (1944) und Michotte (1963) wurden Verursachungsinterpretationen einer methodisch genauen Analyse unterzogen. In den Experimenten von Michotte wird den Versuchspersonen z.B. vorgeführt, wie sich ein rotes Rechteck (A) auf ein schwarzes (B) hinbewegt und dieses berührt. Wenn B seine Position sofort verändert, entsteht der Eindruck, daß A die Bewegung von B verursacht hat. Michotte spricht vom sog. Anstoßeffekt. Die Versuchsergebnisse zeigen, daß die "Verzögerungszeit" zwischen dem Eintreffen von A und der Fortbewegung von B die Wahrnehmung des Anstoßeffektes maßgeblich bestimmt. Die Versuchspersonen bewerteten die Bewegung von B nach drei Kategorien.

Der Abbildung 2.31 entnimmt man, daß bei Verzögerungszeiten größer als 180 msec die zwei Bewegungen als unabhängig voneinander erlebt wurden, bei Verzögerungszeiten um 100 msec am häufigsten als verzögerter Anstoß. Bei Verzögerungszeiten kleiner als 100 msec entstand der Eindruck des Anstoßeffektes.

In der vorliegenden Untersuchung soll nun überprüft werden, ob die zugrundeliegenden Bewertungsstrukturen der Versuchspersonen, die die spezifischen Attribuierungen in den beobachteten Wahrnehmungssituationen produzieren, durch das Neurokybernetische Modell beschrieben werden können.

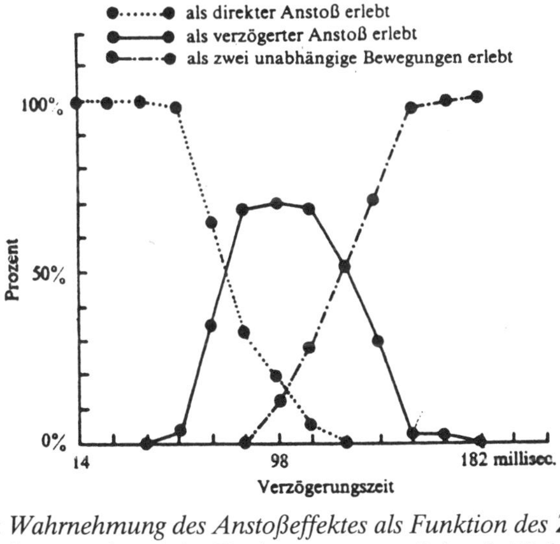

Abbildung 2.31: *Wahrnehmung des Anstoßeffektes als Funktion des Zeitintervalls zwischen dem Anstoßen von A und der Fortbewegung von B (nach Michotte, 1946, S. 94)*

Die Ergebnisse der Untersuchung von Lerch & Schäfer, bei der als Reizobjekte Gewichte verwendet wurden, zeigten, daß sich bei den einzelnen Versuchspersonen die Kategorien auf der Neuronenkette nicht gleichlang erstreckten, wie es sich aus den Daten mit einem Versuchspersonen-Kollektiv (Heller, 1959) ergeben hatte, sondern daß die Erstreckung der einzelnen Kategorien individuell verschieden war.

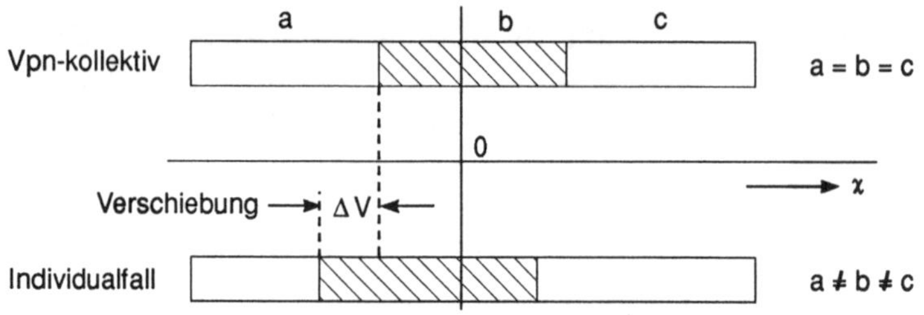

Abbildung 2.32: *Zur Erstreckung der Kategorien auf der Neuronenkette*

Die Erstreckung der Kategorien auf der Neuronenkette konnte in der Mehrzahl der Fälle als eine lineare Verschiebung vom Idealfall beschrieben werden, deren Ursache in der Wirkung eines sog. Residualreizes gesehen wurde (siehe Abbildung 2.32).

Die Ausdehnung der einzelnen Kategorien auf der Kategorienneuronenkette bestimmt nach dem Neurokybernetischen Modell in charakteristischer Weise die Urteilshäufigkeiten. Extrem deformierte Kategorienerstreckungen z.B. bei drei Kategorien von der folgenden Form führen dann für einen festen Streuungswert zu spezifischen Verteilungsformen der entsprechenden Urteilshäufigkeiten etwa der in Abbildung 2.33 dargestellten Art.

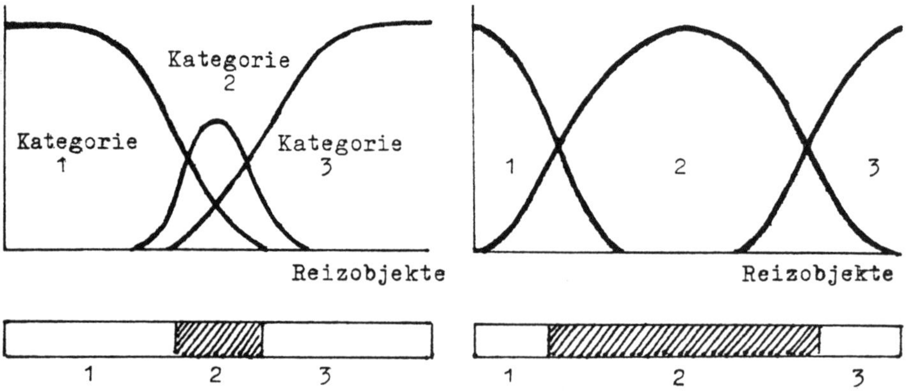

Abbildung 2.33: *Extrem deformierte Kategorienerstreckungen und zugehörige Verteilungen der Urteilshäufigkeiten*

Auch in diesen Fällen, bei extrem deformierter Erstreckung der Kategorien auf der Neuronenkette, können die Urteilshäufigkeitsverteilungen einer Versuchsperson mittels des Neurokybernetischen Modells berechnet werden. Die unbekannten Bereichsenden einer Kategorie lassen sich dann aus den Summenwerten der Häufigkeiten bezüglich der einzelnen Kategorien bestimmen.

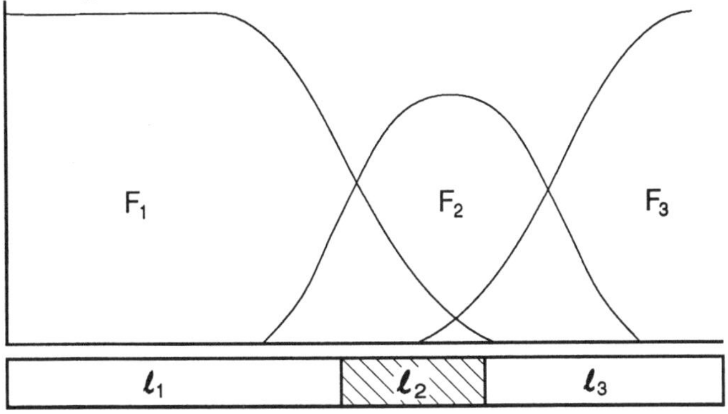

Abbildung 2.34: *Zum Zusammenhang zwischen Summenhäufigkeiten und Kategorienerstreckungen*

In erster Näherung läßt sich aufgrund der Struktur des Modells sagen, daß z.B. für die in der Abbildung 2.34 gewählte Kategorienzahl gilt: $F_1 : F_2 : F_3 \approx l_1 : l_2 : l_3$, d.h.

$$(\sum_{i=1}^{n} p_{i,1}) : (\sum_{i=1}^{n} p_{i,2}) : (\sum_{i=1}^{n} p_{i,3}) \approx l_1 : l_2 : l_3.$$

Die eingangs gestellte Frage, ob sich die zugrundeliegenden Bewertungsstrukturen der Versuchspersonen beim Anstoßeffekt mittels des Neurokybernetischen Modells beschreiben lassen, soll nun mit Hilfe des folgenden Versuchsverfahren beantwortet werden.

Die Bewegung zweier Körper A und B (siehe Abbildung 2.35) wird auf dem Bildschirm eines Tischrechners (Commodore 2001) simuliert. Körper A bewegt sich auf Körper B zu und berührt diesen.

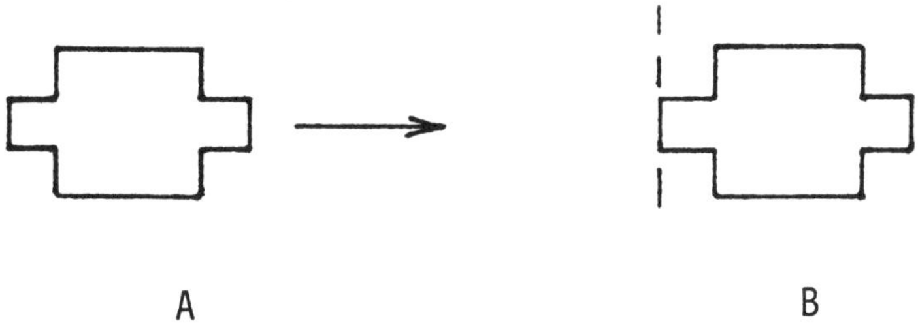

Abbildung 2.35: *Zur Simulation des Stoßvorganges*

Nach einer variablen Verzögerungszeit t entfernt sich Körper B mit der gleichen Geschwindigkeit vom Körper A ("Lancement"-Verfahren). Der

Bewegungsvorgang wird mit 25 verschiedenen Verzögerungszeiten vorgeführt, die von einem Zufallsprogramm gesteuert werden. Die Verzögerungszeit genügt der Gleichung:

$$t = t_0 + k\ t \quad (k = 0,1,2,....,24),$$

wobei $t = 1/60$ sec $\approx$ 17 msec beträgt. (Es handelt sich dabei um eine feste einprogrammierte Zeiteinheit des betreffenden Computertyps). t_0 konnte nicht exakt bestimmt werden, es liegt im msec-Bereich. Dies bedeutet für den Versuch aber kein Handikap, da nicht Urteilshäufigkeiten in Abhängigkeit von absoluten Zeitmaßen bestimmt werden sollen.

Der Versuch wurde im Rahmen eines Experimentalpsychologischen Praktikums mit 20 Versuchspersonen durchgeführt. Jede Versuchsperson unterzog sich 15 Durchgängen zu je 25 Bewegungsvorgängen auf dem Bildschirm. Insgesamt gab also jede Versuchsperson 375 Urteile ab. Die Bewegungsvorgänge mußten nach drei Kategorien klassifiziert werden:
- direkt verursacht,
- verzögert verursacht,
- nicht verursacht.

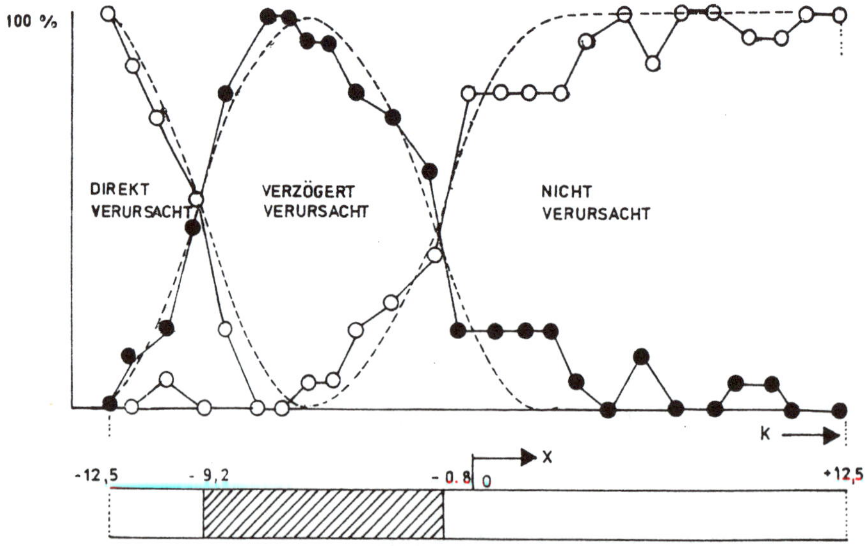

Abbildung 2.36: *Urteilshäufigkeiten und Kategorienstreckungen der Vp 4 (theoretische Werte mit $\sigma = 1.5$ und $\Delta V = 5$ berechnet; durchgezogene Linie: experimentell, gestrichelte Linie: theoretisch)*

Alle aus den Bewertungen der Bewegungsvorgänge der Versuchspersonen ermittelten Verläufe der Urteilshäufigkeiten bezüglich der drei vorgegebenen Kategorien lassen sich mittels des Neurokybernetischen Modells beschreiben. Etwa bei der Hälfte der Versuchspersonen ergibt sich, daß die Daten über eine lineare Verschiebung der Kategorien auf der Kategorien-Neuronenkette erklärt werden können. Die oberen Teile der Abbildungen 2.36 und 2.37 zeigen beispielhaft entsprechende Urteilshäufigkeiten zweier Versuchspersonen. Die unteren Teile der Abbildungen 2.36 und 2.37 geben die zugehörigen Erstreckungen auf der Kategorienkette wieder, die für die Berechnung der Modellwerte benutzt werden.

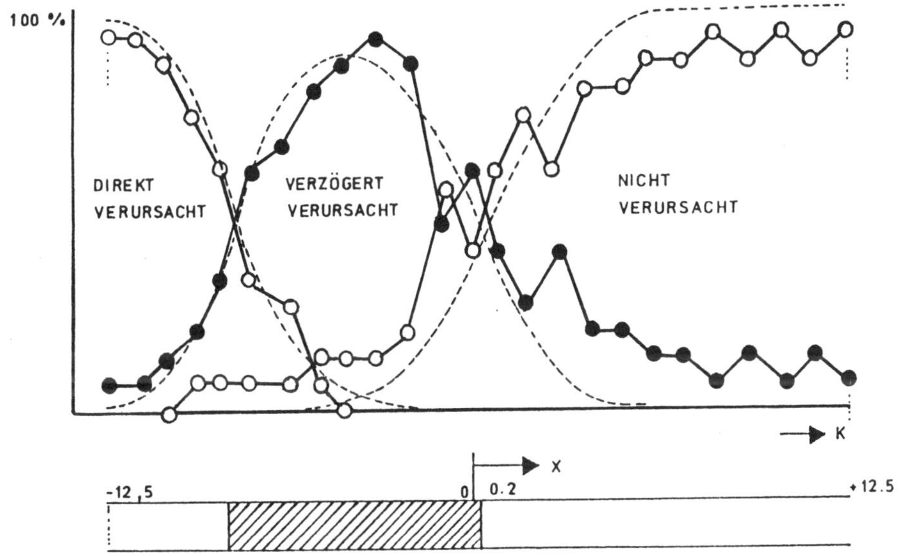

Abbildung 2.37: *Urteilshäufigkeiten und Kategorienstreckungen der Vp 11 (theoretische Werte mit* $\sigma = 2.5$ *und* $\Delta V = 4$ *berechnet; durchgezogene Linie: experimentell, gestrichelte Linie: theoretisch)*

Bei der anderen Hälfte der Versuchspersonen lassen sich die gewonnenen Urteilshäufigkeitsverteilungen befriedigend beschreiben, wenn man die Erstreckung der Kategorien über das Verhältnis der Summenhäufigkeiten bestimmt. Die Abbildungen 2.38 und 2.39 (oberer Teil) zeigen zwei Beispiele für extrem deformierte Kategorienerstreckungen.

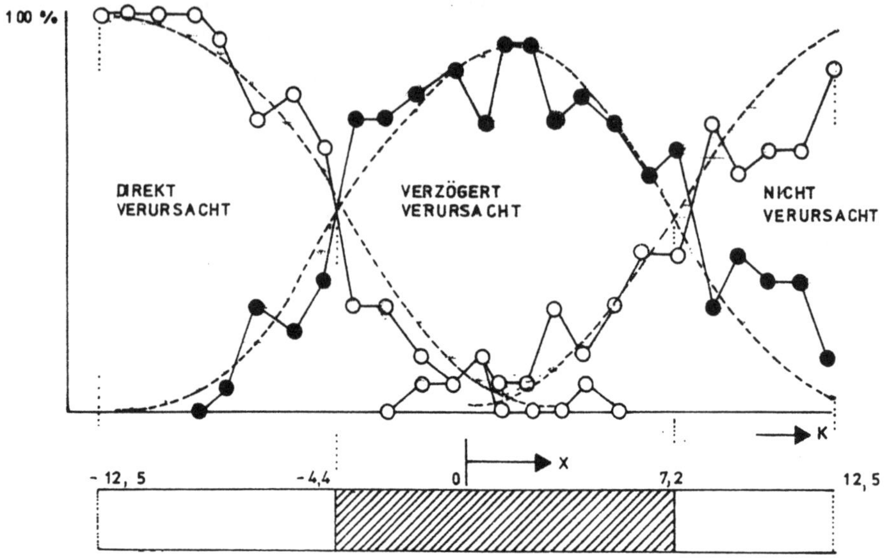

Abbildung 2.38: *Urteilshäufigkeiten und Kategorienstreckungen der Vp 2 (theoretische Werte mit σ = 3 berechnet; durchgezogene Linie: experimentell, gestrichelte Linie: theoretisch)*

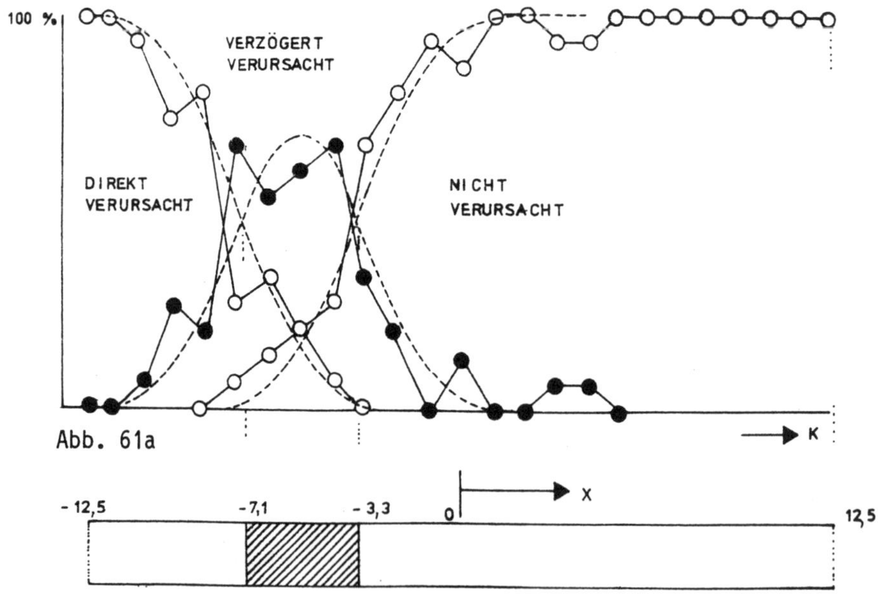

Abbildung 2.39: *Urteilshäufigkeiten und Kategorienstreckungen der Vp 14 (theoretische Werte mit σ = 1.75; durchgezogene Linie: experimentell, gestrichelte Linie: theoretisch)*

Aus den Daten der Versuchsperson 14 ergeben sich die Proportionen der Summenhäufigkeiten zu:

$$(\sum_{i=1}^{25} p_{i,1}) : (\sum_{i=1}^{25} p_{i,2}) : (\sum_{i=1}^{25} p_{i,3}) = 81 : 57 : 237,$$

aus den Daten der Vp 2 zu: 121 : 174 : 80. Damit konnten die in den Abbildungen 2.38 und 2.39 (unterer Teil) dargestellten Kategorienerstreckungen konstruiert werden. Wie man aus den Abbildungen 2.36 - 2.39 entnehmen kann, sind die Übereinstimmungen zwischen den experimentell gewonnenen Urteilshäufigkeiten und den theoretisch bestimmten Verteilungen recht zufriedenstellend. Die Bestimmung der Kategorienerstreckungen mittels des Verfahrens der Summenhäufigkeiten läßt sich auch auf die Verteilungen anwenden, bei denen die theoretischen Werte durch eine lineare Verschiebung errechnet wurden. So ergibt sich z.B. bei der Vp 4 (siehe Abbildung 2.36a) das Verhältnis der Summenhäufigkeiten zu 50 : 131 : 194.

Bezeichnet man alle 375 Urteile als 100%, so lassen sich obige Proportionen in Prozentanteile als 13 : 35 : 52 schreiben. Die Längenanteile der Kategorien ergeben sich nach dem Verschiebungsverfahren aus der Abbildung 2.36 b zu:
[-9,2 -(-12,5)] : [-0,8 -(-9,2)] : [12,5 -(-0,8)].

Bezeichnet man die Gesamtlänge 25 der Kategorienerstreckungen als 100%, so lauten die Prozentanteile der Kategorienlänge angenähert:
13 : 34 : 53.

Die nach beiden Verfahren theoretisch ermittelten Urteilshäufigkeitsverteilungen sind aufgrund der guten Übereinstimmung der zwei Proportionensätze daher in etwa identisch. Das Verfahren der Summenhäufigkeiten erweist sich als die Methode mit dem größeren Anwendungsbereich.

Wie kommen die unterschiedlichen Kategorienerstreckungen bei den einzelnen Versuchspersonen zustande? Für den vorliegenden Objektbereich der Kausalwahrnehmung der Bewegung zweier Körper ist es verständlich, daß die Anteile der drei Kategorien auf der Kategorienkette nicht gleich groß sind. Dies wird sofort verständlich, wenn man in einem Gedankenexperiment die Verzögerungszeiten anwachsen läßt. Für jede Versuchsperson gibt es eine individuell charakteristische Verzögerungszeit, ab der sie immer das Urteil "nicht verursacht" trifft. Von daher ist deshalb nicht zu erwarten, daß die Spanne der im Experiment benützten Verzögerungszeiten, entsprechend den drei Kategorien, ideal dreigeteilt wird, im Unterschied zu einem Experiment, z.B. mit vorgegebenen unterschiedlichen Strichlängen (siehe Heller, 1959), die nach "klein", "mittel" und "groß" einzustufen waren. Aber auch hier zeigen die Versuchsergebnisse der einzelnen Versuchspersonen, daß die Kategorienerstreckungen individuell verschieden sind. Offensichtlich kommt es beim Urteilen in der Laborsituation zu einer Wechselwirkung von schon vorhandenen Bezugspunkten, die aus der individuellen alltäglichen Umgangserfahrung heraus langfristig aufgebaut wurden, und den durch die spezielle Anforderungssituation (spezieller Reizserienbereich und vorgegebene Kategorien) entstehenden Bezugspolen.

Auf diese Problematik macht auch Heller (1980a) in einem anderen Zusammenhang aufmerksam. So weist er darauf hin, daß es nicht selbstverständlich sei, daß Versuchspersonen aufgrund ihrer Vorerfahrungen bezüglich einer im Labor vorgegebenen Reizserie die zu benützenden Kategorien überhaupt verwenden.

"...man stelle sich vor, daß fünf dunkelgraue Farbtöne mit den Kategorien "strahlend weiß" bis "tiefschwarz" beurteilt werden sollen. Wohl keine Versuchsperson wäre bereit dem Versuchsleiter zuliebe für ein mittleres Dunkelgrau die Kategorie "strahlend weiß" zu verwenden. Bei Gewichten wird dagegen sowohl die niedrigste als auch die höchste Kategorie ohne Skrupel benützt." (Heller, 1980a, S. 118).

Kategorienurteile sind immer auf einen bestimmten Objektbereich bezogen, das kleine Haus und der große Bleistift sind in ihrer absoluten Größe diesen Urteilen entgegengesetzt, aber innerhalb der Klasse aller Häuser ist das kleine Haus für den Beurteiler ein subjektiv eindeutig bestimmter Sachverhalt wie der große Bleistift innerhalb der Objektmenge der Bleistifte (vgl. dazu Witte, 1960; Klix, 1971). Es existiert offenbar innerhalb eines zu beurteilenden Objektbereiches für jede Versuchsperson ein Prototyp, dem die mittlere Kategorie zugeschrieben wird, und Abweichungen vom Prototyp werden dann beim Bewertungsvorgang in Richtung der Extremkategorien umgesetzt. In der folgenden Untersuchung, in der Absoluturteile bezüglich eigener erbrachter Leistungen analysiert werden sollen, kann bezüglich dieser speziellen Merkmalsdimension gezeigt werden, welcher Bedingungsfaktor das Mittenurteil bestimmt.

2.7 Eine Analyse von Leistungsurteilen mit dem Neurokybernetischen Modell

Untersuchungen zur Bezugssystemforschung wurden vorwiegend an Objektmannigfaltigkeiten durchgeführt, die sich über physikalische Metriken abbilden lassen (Heller, 1959; Witte, 1960; Helson, 1964; Sarris, 1971). Detaillierte Analysen über den Aufbau von Bezugssystemen über subjektiv festgelegte Dimensionen, die insbesondere erst aus dem unmittelbaren Verhalten von Versuchspersonen resultieren, wurden von Brackhane (1979a und b) vorgelegt. Er konnte zeigen, daß auf dem Gebiet der Beurteilung des eigenen Leistungsverhaltens kategoriale Strukturen verhaltenswirksam werden, die im wesentlichen in Einklang mit Wittes Bezugssystem-Theorem stehen. Leistungsverhalten wurde bei den Versuchspersonen in den betreffenden Experimenten anhand eines Dart-Spiels angeregt. Die Versuchspersonen mußten vor jedem Pfeilwurf auf eine Zielscheibe ihren erwarteten Zielwert (Anspruchsniveau) mitteilen und ihren erreichten Leistungswert nach vorgegebenen Kategorien, z.B. "gut - mittel - schlecht", beurteilen. Die Ergebnisse zeigten, daß vielfach nicht die erreichten Werte für sich genommen als Grundlage der individuellen Leistungsbeurteilung benutzt werden, sondern die Diskrepanzen ihrer Ist- und Sollwerte.

Die Analyse der Daten ergab ferner, daß die Systemmitten der Beurteilungsdimensionen individuell verschieden ausfielen und fast alle subjektiven Nullpunkte negative Differenzen beinhalteten, d.h. "der mitgeteilte Sollwert des Anspruchsniveaus höher als der Punkt beginnender Zufriedenheit" war.

Mit den vorliegenden Untersuchungen sollte nun überprüft werden, ob das Neurokybernetische Modell von Lerch auch geeignet ist, die zugrundeliegenden Bewertungsstrukturen von Leistungsurteilen zu beschreiben.

Als standardisierte Leistungssituation wurde der simulierte Abschuß von "Tontauben" auf dem Bildschirm eines Tischrechners (Commodore 2001) verwendet. Tontauben fliegen, von einem Zufallsprogramm gesteuert, entweder vom linken oder vom rechten Bildschirmrand immer auf der gleichen Höhe und mit der gleichen Geschwindigkeit horizontal ein. Durch Drücken einer Taste des Tischrechners kann ein "Schuß" ausgelöst werden, der senkrecht von unten nach oben auf der Mittenachse des Bildschirms deutlich sichtbar läuft. Der Schwierigkeitsgrad der Aufgabe besteht in der zeitlich angemessenen, antizipierten Koordination der horizontalen und vertikalen Bewegung der zwei "Flugkörper", die zu einer räumlichen Deckung (Treffer) auf dem Bildschirm führen soll.

Fünf Versuchspersonen unterzogen sich im Einzelversuch für diese Studie 50 Durchgängen zu je zehn Schuß. Vor jedem Durchgang gaben die Versuchspersonen an, wie viele Treffer sie erzielen wollten. Nach jedem Durchgang erfolgte ihre Bewertung der eigenen Leistung nach den drei vorgegebenen Kategorien "gut - mittel - schlecht".

Die Ergebnisse von Brackhane zeigten, daß die Leistungsbeurteilungsdimension aus der Differenz von erbrachter und angestrebter Leistung konstruiert wird. Bei maximal zehn möglichen Treffern ergeben sich im vorliegenden Fall theoretisch Ausprägungsgrade, die von -10 (angestrebte Leistung = 10 Treffer, erbrachte Leistung = 0 Treffer) bis +10 (angestrebte Leistung = 0 Treffer, erbrachte Leistung = 10 Treffer) reichen können, wobei natürlich erwartet wird, daß sich die zu beobachtenden Differenzwerte der Versuchspersonen im mittleren Dimensionsbereich bewegen werden.

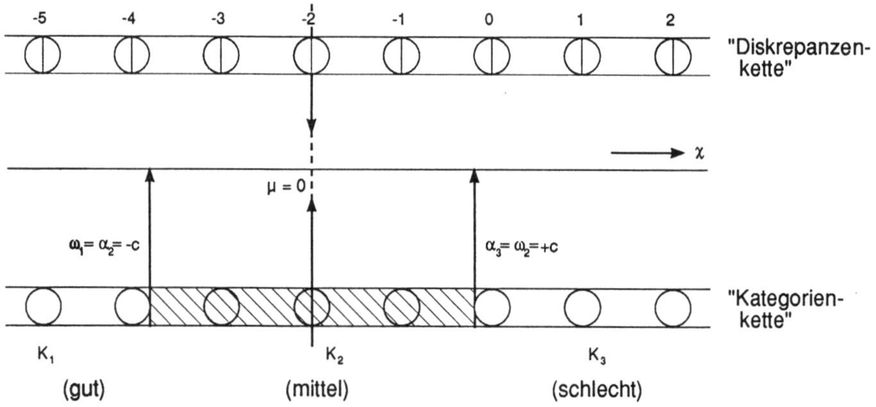

Abbildung 2.40: *Zur Struktur des Neuronenareals bei der Leistungsbewertung*

Nach der Vorstellung des Neurokybernetischen Modells wird dann im ZNS einer Versuchsperson ein Neuronenareal bereitgestellt, wobei eine linear angeordnete Neuronenkette nach steigender Dimensionsausprägung eindeutig diesen Leistungsdifferenzwerten zugeordnet wird. Dieser Kette steht eine Neuronenkette gegenüber, die die verschiedenen Beurteilungskategorien repräsentiert. Die Ergebnisse von Brackhane lassen natürlich vermuten, daß die Kategorienausdehnungen und die gegenseitige Lage der Differenzwertkette und Kategorienkette individuell verschieden ausfallen werden. Abbildung 2.40 zeigt zur Veranschaulichung der betreffenden Zusammenhänge ein fiktives Beispiel.

Nach dem Neurokybernetischen Modell läßt sich die Wahrscheinlichkeit berechnen, daß ein bestimmter erlebter Diskrepanzwert S_i nach der Kategorie k_j beurteilt wird. Sie beträgt

$$p_{i,j} = \frac{1}{\sigma\sqrt{2\pi}} \int_{\alpha_j}^{\omega_j} \exp\left(-\frac{(x-\mu_i)^2}{2\sigma^2} \right) dx,$$

wobei μ_i die Lage des Diskrepanzwertes S_i, α_i den Bereichsanfang, ω_i das Bereichsende der betreffenden Kategorie auf der in Abbildung 2.40 eingezeichneten x-Achse dargestellt und σ einen Parameterwert der Verteilungsfunktion festlegt.

Wie schon vermerkt, wird vermutet, daß die Einstellung der Kategorien-Systemmitte gegenüber der Diskrepanzwertskala individuell verschieden sein wird. Für das fiktive Beispiel (siehe Abbildung 2.40) hätte sie sich bei einem Diskrepanzwert von -2 eingestellt. Liegen bei einer Versuchsperson die empirischen Urteilsdaten vor, so läßt sich aus den Kategorienhäufigkeitsverteilungen über die Diskrepanzwerte ablesen, wo die Systemmitte liegt. Durch entsprechende Wahl des freien Parameters σ und des Kategorienausdehnungsparameters c soll dann versucht werden die empirischen Häufigkeitsverteilungen einer Versuchsperson durch die nach der angegebenen Formel berechneten Verteilungskurven theoretisch zu beschreiben.

Die Abbildungen 2.41 - 2.45 (linke Teile) zeigen die empirisch gewonnenen relativen Häufigkeitsverteilungen über die beobachteten Diskrepanzwerte. (Es sei angemerkt, daß ein relativer Häufigkeitswert nur dann als guter Urteilsindikator angesehen werden kann, wenn die absolute Häufigkeit des betreffenden Diskrepanzwertes nicht zu klein ausfällt).

Die vorliegenden Daten bestätigen die Ergebnisse Brackhanes, daß die Systemmitten der Versuchspersonen vorwiegend im Bereich negativer Differenzwerte zu finden sind. Ein Nichterreichen von angestrebten Trefferwerten wird, wie man den Abbildungen über die Selbstbeurteilungen entnimmt, auch über eine zeitlich länger andauernde Folge von

Leistungsaufgaben nicht automatisch als Mißerfolg erlebt. Bei der Vp 5 stellt sich die Systemmitte sogar bei einem Diskrepanzwert von -3 ein. Mittels des Neurokybernetischen Modells lassen sich nun die empirischen Häufigkeitskurven beschreiben. Die Übereinstimmung von empirischen und theoretischen Verteilungen ist bei allen fünf Versuchspersonen recht zufriedenstellend.

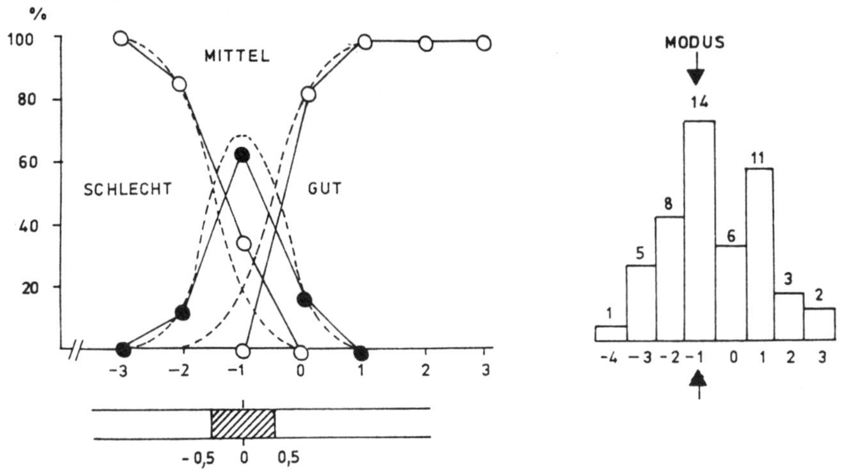

Abbildung 2.41: *Vp 1: Relative Urteilshäufigkeiten und Kategorienstreckungen (links; theoretische Werte mit σ = 0.5 und C= 0.5 berechnet; durchgezogene Linie: experimentell, gestrichelt: theoretisch) sowie absolute Häufigkeiten der Diskrepanzwerte (rechts)*

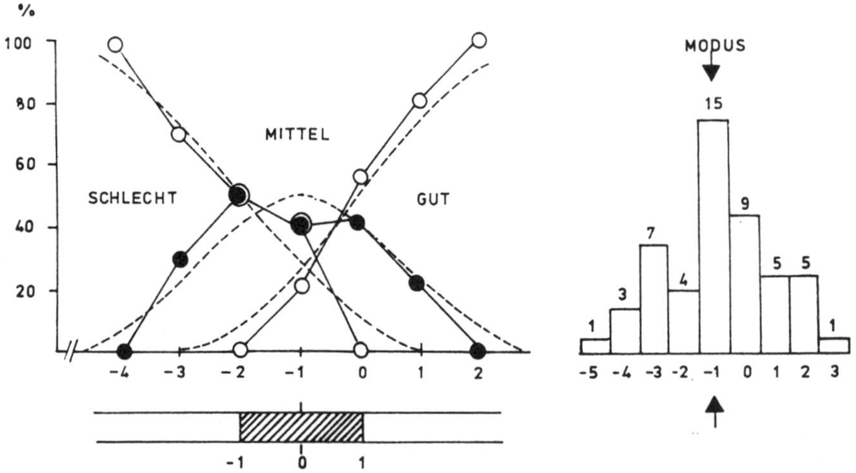

Abbildung 2.42: *Vp 2: Relative Urteilshäufigkeiten und Kategorienstreckungen (links; theoretische Werte mit σ = 0.5 und C= 0.5 berechnet; durchgezogene Linie: experimentell, gestrichelt: theoretisch) sowie absolute Häufigkeiten der Diskrepanzwerte (rechts)*

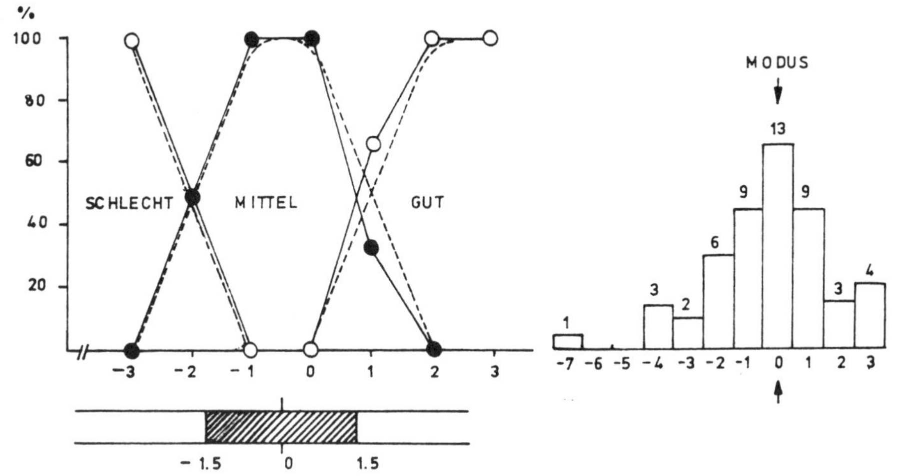

Abbildung 2.43: *Vp 3: Relative Urteilshäufigkeiten und Kategorienstreckungen (links; theoretische Werte mit σ = 0.5 und C= 0.5 berechnet; durchgezogene Linie: experimentell, gestrichelt: theoretisch) sowie absolute Häufigkeiten der Diskrepanzwerte (rechts)*

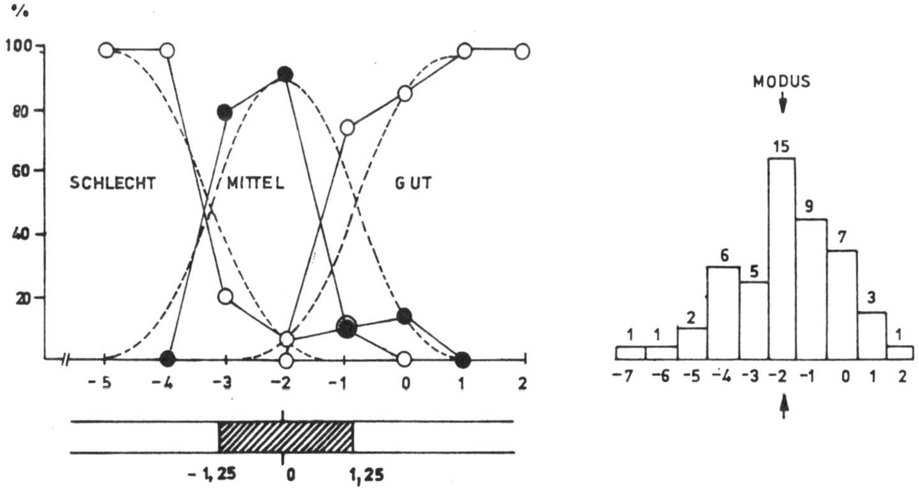

Abbildung 2.44: *Vp 4: Relative Urteilshäufigkeiten und Kategorienstreckungen (links; theoretische Werte mit σ = 0.5 und C= 0.5 berechnet; durchgezogene Linie: experimentell, gestrichelt: theoretisch) sowie absolute Häufigkeiten der Diskrepanzwerte (rechts)*

In den Abbildungen 2.41 - 2.45 (links) sind außerdem noch die zugehörigen Kategorienerstreckungen der einzelnen Versuchspersonen eingetragen. Die Lage der Systemmitten ist, wie man den Abbildungen entnimmt, individuell verschieden.

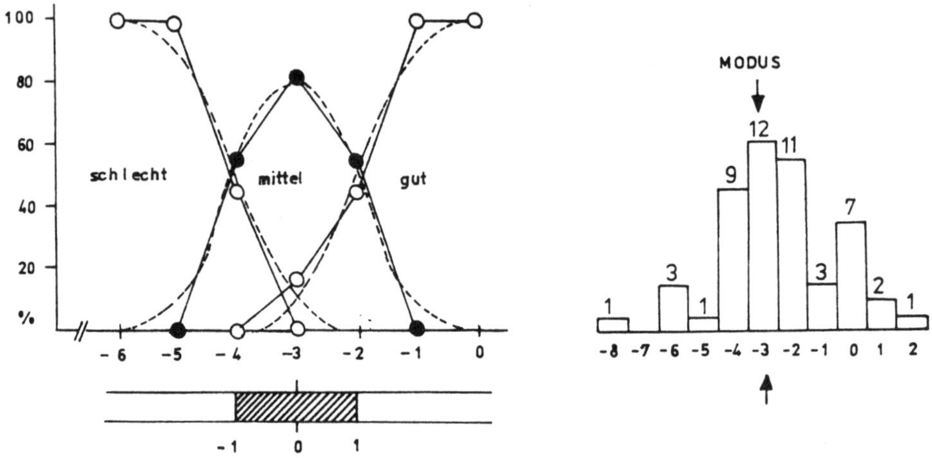

Abbildung 2.45: *Vp 5: Relative Urteilshäufigkeiten und Kategorienstreckungen (links; theoretische Werte mit $\sigma = 0.5$ und $C = 0.5$ berechnet; durchgezogene Linie: experimentell, gestrichelt: theoretisch) sowie absolute Häufigkeiten der Diskrepanzwerte (rechts)*

Die Frage, welcher Einflußfaktor diese auf der Diskrepanzdimension unterschiedlichen Plazierungen der Bezugsanker für das kategoriale Urteilsverhalten hervorruft, läßt sich beantworten, wenn man die absoluten Häufigkeiten der aufgetretenen Diskrepanzwerte einer Versuchsperson heranzieht. Die Abbildungen 2.41b - 2.45b geben diese Werte wieder. Bei vier der fünf Versuchspersonen zeigt sich der interessante Zusammenhang, daß der am häufigsten vorkommende Diskrepanzwert (=Modus) exakt als Systemmitte für die Kategorienurteile genutzt wird. Nur bei der Vp 3 tritt eine kleine Abweichung um eine halbe Diskrepanzeinheit auf. Damit scheint ein simpler Verrechnungsmechanismus des Beurteilungsverhaltens aufgedeckt zu sein. Allerdings bleiben noch ganz wesentliche Fragen zum Beurteilungsverhalten in Leistungssituationen unbeantwortet:

1. Die Frage nach den Ursachenfaktoren, die eine individuelle Kategorienausdehnung bedingen, und
2. die Frage nach dem Mechanismus, der eine Erhöhung bzw. Senkung des Anspruchsniveaus einer Versuchsperson bewirkt.

Zum Problem der individuellen Kategorienausdehnung muß der Verfasser zugeben, daß trotz der Fülle von Leistungsdaten, die von einer Versuchsperson aus dem geschilderten Experiment vorlagen (je 50 Werte über das Anspruchsniveau und über die erreichte Leistung) es nicht gelang, einen wesentlichen Wirkfaktor aufzuspüren. Hier wäre es offensichtlich nötig, in einem komplexeren Rahmen relevante Persönlichkeitsmerkmale der Versuchspersonen in die Analyse miteinzubeziehen.

Zur Frage des Mechanismus, der eine Erhöhung bzw. Senkung des Anspruchsniveaus einer Versuchsperson bewirkt, muß ebenfalls zugestanden werden, daß der Versuch einer quantitativen Erfassung der betreffenden Zusammenhänge nicht geglückt ist, d.h. das gesteckte Anspruchsniveau A_n des n-ten Durchgangs durch die tatsächlichen Leistungswerte L_i und Anspruchsniveauwerte A_i der vorhergehenden Durchgänge einer Versuchsperson vorherzusagen:
$A_n = f(L_1,...,L_{n-1}, A_1,...,A_{n-1})$.

Die vorliegenden Daten bestätigen aber die mehr qualitativen Beobachtungen Brackhanes, daß vielfach schon ein einziger positiver Diskrepanzwert zu einer Erhöhung des Anspruchsniveaus führt, wogegen erst nach einer Serie von negativen Diskrepanzwerten das Anspruchsniveau gesenkt wird.

2.8 Zur Urteilsanalyse komplexer Merkmalsdimensionen

Im Zusammenhang mit der Analyse individueller Zugehörigkeitsfunktionen sei nun der Versuch demonstriert, auch Kategorienurteile über eine begrifflich unscharfe Merkmalsdimension mit Hilfe des Neurokybernetischen Modells zu beschreiben. Als begrifflich unscharfe Merkmalsdimension bieten sich ästhetische Objektbewertungen an.

Ästhetische Bewertungen von Umweltobjekten bauen auf vorwiegend subjektiven Urteilsdimensionen des einzelnen Beurteilers auf, deren Hintergrund, d.h. deren Genese wie auch deren individuelle Merkmalszusammensetzung, nur unzulänglich erfaßt werden kann.

Die Analyse ästhetischen Urteilens wird durch die Tatsache erschwert, daß der Sinn ästhetischer Wertungen nicht ohne weiteres einsehbar ist, im Gegensatz z.B. zum moralischen Urteilsverhalten, das sich an Verhaltensrichtlinien orientiert, die für das geregelte Zusammenleben des "instinktreduzierten Gesellschaftswesen" Mensch notwendig und nützlich sind. Dennoch spielen ästhetische Urteile schon im Alltagsleben des Menschen eine große Rolle. So beeinflußt unser "Schönheitssinn" u.a. die Partnerwahl, das Konsumverhalten allgemein den Lebensstil des einzelnen in entscheidendem Maße.

In der Antike wurde die Auffassung vertreten, daß das Schöne eine den Wesen und Dingen zugehörige objektive Eigenschaft ist. Als Teilmerkmale bzw. als Grundstrukturen des Schönen nannte z.B. Platon als Bedingung des Schönen Harmonie, Aristoteles Ordnung, Symmetrie und Abgrenzung. In der Renaissance definierte Alberti Schönheit als eine gewisse Übereinstimmung und einen Zusammenklang der Teile zu einem Ganzen gemäß einer bestimmten Zahl, Proportionalität und Ordnung.

Die Vorstellung eines "attributiven Schönen" blieb aber unbefriedigend, da sie keine Gründe für ästhetische Urteilsdifferenzen zwischen verschiedenen Menschen lieferte, noch die Tatsache erklären konnte, daß das ästhetische Urteil des einzelnen Schwankungen unterliegt. Um die Mitte des 18. Jahrhunderts sprach Hume als erster aus, daß das Schöne nicht eine den schönen Dingen eigene Qualität ist:

"Beauty is no quality in things themselves; it exists merely in the mind which contemplates them; and each mind perceives a different beauty".

Dabei wird ästhetisches Urteilen nur im Sinne eines bewerteten Wiedererkennens, Erinnerns im Rahmen eines subjektiven oder kollektiven Erfahrungshintergrundes vorgestellt. So läßt sich etwa sagen, daß eine ästhetische Bewertung in Abhängigkeit davon gefällt wird, ob die durch das Wahrnehmungsobjekt zurückgerufene Erinnerung dem Menschen angenehm oder unangenehm ist. Einmütigkeit im ästhetischen Urteil kann durch gemeinsame Erfahrungen von Gruppenmitgliedern erklärt werden. Veblen (1971) entwickelte die Vorstellung, daß der Schönheitssinn des Menschen in vielen ästhetischen Urteilssituationen durch Prestigenormen bestimmt wird. Borgeest (1977) unterstützt diese Auffassung. Nach ihm wird ästhetisches Bewerten durch die jeweilige Sozialschicht sogar als ein Instrument zur sozialen Abgrenzung nach unten benützt. Der komplexe Hintergrund einer individuellen ästhetischen Urteilsdimension wird damit sichtbar.

Die weiteren Ausführungen bezwecken natürlich nicht eine tiefergehende Analyse von Schönheitserfahrungen und Schönheitsnormen, die sich auch im individuellen Urteilsverhalten der Versuchspersonen, die für die vorliegende Untersuchung zur Verfügung standen, widerspiegeln. Wie bereits ausgeführt, soll lediglich gezeigt werden, daß auch eine begrifflich unscharfe, komplex zusammengesetzte Merkmalsdimension in eine Bewertungsstruktur eingebaut ist, die sich mittels des Neurokybernetischen Modells beschreiben läßt.

Ihre Analogie zu der schon zitierten Untersuchung von Heller (1959) zum rezenten Aufbau von Bezugssystemen, bei denen Strichobjekte kategorial zu bewerten waren, beurteilten zehn Versuchspersonen (männliche und weibliche Lehramtsstudenten) im Einzelversuch 20 Paßfotos von jungen Frauen, die auf einem DIN A4-Blatt angeordnet waren, auf der ästhetischen Urteilsdimension "wenig anziehend - anziehend - sehr anziehend". In einem Durchgang mußten alle 20 Portraits bewertet werden. Insgesamt unterzog sich jede Versuchsperson 15 Durchgängen, die aufeinanderfolgten. Der Versuch, der etwa eine Stunde dauerte, lief computergesteuert ab. Jedes Frauenportrait auf der Vorlage war durch eine Nummer (von 1 bis 20) gekennzeichnet. Auf dem Monitor des Tischrechners erschienen, durch ein Zufallsprogramm gesteuert, in Abständen von 7 sec die Kennummern der Frauenportraits, die zu beurteilen waren. Für jede Versuchsperson ließ sich dann am Ende des Versuchs eine ästhetische Präferenzreihe bezüglich der beurteilten Frauenportraits aufstellen.

Die Präferenzreihe wurde über die Summenwerte der Kategorienurteile bezüglich der Portraits konstruiert, wobei die Codierung: wenig anziehend = 0, anziehend = 1 und sehr anziehend = 2 benützt wurde. Wurde also ein Frauenportrait Y von der Vp Z x_1-mal als "wenig anziehend" und x_3-mal als "sehr anziehend" beurteilt, so betrug der Summenwert als Indikator für die ästhetische Präferenz:

$$S_{ZY} = x_1 \cdot 0 + x_2 \cdot 1 + x_3 \cdot 2, \text{ wobei } \sum_{i=1}^{3} x_i = 15.$$

Bei der Konstruktion dieser subjektiven Rangskala muß allerdings auf eine Schwäche des Summenpräferenzwertes aufmerksam gemacht werden. Erhielten zwei oder sogar mehrere Portraits den gleichen Summenwert, so war eine Rangunterscheidung zwischen diesen Objekten nicht mehr möglich, ihre Plazierung auf den anstehenden Rangplätzen wurde sodann willkürlich vorgenommen.

Nach dem Neurokybernetischen Modell sieht die ästhetische Bewertungsstruktur einer Versuchsperson folgendermaßen aus: Im ZNS einer Vp wird ein Neuronenareal bereitgestellt, wobei eine linear angeordnete Neuronenkette nach steigender Präferenz den einzelnen Portraits zugeordnet wird. Dieser Präferenzkette steht eine Neuronenkette gegenüber, die die verschiedenen Beurteilungskategorien repräsentiert. Da angenommen wird, daß jede Versuchsperson eine subjektive Bewertungsstruktur aufbaut, wird vermutet, daß die Kategorienausdehnungen und die gegenseitige Lage der Präferenz- und Kategorienkette individuell verschieden ausfallen werden (siehe dazu Abbildung 2.46).

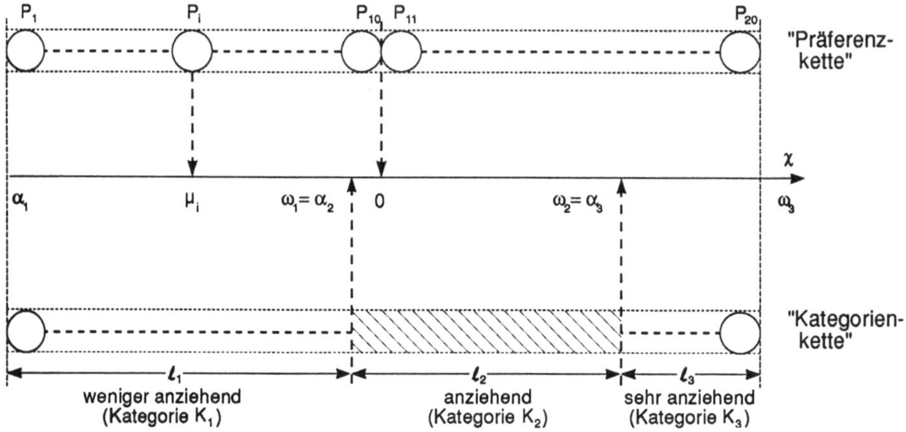

Abbildung 2.46: *Fiktive individuelle Bewertungsstruktur einer Versuchsperson*

Die in dem kybernetischen Modell gewählte Struktur der zwischengeschalteten Neuronen hat zur Folge, daß nicht mehr deterministisch vorhergesagt werden kann, welcher Kategorie ein vorgegebenes Portrait mit seinem Präferenzordnungswert P_i zugeordnet wird. Es kann aber die Wahrscheinlichkeit berechnet werden, mit der eine Erregung, ausgehend von einer bestimmten P_i-Zelle, auf die Kategorien-Neuronenkette eintrifft. Die Wahrscheinlichkeit, daß ein Portrait P_i mit der Kategorie k_j beurteilt wird beträgt:

$$p_{i,j} = \frac{1}{\sigma\sqrt{2\pi}} \int_{\alpha_j}^{\omega_j} \exp(-\frac{1}{2\sigma^2}(x-\mu_i)^2)dx,$$

wobei α_j den Anfang und ω_j das Ende der Kategorie k_j auf einer entsprechend eingeführten x-Achse festlegt und σ wieder den Parameterwert der Normalverteilung darstellt (siehe Abbildung 2.46). μ_j kennzeichnet die Position des Beurteilungsobjektes mit dem Präferenzordnungsgrad P_i. Wie schon bei der Analyse von Kausalattribuierungen ausgeführt, gilt aufgrund der Struktur des Modells für den vorliegenden Fall mit drei Urteilskategorien und 20 Beurteilungsobjekten:

$$\left(\sum_{i=1}^{20} p_{i,1}\right) : \left(\sum_{i=1}^{20} p_{i,2}\right) : \left(\sum_{i=1}^{20} p_{i,3}\right) = l_1 : l_2 : l_3 ,$$

wobei die l_i die Längen der Kategorienerstreckungen darstellen. Liegen die Urteilshäufigkeiten einer Versuchsperson bezüglich der Portraits vor, so läßt sich ihre individuelle Kategorienkette bestimmen.

Die gewonnenen Urteilshäufigkeiten einer Versuchsperson bezüglich der drei Kategorien über die 20 Portraits lassen sich nun graphisch darstellen. Auf der x-Achse werden die nach ihrer individuellen Präferenz geordneten Portraits aufgetragen, auf der y-Achse die entsprechenden Urteilshäufigkeiten. Nachdem für eine Versuchsperson ihre Kategorienkette konstruiert war, wurden durch geeignete Parameterwahl von σ die theoretischen Werte nach dem Neurokybernetischen Modell an die empirischen Häufigkeiten angefittet. Die Abbildungen 2.47 bis 2.50 zeigen beispielhaft die individuellen Häufigkeitsverteilungen von vier Versuchspersonen.

Die Auswahl wurde insbesondere unter dem Gesichtspunkt getroffen, die Individualität ästhetischer Bewertungsstrukturen deutlich zu machen. Die Ergebnisse zeigen zum einen die unterschiedlichen Ausdehnungen der drei Kategorien bei den verschiedenen Versuchspersonen, zum anderen auch die unterschiedliche Urteilsstabilität bezüglich der vorgegebenen Portraits, die sich im Modellparameter σ widerspiegelt.

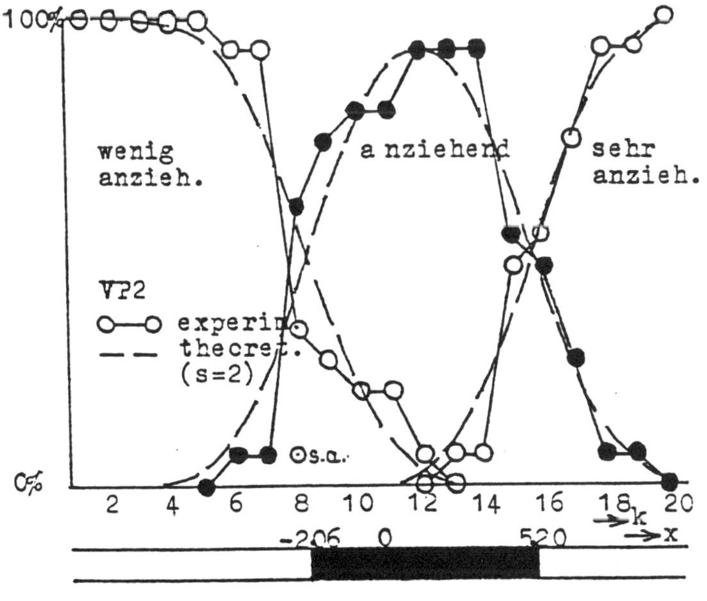

Abbildung 2.47: *Urteilshäufigkeiten und Kategorienerstreckungen der Vp 2*

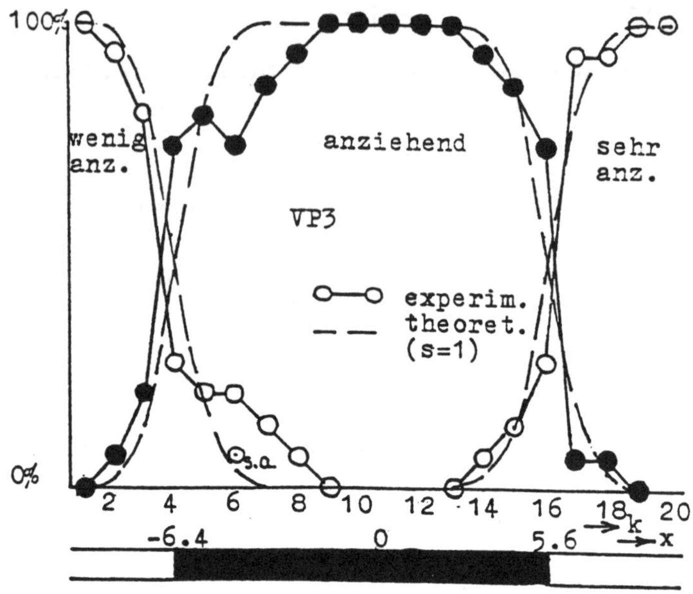

Abbildung 2.48: *Urteilshäufigkeiten und Kategorienerstreckungen der Vp 3*

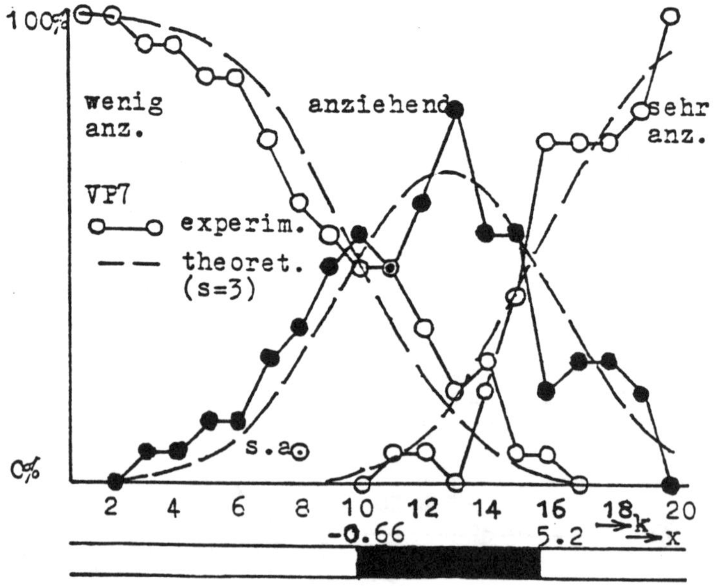

Abbildung 2.49: *Urteilshäufigkeiten und Kategorienerstreckungen der Vp 7*

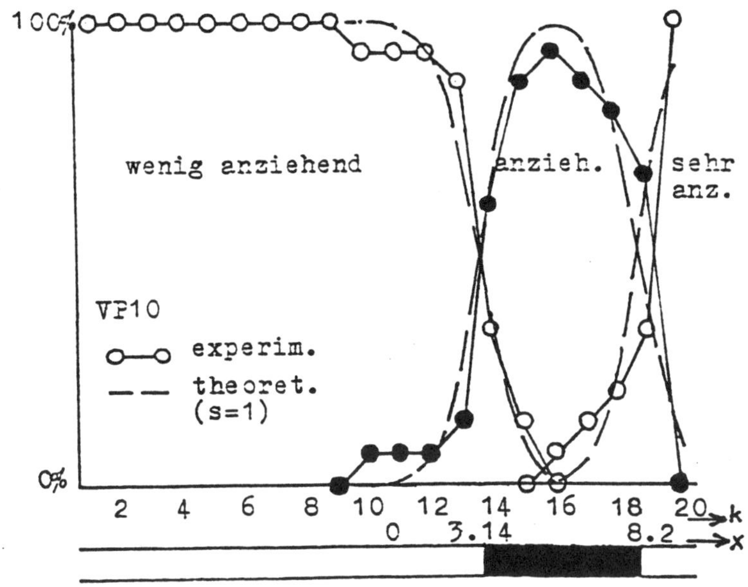

Abbildung 2.50: *Urteilshäufigkeiten und Kategorienerstreckungen der Vp 10*

Ein "kleiner" σ-Wert ($\sigma \approx 1$) bedeutet hohe, ein "großer" σ-Wert ($\sigma \approx 3$) geringe Urteilsstabilität. So entnimmt man z.B. der Abbildung 2.48, daß die mittlere Beurteilungskategorie der Vp 3 sehr dominant ausgebildet ist und ihre Urteilsstabilität hoch ist, der Abbildung 2.50, daß die "Ablehnungskategorie" bei der Vp 10 eine große Ausdehnung aufweist und ihre Urteilsstabilität hoch ist.

Zusammenfassend läßt sich sagen, daß die Übereinstimmung von theoretischen und empirischen Werten bei allen Versuchspersonen zufriedenstellend ist. Dies kann als Indiz gewertet werden, daß auch Bewertungsstrukturen, die begrifflich unscharfe Merkmalsdimensionen darstellen, durch das Neurokybernetische Modell angemessen erfaßt werden können.

2.9 Eine neurokybernetische Analyse eines Gewichturteilsexperiments von Heller

An Hand der Ergebnisse eines Versuches von Heller (1981) soll im folgenden noch einmal speziell der Frage nachgegangen werden, ob das Adaptationsniveau einer vorgegebenen Reizserie, wie sie als Grundlage für die empirische Überprüfung der Angemessenheit des Neurokybernetischen Modells benutzt wurde, sich beim geometrischen Mittel über den Serienreizen, wie es Helson generell behauptet hat, oder beim arithmetischen Mittel einstellt. Die Ergebnisse dieser Untersuchung sind außerdem geeignet, mittels des gleichen Untersuchungsmaterials individuelle und kollektive Zugehörigkeitsfunktionen beim vorliegenden Klassifizierungsprozeß miteinander zu vergleichen und noch einmal deutlich zu machen, daß das Neurokybernetische Modell in beiden Fällen das Urteilsverhalten reproduzieren kann.

Die individuelle Zugehörigkeitsfunktion wurde von Heller in einem Selbstversuch gewonnen. Von Interesse bei dieser Arbeit ist ferner sein Versuch, sich Rechenschaft über die eigenen Klassifizierungsurteile zu geben.

Heller verwendete in seiner Untersuchung Gewichtsurteile, wobei als Untersuchungsobjekte Streichholzschachteln mit unterschiedlicher Gewichtsfüllung nach den Kategorien "leicht - mittel - schwer" klassifiziert wurden. Die Objektserie (17 verschiedene Objekte) reichte von 2,5 g im 0,5 g-Abstand ansteigend bis 10,5 g. Für den Selbstversuch wurden fünfmal 17, also 85 Gewichte hergestellt. Die Gewichte wurden von Heller so bestimmt, daß zwischen dem arithmetischen Mittel und dem geometrischen Mittel genau eine Einheit Differenz bestand. Heller begründet die hohe Zahl von 85 Gewichten damit, daß bei der immer noch geringen Differenz der beiden Mittel unter allen Umständen ein Parducci-Effekt vermieden werden mußte, die Tendenz also, jede Kategorie mit gleichvielen Urteilen zu belegen. Heller vermerkt zu seinem Selbstversuch:

"Dies ist bei dieser großen Zahl von Gewichten ganz unmöglich: durch Zufall können 20 und noch mehr leichte Gewichte hintereinander folgen, was anfangs für den Selbstversuch eine große Belastung bedeutete. Es gehen einem dauernd Bedenken durch den Kopf: vielleicht bist du abgespannt? Hast du etwa schwere Dinge gehoben? Bei allem Wissen um den Zufall, muß ich bei mir persönlich immer wieder feststellen, daß ich ihn äußerst unwahrscheinlich finde. Was jenes vielbesprochene Phänomen gleicher Häufigkeit der Zuordnung von Urteilen betrifft, so habe ich viel Verständnis für eine solche Theorie, denn ich habe mich selbst immer wieder dabei ertappt, daß ich 'zurückgehorcht' habe, was von mir schon gesagt worden ist. Dies war jedoch nur am Anfang meiner Selbstversuche zu beobachten und zwar jeweils an Nahtstellen zwischen Kategorien und bei klar überschaubaren Verhältnissen. Infolgedessen habe ich mich, wie beschrieben, bemüht, eben diese Verhältnisse gänzlich unübersichtlich zu gestalten. Als Erklärung für die nachfolgend berichteten Daten ist deshalb diese Theorie völlig unbrauchbar. Ich habe später an alle Vpn direkt die Frage gerichtet, ob sie vielleicht in der genannten Weise vorgegangen sein. Dabei habe ich die Frage so gefärbt, als sei dies eigentlich des Rätsels Lösung. Alle Vpn haben verneint. Am treffendsten finde ich die Antwort einer Vpn: 'Warum so umständlich, man spürt doch am Gewicht wohin es gehört.'"

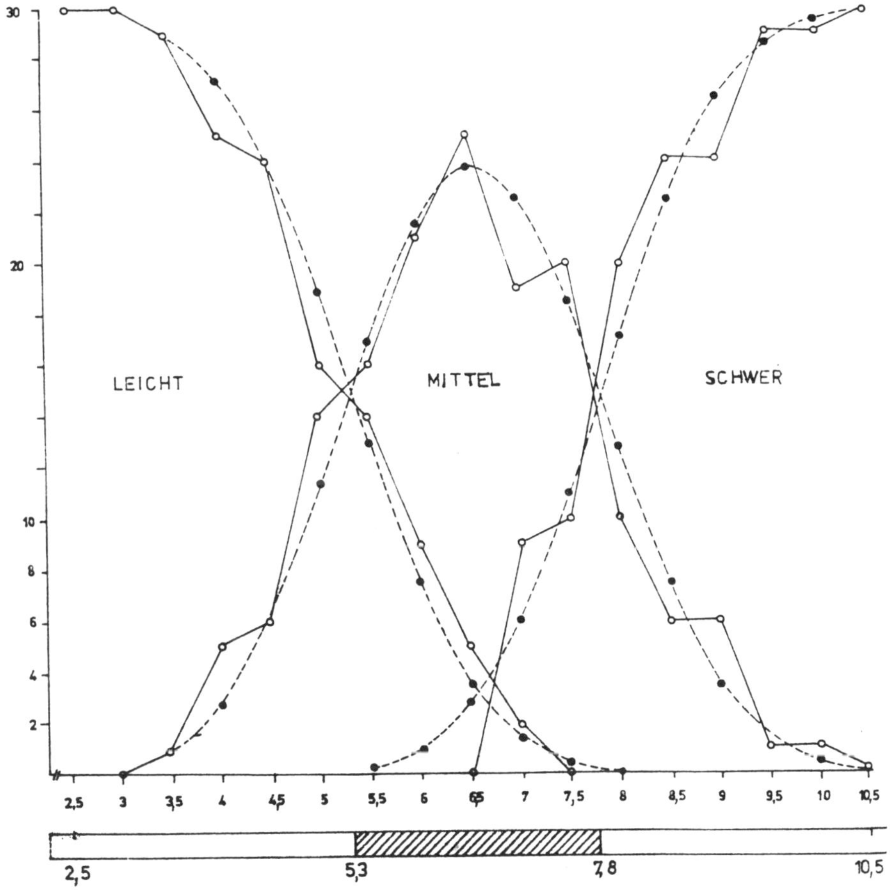

Abbildung 2.51: *Urteilshäufigkeiten und Kategorienerstreckungen im Selbstversuch von Heller (1981; theoretische Werte mit $\sigma=2$ berechnet; durchgezogene Linie: experimentell)*

In der Abbildung 2.51 ist das Ergebnis aus seinen 30 Selbstversuchen festgehalten. Die gestrichelt eingezeichneten Funktionsverläufe sind nach dem Neurokybernetischen Modell berechnet worden, wobei die Kategorienerstreckung wieder mittels der Beziehung

$$l_1 : l_2 : l_3 = (\sum_{i=1}^{17} p_{i,1}) : (\sum_{i=1}^{17} p_{i,2}) : (\sum_{i=1}^{17} p_{i,3})$$

bestimmt wurden. Für die Kategorienerstreckung ergab sich:
$l_1 : l_2 : l_3 = 184 : 151 : 175$.
Mittels des Parameterwertes $\sigma = 2$ wurden sodann die theoretischen Zugehörigkeitsfunktionen konstruiert.

In einem Fremdversuch wurde ferner die ganze Serie von 85 Gewichten von 10 Versuchspersonen zweimal beurteilt. (Jedes Gewicht wurde also zehnmal klassifiziert). In Abbildung 2.52 sind die Mittelwerte dieser zehn Versuchspersonen auf 0,5 g-Einheiten auf- und abgerundet eingezeichnet. Die theoretischen Häufigkeitskurven wurden mit $\sigma = 1$ bestimmt. Da die Annahme der Gleichverteilung der Kategorienerstreckungen nicht gut erfüllt war ($\sum p_{i,1} = 56$; $\sum p_{i,2} = 63{,}5$ und $\sum p_{i,3} = 50{,}5$) ist auch die Übereinstimmung mit den empirischen Häufigkeitsverteilungen für Reizobjekte mit Gewichten größer als sieben Gramm nicht ganz zufriedenstellend.

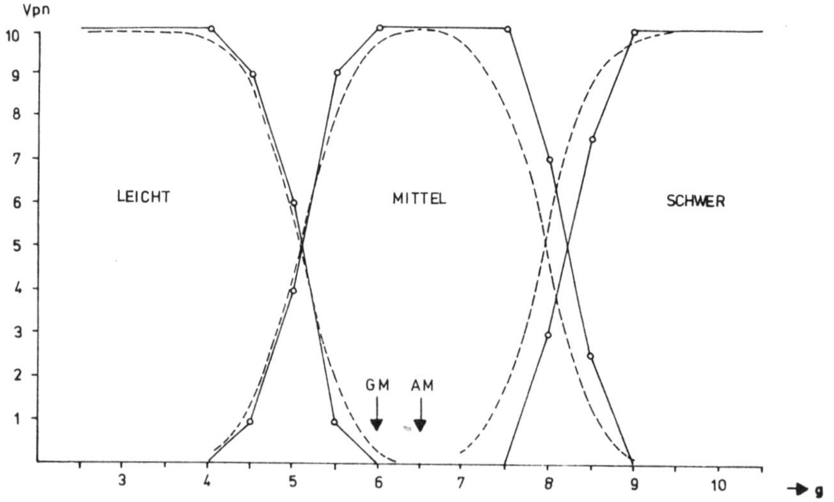

Abbildung 2.52: *Verteilung der Urteilshäufigkeit für ein Vp-Kollektiv nach Heller (1981)*

Man erkennt an den empirischen Verteilungen, daß das Adaptationsniveau eindeutig beim arithmetischen Mittel, d.h. beim neunten Objekt der Serie zu liegen kommt.

Dieses Ergebnis steht im Einklang mit den von Sitmalidis (1976) berichteten Befunden. Bei der Beurteilung einer Gewichtsserie aus 21 Elementen von 50 bis 1050 g in Stufen von 50 g, die nach drei bzw. neun Kategorien bewertet wurden, beschrieb die Verteilung der Gewichte bei neun Kategorien eine negativ beschleunigte Kurve; das Adaptionsniveau näherte sich dabei dem geometrischen Mittel der Serie. Dieser Zusammenhang zeigte sich aber nicht bei drei Urteilskategorien. Hier ergab sich eine lineare Beziehung zwischen Gewichts- und Urteilswerten, sowie eine fast perfekte Übereinstimmung des Adaptionsniveaus mit dem arithmetischen Mittel der Serie.

Generell ist also die Feststellung Helsons, daß das Adaptionsniveau sich beim geometrischen Mittel der Serie einstellt, nicht haltbar. Im Neurokybernetischen Modell stellt sich das Adaptionsniveau, postuliert man eine logarithmische Reiz-Erregungs-Transformation wie bei der informationspsychologischen Analyse der tritonen Sarris-Funktion (s. S. 87ff), beim geometrischen Mittel der Serie ein, im Spezialfall, wenn die Serienreize in der Nähe der Serienmitte S_m liegen und $\Delta S << S_m$ gilt (wobei ΔS den Abstand zwischen zwei Serienreizen darstellt), beim arithmetischen Mittelwert. Hier werden dann die Untersuchungsergebnisse Hellers bestätigt.

2.10 Belege für die semantische Grundlage des Neurokybernetischen Modells

Das Neurokybernetische Modell ist von seinem Ansatz her als ein semantisches Informationsverarbeitungs- und Entscheidungssystem konzipiert. Die Angemessenheit dieses Ansatzes soll noch durch neuere Untersuchungsergebnisse von Heller (1980(b)) belegt werden.

Bekanntlich vertrat Helson (1947) die Vorstellung der sensorischen Grundlage von Urteilen und Urteilsverschiebungen. Zu dieser Auffassung gelangte Helson u.a. aufgrund von Aussagen seiner Versuchspersonen, die z.B. beim Versuch mit einem schweren Ankergewicht angaben, jetzt viel leichtere Gewichte zu heben. Desweiteren fand Helson seine Auffassung durch Ergebnisse von Black and Bevan (1960) über die Wirksamkeit unterschwelliger Anker, sowie durch Ergebnisse über den Einfluß der Größe von Behältern auf den geschätzten Inhalt (Bevan u.a., 1963) unterstützt.

Stevens (1958) wehrte sich aber entschieden gegen die Vorstellung, daß Kategorienurteile und deren Änderungen auf der Wahrnehmungsebene erklärt werden können. Für ihn stellen die von Helson gefundenen Adaptationseffekte lediglich semantische Anpassungen dar. So unterscheidet er zwischen Adaptationsvorgängen im Bereich der Rezeptoren und semantischen Adaptationen.

Eine Unterscheidung zwischen Wahrnehmungs- und Urteilssystem findet sich auch bei Kakizaki (1967). Urteilseffekte werden von ihm einem "j-system" (judgmental-system) zugeschrieben, das mit Garners "p-system" (perceptual-system) in Wechselwirkung steht (Garner u.a., 1956).

Sitmalidis (1980) vertritt aber die Auffassung, daß diese strenge Unterscheidung künstlich ist, da Adaptationsvorgänge auf der Ebene der Rezeptoren von gleicher Beschaffenheit seien wie auf höheren Ebenen. Er verweist dabei einerseits auf physiologische Grundlagen "einer Bereichseinteilung der Sinnesorgane" als der "eigentlichen Aufgabe der Adaptation" (s. Keidel, 1967, S. 367ff), zum anderen auf Analysen von Metzger, der zu dem Schluß kam, daß das "Gesetz der Nullpunktverschiebung von der einfachsten Wahrnehmung bis hinauf in die höchsten Bereiche des Seelischen gilt". (Metzger, 1941, S. 161).

Aufgabe der Adaptation im Bereich der Sinnesorgane ist es, den mittleren Adaptationszustand der Rezeptoren so einzustellen, daß die Unterschiedsempfindlichkeit maximal wird. Diese Nullpunkt- bzw. Bezugssystembildung bietet sich damit als Erklärung für die Steigerung der Empfindlichkeit in der Wahrnehmung an. Die Vorstellung des Bezugssystems erlaubt darüber hinaus ein Verständnis für die Wirksamkeit von Reizen, die im Wahrnehmungsfeld nicht präsent sind. So lassen sich auch auf höherem kognitiven Niveau sämtliche Klassenbildungen als Bezugssysteme verstehen, und die Auffassung der Zugehörigkeit eines Objekts zu einer Klasse ermöglicht als Adaptationsprozesse eine bessere Orientierung in der Welt,

"indem sie die Ordnung der Dinge in Klassen entstehen lassen, sowie den optimalen Umgang mit diesen Klassen, indem sie die Empfindlichkeit für ihre Inhalte erhöhen" (Sitmalidis, 1980, S. 75).

Nach der Kritik von Sitmalidis ist also eine strenge Unterscheidung von Wahrnehmungs- und Urteilsprozessen nicht sinnvoll. Helsons Basistheorem, daß seine "Adaptation-Level-Theory" Wahrnehmungsveränderungen und nicht Urteilsverschiebungen beschreibt, wäre damit hinfällig. Helson legt aber auf diese Interpretation seiner Untersuchungsergebnisse besonderes Gewicht: Der Hintergrund, auf dem ein Gegenstand gesehen wird, verändert ihn, er wird anders gesehen. Deshalb wehrt er sich gegen Vorstellungen, daß seine Adaptationsniveautheorie

"... do not reflect changes in perceived attributes but are merely verbal, semantic, or judgemental artifacts". (Helson, 1971, S. 6).

Eine Klärung der Kontroverse über die sensorische versus semantische Grundlage des Urteils können nur gezielt angelegte Entscheidungsexperimente erbringen. Dies hat Heller (1980 (b)) durchgeführt. Ausgangspunkt seiner kritischen Überprüfung sind zwei problematische Sachverhalte in der Helson-Methode:

"1. Ein Schluß auf das von der Vp Wahrgenommene wäre nur dann möglich, wenn diese aus dem Gesamtangebot der Kategorien (z.B. sehr sehr hoch bis sehr sehr tief) nur jene benützen würde, die den gebotenen Seriengliedern angemessen sind, in der vorgegebenen Darstellung etwa die Kategorien tief und tief bis mittel. In keinem der in der Literatur berichteten Experimenten ist dies im Durchschnitt der berechneten Daten der Fall; zumeist werden fünf bis sieben Kategorien verwendet. Daraus ergibt sich, daß Urteils- und Wahrnehmungsprozeß in den Versuchen nach Helson konfundiert sind. Die Frage, was Folge des einen oder anderen Prozesses ist, bleibt offen.

2. Die Helson-Methode läßt keine Variation zu, sie ist auch nicht zu validieren. Diese Methode setzt einfach voraus, daß das gesamte Kontinuum einer psychischen Dimension gegenwärtig und mit dem vorgegebenen Kategorieninventar beurteilbar ist. Die Verwendung dieser Kategorien durch die Vp ergibt per definitionem das AL (die Mitte) der vorgegebenen Serie. Dieser so festgestellte Punkt gibt Aufschluß über die gesamte erlebte Dimension.
Fechner konnte immer wieder andere Teilserien untersuchen, Stevens konnte das Reizangebot verändern, Halbierung oder Verdopplung oder letztendlich völlig freigestellte Verhältnisse anbieten, und beide konnten prüfen, ob die so gewonnenen Daten mit dem vermuteten Grundgesetz übereinstimmen. Bei Helson bedeutet jedes ermittelte Datum das Grundgesetz." (Heller, 1980 (b), S. 86 f).

Heller zieht aus diesen Überlegungen den Schluß, daß die Frage: Was nimmt die Versuchsperson wahr? nur entschieden werden kann, wenn einerseits der Kategorieneinfluß auf die Serie gleich Null wird, andererseits der Serieneinfluß ebenfalls zum Verschwinden gebracht wird, weil der dargebotene Serienumfang im Helson-Versuch eine Ausnutzung des gesamten Kategorienangebots nahelegt.

In einem ersten Versuch ("Ein-Urteil-Experiment") wird daher den Versuchspersonen ein einziger "Serien"-Ton zusammen mit unterschiedlichen Vortönen im Sinne Helsons geboten und die dabei gewonnen Urteilsänderungen bestimmt.

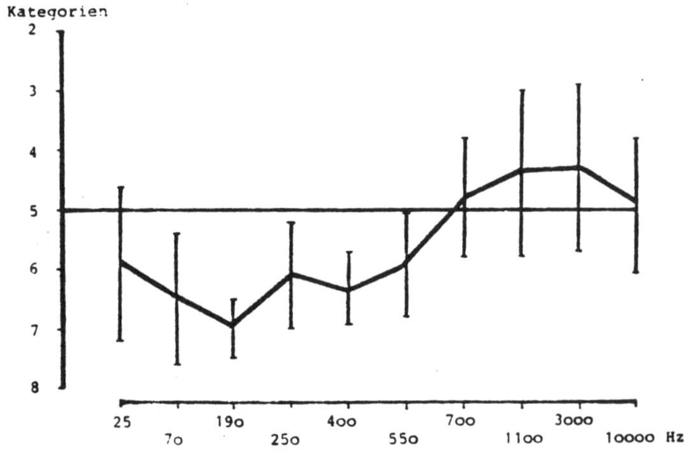

Abbildung 2.53: *Einurteilsexperiment. Arithmetisches Mittel der zu einem Ton von 550 Hz nach vorausgegangenem Achtungston (Abszisse) abgegebenen Urteile (von 1 = sehr sehr tief bis 9 = sehr sehr hoch) (Heller, 1980b, S. 89)*

Abbildung 2.53 zeigt das Ergebnis dieses Versuchs, das wiederum eine Bestätigung der von Sarris gefundenen tritonen Funktion darstellt. Die extreme Urteilsänderung bei einem Vorton von 190 Hz konnte Heller aufgrund anderer vorliegender Daten zu dieser Tonserie als Mittenverschiebung von etwa 70 Hz abschätzen.

Das Ergebnis beantwortet aber noch nicht die Frage, ob der 550 Hz-Ton aufgrund des Vortons anders gehört oder anders beurteilt wird. Dies wird von Heller in einem zweiten Folgeversuch ("Wahrnehmungs-Experiment") überprüft:

Bei einer Wahrnehmungsänderung im klassischen Verfahren (n. Fechner) muß die wahrgenommene Höhe des Tons aus einer Vergleichsreizserie bestimmt werden, das Gleichurteil sollte dabei um 550 Hz - 70 Hz = 480 Hz erfolgen.

"Im Anschluß an das vorgenannte Einurteil-Experiment wurde der beurteilte 550 Hz-Ton als Standardton geboten, und zwar, wie auch der Vorton, dem linken Ohr. Im Konstanzverfahren boten wir dem rechten Ohr der Vp Vergleichsreize (540, 545, 550, 555, 560 Hz), die höher, tiefer oder gleich (dem Standardton) zu bezeichnen waren. Durch Verwendung von 'gleich, höher, tiefer' wollten wir reine Urteilseffekte ausschließen, was bei Verwendung von Absoluturteilen im Skalierungsexperiment nicht möglich ist. Zu der monoauralen Versuchsanordnung kamen wir durch die Annahme, daß die Vortonwirkung im Sinne von Wahrnehmungskontrast nur an demselben Ohr, in diesem Falle am linken, auftreten müßte, zumindest aber stärker als am anderen. Veränderte der Vorton den Standardton am linken Ohr in der geschätzten Höhe (ca. 70 Hz), mußte das Gleich-Urteil auf entsprechend höhere bzw. tiefere Töne am rechten Ohr fallen." (Heller, 1980 (b), S. 90).

Abbildung 2.54 zeigt, daß nur ein zu vernachlässigender Vortoneffekt von ca. 2 Hz auftritt.

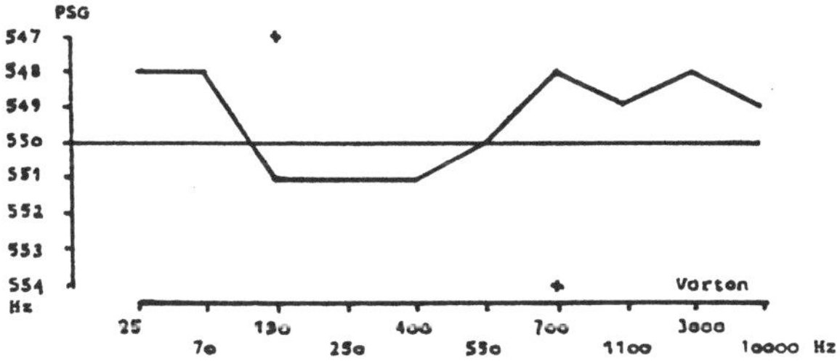

Abbildung 2.54: *PSG zum 550 Hz-Ton nach Vortönen unterschiedlicher Höhe (Heller, 1980b, S. 91)*

Zur weiteren Absicherung dieses Ergebnisses über die semantische Grundlage von Absoluturteilen führte Heller et al. noch ein Experiment mit einem Absoluthörer durch. Absoluthörer besitzen die einmalige Fähigkeit, Töne direkt durch Noten im musikalischen System einzuordnen. Der Versuch wurde unter der Bedingung des Sarris-Experiments mit der Serie 500, 525, 550, 575, 600 Hz durchgeführt, wobei 12 Probe- und 12 Hauptdurchgänge durchgezogen wurden. Vor jedem zu beurteilenden Serienton wurde der Versuchsperson ein Vorton von 190 Hz als Achtungssignal gegeben. Die Berechnung des Adaptationsniveaus ergab eine Verschiebung auf den Wert von 500 Hz in erwarteter Größenordnung. Die Versuchsperson bestimmte nun nach der 120 fachen Vortonwirkung die Serienmitte als "cis^2". Dieser Ton entspricht einem Frequenzwert von 555 Hz. Der Vorton von 190 Hz wurde von der Versuchsperson ebenfalls genau als "etwas höher als fis" (fis = 184.7 Hz) charakterisiert.

Damit erbrachte Heller für diese Reizdimension den Nachweis, daß Absoluturteile semantisch organisiert sind und daß Helsons Adaptationsniveau-Theorie wohl nicht als Theorie der Wahrnehmung und deren Veränderungen verstanden werden darf. Die Konzeption des Neurokybernetischen Modells als ein semantisches Urteilssystem, das auf einem Niveau der höheren geistigen Nerventätigkeit angesiedelt ist, erscheint demnach angemessen.

Trotz seiner einfachen, starren Struktur zeigen die statistischen und informationstheoretischen Analysen die große Erklärungspotenz des Neurokybernetischen Modells bei der Integration von Phänomenen der Bezugssystemforschung. Eine theoretische Erklärungslücke stellen aber die fehlenden Operationalisierungen auf neuronaler Ebene zur Optimierung der gemittelten Information, der Entropie, dar. Über diese dynamischen Mechanismen werden im Modell keine Aussagen gemacht.

Als nächstes wird nun ein Modell von Dörner beschrieben, das sich die Aufgabe stellt, die höchste Form kognitiver Tätigkeit, das Problemlösen, mit Hilfe neuronaler Prozesse zu simulieren. Auch für dieses Modell ist charakteristisch, daß es vereinfachend keine kontinuierlichen Veränderungen der Synapsenstärken zwischen den neuronalen Elementen vorsieht. Im Gegensatz zum Modell von Lerch sind hier aber dynamische Strukturveränderungen der Netzwerke im Modell explizit vorgesehen. Diese sind wesentlich für die angemessene Realisation von Problemlösungsprozessen.

3. Problemlösen im neuronalen GEL-Modell von Dörner

Die Reduktion der höchsten Form menschlichen Lernens und Denkens auf elementare Prozesse in einem Netzwerk von Quasi-Neuronen ist bisher einzigartig von Dörner (1974) versucht worden. Er stellte sich die Aufgabe, die elementaren kognitiven Prozesse und Zustände anzugeben, aus denen sich alle komplizierten Denk- und Lernprozesse zusammensetzen. Diese Grundprozesse lauten:
- aktivieren
- hemmen
- verknüpfen
- entknüpfen.

Die postulierten elementaren Prozesse lassen sich mühelos neurophysiologisch interpretieren. Dörner führt hierzu aus: "Damit entsteht die Möglichkeit, sich mit der Neurophysiologie über die neuronalen Substrate, die Denkprozessen zugrunde liegen, zu verständigen."

3.1 Eigenschaften und Strukturen von GEL-Netzwerken

In seinem neuronalen GEL-Modell geht er von der Annahme aus, daß sich die Informationsverarbeitung beim Problemlösen in einem Netzwerk von miteinander verknüpften Grundelementen (GELs) abspielt. In den folgenden Ausführungen sollen zuerst die grundlegenden Strukturen und Eigenschaften von GEL-Netzwerken aufgezeigt werden, sodann ihre Anwendung auf Problemlösungsprozesse.

Ein einzelnes GEL-Element, das ein abstraktes Neuron darstellt, ist durch spezifische Eigenschaften definiert:
1. Zu einem bestimmten Zeitpunkt befindet sich ein GEL in einem der beiden Zustände "aktiv" (1) oder "passiv" (0).
2. Jedes GEL kann von einem oder mehreren anderen GELs abhängig sein, auch von sich selbst.
3. Es gibt zwei Typen von GELs: solche, die andere aktivieren (positive GELs) und jene, die andere hemmen (negative GELs).
4. Der Zustand z(t) eines GELs ist vom Zustand der mit ihm verkoppelten, aktiven GELs zum Zeitpunkt $t\text{-}\Delta t$ abhängig. Ist n^+ die

Anzahl der aktiven positiven GELs zum Zeitpunkt t-Δt, von denen das GEL abhängt und n^- die Anzahl der negativen, so gilt:

$$z(t) = \begin{cases} 1, & \text{wenn}\, n^+ > n^- \\ 0, & \text{sonst} \end{cases}$$

5. Alle GELs eines Netzes ändern ihren Zustand synchron nach Ablauf eines Zeitintervalls Δt.

Positive GELs werden in den folgenden Abbildungen mit einer weißen Kreisfläche, negative mit einer grauen und beide Typen mit kleinen lateinischen Buchstaben gekennzeichnet. Abbildung 3.1 zeigt beispielsweise ein GEL-Netz, mit dem eine Inputverzögerung in der Kette a, b, c, d erreicht wird. Den zeitlichen Ablauf eines Aktionsstroms durch dieses Netz gibt die Tabelle 3.1 wieder. Der Tabelle ist zu entnehmen, daß der Durchlauf durch die Kette aufgrund der Aktivität des GELs g verzögert ist.

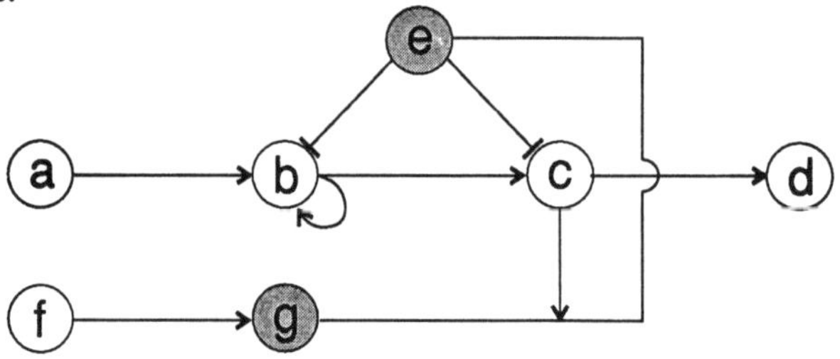

Abbildung 3.1: *GEL-Netz, für eine Aktivierungsverzögerung in der Kette a, b, c, d*

Tabelle 3.1: *Der zeitliche Ablauf eines Aktivierungsstroms im GEL-Netz der Abbildung 3.1*

t	1	2	3	4	5
a	+				
b		+	+	+	+
c				+	+
d					+
e					
f	+				
g		+			

Das Modell von Dörner arbeitet mit Neuronen, deren Synapsen nicht veränderbar sind. Alle erregenden Eingänge haben das Gewicht +1, alle hemmenden das Gewicht -1. Damit ist eine Langzeitspeicherung von Information über adaptierende Synapsen, wie sie im Modell von Grossberg verwendet werden, eingeschränkt. Dörner stellt sich aber vor, daß GEL-Netze in ihrer grundsätzlichen Struktur nicht starr sind und führt die folgenden theoretischen Konzepte ein, die eine Veränderung der Abhängigkeitsbeziehungen innerhalb von GEL-Netzen erlauben:

1. Die Gesamtmenge der GELs eines Systems ist in mehrere GEL-Räume R_i unterteilt.
2. Jedes GEL eines Raums R_i ist mit jedem anderen GEL desselben Raums verknüpfbar und jede dieser Verknüpfungen kann wieder gelöst werden.
3. Jedem GEL ist genau ein Verknüpfer und ein Entknüpfer zugeordnet.
4. Ist ein Verknüpfer v_i eines GELs g_i des Raums R_j zum Zeitpunkt t aktiv, so ist von diesem Zeitpunkt an g_i mit allen anderen GELs des Raums R_j, welche zum Zeitpunkt t aktiv sind, verknüpft, und zwar so, daß diese GELs von g_i abhängig sind. Dasselbe gilt sinngemäß für die Entknüpfer, nur daß hier die entsprechenden Verknüpfungen gelöst werden.
5. Für die Aktivierung von Verknüpfern und Entknüpfern gelten dieselben Bedingungen wie für GELs.

Verknüpfer werden im GEL-Netz durch leere Rechtecke, Entknüpfer durch graue Rechtecke symbolisiert. Zuordnungen zu einem bestimmten GEL erfolgen durch eine punktierte Linie wie in Abbildung 3.2.

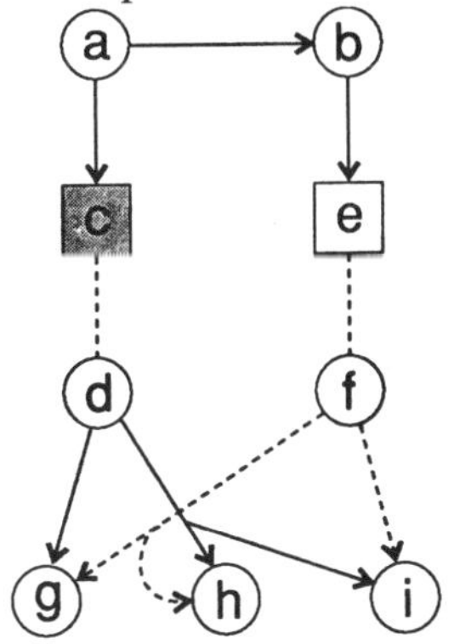

Abbildung 3.2: *GEL-Netz mit Verknüpfer und Entknüpfer*

Im GEL-Netz der Abbidung 3.2 ist ein Entknüpfer c mit dem GEL d und ein Verknüpfer e mit der Zelle f verbunden. Dörner beschreibt eine Strukturveränderung dieses Netzwerks:

Ab dem Zeitpunkt t sei a immer aktiv. Zum Zeitpunkt t+1 sind dann b und d aktiv, zum Zeitpunkt t+2 g, h, i, und c und e werden nun wirksam. Der Verknüpfer e ist mit f gekoppelt, der Entknüpfer c mit d. Dies bedeutet, daß vom Zeitpunkt t+3 an g, h und i unabhängig von d werden, aber abhängig von f. Damit resultiert eine Änderung der GEL-Netzstruktur.

Die Konzeption von Verknüpfern und Entknüpfern zur Strukturierung von GEL-Netzen wurde für Dörner durch neurophysiologische Befunde nahegelegt (s. Eccles,1972; Doran, 1971). So existieren im Cerebellum Purkinje-Zellen, die als Informationskollektoren angesehen werden. Ihre Dendriten sind mit einem Bündel von Moosfasern synaptisch verknüpft. Jede Purkinje-Zelle ist ferner mit einer Kletterfaser verknüpft. Sind die Moosfasern m_i, m_j und m_k aktiv, gleichzeitig auch eine Kletterfaser, die mit einer Purkinje-Zelle p verbunden ist, so werden die Schwellen der Synapsen von m_i, m_j und m_k nach p deutlich gesenkt. Genau diese Erregungskonstellation kann die Purkinje-Zelle zukünftig leichter aktivieren. Keine Veränderungen werden aber beobachtet, wenn die Kletterfaser nicht aktiv war. Sie übernimmt damit die Rolle eines Verknüpfers.

3.2 Die Strukturen von GEL-Netzen für Problemlösungsprozesse

Dörner zeigt nun, daß gezielte Aktivitäten in den, von ihm konzipierten GEL-Netzen in der Lage sind, Problemlösungsprozesse zu beschreiben. Eine globale Übersicht über die Struktur eines GEL-Netzes für das Problemlösen entnimmt man der Abbildung 3.3. Das GEL-Netz für Problemlösungsprozesse setzt sich demnach aus drei Teilsystemen zusammen:

Ein sog. Primärsystem empfängt Signale aus der Außenwelt und gibt seinerseits Signale an die Außenwelt ab. Ein Primärsystem stellt dabei eine interne Abbildung eines bestimmten Realitätsbereichs mit spezifischen Wahrnehmungs- und Handlungssubsystemen und einem bereichsspezifischen Gedächtnis dar.

Das konzipierte Hemmungssystem dient zur Erfüllung bestimmter, an späterer Stelle noch zu erläuternden Bedingungen im Primärsystem.

Das Steuersystem zwingt dem Primärsystem und dem Hemmungssystem spezifische, für das Problemlösen entscheidende Aktivitäten auf. Die

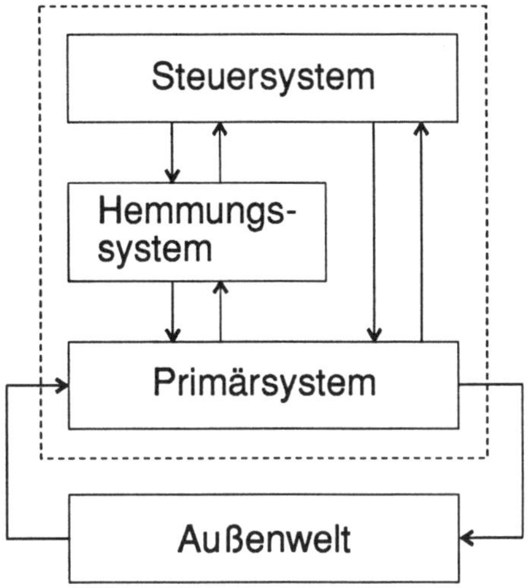

Abbildung 3.3: *Die Teilsysteme des GEL-Netzes für Problemlöseprozesse*

Hauptkomponenten des Primärsystems sind fünf GEL-Gruppen, wie sie in Abbildung 3.4 dargestellt sind.

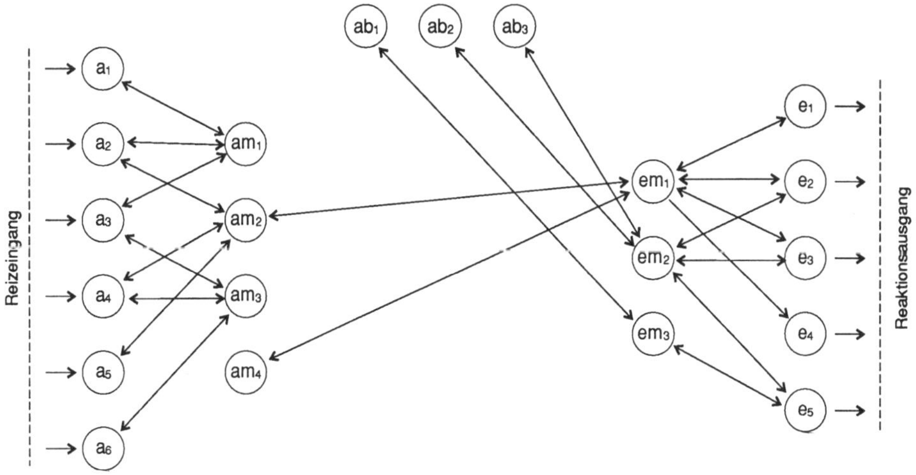

Abbildung 3.4: *Die Verknüpfungsstruktur der fünf Haupt-GEL-Gruppen im Primärsystem*

Unterschieden werden
1. Afferenzelemente (a_1, a_2, ...),

2. Afferenzmarken (am_1, am_2,...),
3. Efferenzelemente (e_1, e_2, ...),
4. Efferenzmarken (em_1, em_2, ...) und
5. Absichtsmarken (ab_1, ab_2,...).

Zusätzlich werden noch sekundäre GEL-Gruppen benötigt, die an späterer Stelle definiert werden sollen.

Um die Bedeutung dieser verschiedenen GEL-Gruppen für den Ablauf beim Problemlösen angemessen zu verstehen, ist es aber notwendig, zuerst die differenzierte Analyse Dörners zum Lösen von Problemen - zumindest in ihren wichtigsten Aussagen - vorzustellen. Dörner untersuchte Problemlösungsprozesse mit einer sog. Interpolationsbarriere, wobei er seine Vpn mit Aufgaben aus der Aussagenlogik konfrontierte. Da er zur Veranschaulichung seiner Analysen auf konkrete Problembeispiele der Aussagenlogik zurückgreift, wird es auch notwendig, die, seinen Vpn vorweg gegebenen Informationen über Boolsche Algebra zur Lösung der gewählten Aufgaben mitzuteilen.

3.3 Problemlösen im Realitätsbereich "Aussagenlogik"

Dörner charakterisiert allgemein ein Problem durch drei Elemente:
1. einen unerwünschten Anfangszustand s_α,
2. einen erwünschten Zielzustand s_ω und
3. eine Barriere, die die unmittelbare Überführung der Anfangssituation in die angestrebte Zielsituation verhindert.

Problemlösen findet immer in einem vorgegebenen Realitätsbereich statt. Die Überführung eines Zustands des betreffenden Realitätsbereichs in einen anderen erfolgt über, in diesem Bereich vorhandenen bzw. zugelassenen Operatoren. So wird z.B. beim Schachspielen ein Zustand durch eine bestimmte Figurenkonstellation festgelegt, und die Operatoren sind die zugelassenen regelhaften Züge, die mit den einzelnen Figuren durchgeführt werden dürfen. Sind der Anfangszustand, der Zielzustand und die Operatoren eines Realitätsbereichs bekannt, nicht aber die richtige Reihenfolge der Operatoren, um den Zielzustand herbeizuführen, spricht Dörner von Problemen mit Interpolationsbarriere. Für diesen Aufgabentyp versucht Dörner eine neurophysiologische Beschreibung des Problemlösungsprozesses.

Im einfachsten Fall besteht ein bestimmter Zustand eines Realitätsbereichs beim Problemlösen aus einem "Objekt", das verändert werden muß. Dörner konzipiert eine allgemeine Beschreibungsform, durch die ein Objekt auf drei Dimensionen festgelegt wird. Änderungen eines Objekts betreffen dann Veränderungen auf diesen Objektdimensionen. Diese Dimensionen sind:

1. die Verknüpfsform (V),
2. die Hierarchieform (H) und
3. die Komposition (K).

In der Abbildung 3.5 sind zur Veranschaulichung aus drei verschiedenen Realitätsbereichen Objekte als baumartige Gebilde dargestellt.

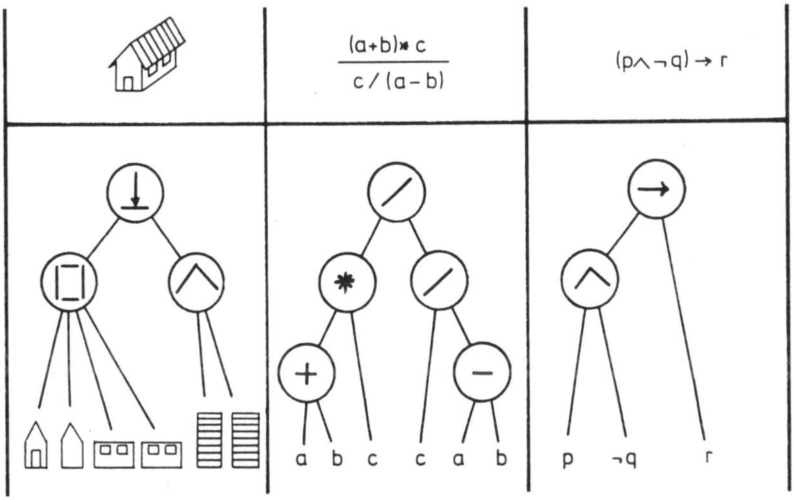

Abbildung 3.5: *Objekt-Verknüpfungshierarchien aus drei Realitätsbereichen*

Die Objektdimension Komposition K_i betrifft die Aufzählung der im Objekt vorkommenden Komponenten. Im Realitätsbereich Aussagenlogik sind die Objekte aussagenlogische Formeln, die aus Aussagenvariablen oder Aussagenkonstanten, die durch Junktoren verknüpft sind, bestehen. Variablen und Konstanten werden durch kleine lateinische Buchstaben symbolisiert. Sie stehen stellvertretend für Aussagen, die wahr oder falsch sein können. So ist z.B. "Rom ist die Hauptstadt Italiens" eine wahre Aussage.

Aussagen werden durch Junktoren zu Aussagen höherer Ordnung zusammengefaßt. Die Junktoren "und" ($\wedge$), "oder" ($\vee$), "wenn...dann" ($\rightarrow$) sind zweistellige Verknüpfungen. Der Verneinungs-Junktor "nicht" ($\neg$) negiert eine Aussage. Als weitere Komponenten kommen bei aussagenlogischen Objekten noch die Klammern hinzu, die die Hierarchie der Teile des Objekts symbolisieren. Dörner unterscheidet ferner noch die Art der Aussage (p, q, r,...) bzw. der Verknüpfung ($\wedge$, $\vee$, $\rightarrow$) und deren Vorzeichen (negiert oder unnegiert). Für das aussagenlogische Objekt

$$s_i = (p \rightarrow (q \vee r)) \wedge \neg(\neg q \vee s)$$

ergibt sich damit die folgende Beschreibung:

$$K_i = \begin{cases} KA_i(\text{K-Art}) & = \{p, q, r, q, s\} \\ KV_i(\text{K-Vorzeichen}) & = \{+,+,+,-,+\} \end{cases}$$

$$V_i = \begin{cases} VA_i(\text{V-Art}) & = \{\wedge, \rightarrow, \vee, \vee\} \\ VV_i(\text{V-Vorzeichen}) & = \{+,+,-,+\} \end{cases}$$

$$H_i = \{\bigwedge, \searrow, \otimes, \otimes\}$$

Wie man dem Beispiel entnimmt, betrifft die Objektdimension "Verknüpfungsform" V_i die Aufzählung der zwischen den Komponenten und Objektteilen bestehenden Verknüpfungen. Die Objektdimension "Hierarchieform" H_i eines Objekts ist die Aufzählung der Über- und Unterordnungen der verschiedenen Verknüpfungen ohne Berücksichtigung der Verknüpfungsart. Die Klammerung einer aussagenlogischen Formel repräsentiert die Hierarchie. Für die verwendeten Symbole gilt:

$\bigwedge$ = beiderseitige Unterordnung einer Verknüpfung
$\swarrow$ = "Linksunterordnung" einer Verknüpfung
$\searrow$ = "Rechtsunterordnung" einer Verknüpfung
$\otimes$ = rechts und links sind nur Komponenten untergeordnet.

Die Objektbeschreibung für ein Objekt s_i besteht also aus drei Symbolreihen K_i, V_i und H_i. Vergleicht man zwei Objekte s_i und s_j, so bezieht sich der Vergleich auf alle drei Objektdimensionen. Greift man beliebig eine Dimension heraus, z.B. die Komponentendimension, so lassen sich beim Vergleich der zwei Objekte die folgenden Fälle unterscheiden:

1. $K_i = K_j$. Die zwei Objekte sind bezüglich ihrer Komponenten identisch.
2. $K_i > K_j$. s_i enthält mehr Komponenten als s_j. Die Komponentenzahl von s_i muß vermindert werden (1. Grundoperation), um von s_i nach s_j zu gelangen.
3. $K_i < K_j$. s_i enthält weniger Komponenten als s_j. Man muß die Komponentenzahl von s_i vermehren (2. Grundoperation), um nach s_j zu kommen.

4. Die Komponentenzahl von s_i und s_j ist gleich, ihre Häufigkeitsverteilungen über den verschiedenen Komponententypen sind aber ungleich. Komponenten von s_i müssen in Komponenten von s_j umgewandelt werden (3. Grundoperation), um von s_i nach s_j zu gelangen.
5. K_i ist gleichgroß wie K_j und enthält auch die gleichen Elementtypen in gleicher Anzahl, jedoch an unterschiedlichen Plätzen. In diesem Fall müssen Komponenten von s_i und s_j vertauscht werden (4. Grundoperation), um von s_i nach s_j zu gelangen.

Die Fälle 2. bis 5. enthalten die vier möglichen Grundunterschiede zwischen zwei Objekten hinsichtlich einer Objektdimension und die vier Grundoperationen, die ausgeführt werden müssen, um die Unterschiede zu beseitigen. Die Forderung, eine bestimmte Grundoperation für eine bestimmte Objektdimension durchzuführen, d.h. einen gerichteten Unterschied zu beseitigen, nennt Dörner Absicht.

Tabelle 3.2: Absichten des Bereichs "Aussagenlogik"

Ojektdimension	Grundoperation	Symbol
Verknüpfungs-Vorzeichen	Vermehren	ab_1
	Vermindern	ab_2
	Wandeln	ab_3
	Tauschen	ab_4
Verknüpfungsart	Vermehren	ab_5
	Vermindern	ab_6
	Wandeln	ab_7
	Tauschen	ab_8
Hierarchie	Vermehren	ab_9
	Vermindern	ab_{10}
	Wandeln	ab_{11}
	Tauschen	ab_{12}
Komponenten-Vorzeichen	Vermehren	ab_{13}
	Vermindern	ab_{14}
	Wandeln	ab_{15}
	Tauschen	ab_{16}
Komponenten-Art	Vermehren	ab_{17}
	Vermindern	ab_{18}
	Wandeln	ab_{19}
	Tauschen	ab_{20}

Bei drei Objektdimensionen und vier Grundoperationen existieren insgesamt 12 mögliche Absichten:
1. Verminderung der Anzahl von Verknüpfungen,
.
.
.
12. Vertauschung von Komponenten.

Werden bei den Objektdimensionen auch noch die Verknüpfungsvorzeichen und die Komponentenvorzeichen miteinbezogen, entsteht ein System von 5*4 Absichten (siehe Tabelle 3.2). Hierbei handelt es sich aber um kein System von unabhängig von einander zu erfüllender Absichten. So macht Dörner darauf aufmerksam, daß man beispielsweise die Anzahl von Verknüpfungen nicht vermehren kann, ohne zugleich die Anzahl von Komponenten und Hierarchieelementen und die Anzahl von Vorzeichen zu vermehren.

Tabelle 3.3: Zugelassene Operatoren und ihre Wirkungen des Realitätsbereichs "Aussagenlogik"

Operator	Eingang		Ausgang	Wirkung
r_1	A, B	=>	A B; A B	ab_1, ab_5, ab_9, ab_{13}, ab_{17}
r_2	A	=>	A B	wie r_1
r_3	$A \wedge B$	=>	A; B	ab_2, ab_6, ab_{10}, ab_{14}, ab_{18}
r_4	$A \rightarrow B$, A	=>	B	wie r_3
r_5	$A \wedge B^*$	=>	$\neg(\neg A \vee \neg B)^*$	ab_3, ab_7, ab_{15}'
r_6	$A \vee B^*$	=>	$\neg(\neg A \wedge \neg B)^*$	wie r_5
r_7	$A \vee B^*$	=>	$\neg A \rightarrow B^*$	ab_7, ab_{15}', ab_3'
r_8	$A \rightarrow B^*$	=>	$\neg A \vee B$ *	wie r_7
r_9	$\neg\neg A^*$	<=>	A^*	ab_3', ab_{15}'
r_{10}	$A \vee B^*$ $A \wedge B^*$	<=> <=>	$B \vee A^*$ $B \wedge A^*$	ab_{20}, ab_{16}', ab_8', ab_4', ab_{11}', ab_{12}'
r_{11}	$A \vee (B \vee C)^*$ $A \wedge (B \wedge C)^*$	<=> <=>	$(A \vee B) \vee C^*$ $(A \wedge B) \wedge C^*$	ab_{11}
r_{12}	$A \wedge (B \vee C)^*$ $A \vee (B \wedge C)^*$	<=> <=>	$(A \wedge B) \vee (A \wedge C)^*$ $(A \vee B) \wedge (A \vee C)^*$	wie r_1

In seinen empirischen Untersuchungen - auf deren Ergebnisse hier nicht direkt eingegangen werden kann - wurde Vpn ohne Vorkenntnisse über Boolsche Algebra eine Liste von zulässigen Operatoren für den Realitätsbereich "Aussagenlogik" zur Verfügung gestellt, mit deren Hilfe ein Objekt s_i in ein Objekt s_j transformiert werden sollte. Diese Operatormenge R setzt sich aus den, in Tabelle 3.3 angegebenen, von Dörner speziell für seine Untersuchung festgelegten Deduktionsregeln $r_1, ..., r_{12}$ zusammen.

In der Tabelle stehen die Buchstaben A, B und C für beliebige Aussagen, auch für größere Formelteile. Der Doppelpfeil "$\Rightarrow$" verknüpft den "Eingang" des Operators mit seinem "Ausgang". So wird z.B. durch Anwendung des Operators r_7 aus dem Objekt $s_i = A \vee B^*$ das Objekt $s_j = \neg A \rightarrow B$. In der Zeile von r_7 folgt auf ein Formelschema ein "*". Dies bedeutet, daß das Schema als Teil einer Formel auftreten kann, also innerhalb einer umfassenden Formel. Sind vor dem Doppelpfeil zwei durch Komma getrennte Formelschemata vorhanden, so handelt es sich um einen Operator mit zwei Eingangsobjekten, die notwendigerweise vorhanden sein müssen (z.B. r_1 oder r_4). Folgen auf dem Doppelpfeil zwei durch Semikolon getrennte Formelschemata, so kann das eine oder das andere, Ergebnis der Opertoranwendung sein (z.B. r_1 oder r_3). Weist ein Doppelpfeil in beide Richtungen, so kann der Operator zweiseitig verwendet werden ($r_9, ..., r_{12}$). Mit der letzten Spalte der Tabelle gibt Dörner noch an, welche Absichten mit den Operatoren erfüllt werden können, d.h. welche Wirkungen die Operatoren haben. Wirkungen, die nur manchmal eintreten können, sind mit "?" gekennzeichnet.

Ein Lösungsgang, um z.B. das Objekt $s_\alpha = (p \rightarrow \neg r) \wedge (q \vee \neg p)$ in das Zielobjekt $s_\omega = \neg(r \rightarrow \neg p) \rightarrow (\neg q \rightarrow \neg p)$ unter Verwendung der Dörnerschen Deduktionsregeln zu transformieren, kann folgendermassen lauten:
Der Operator r_3 ($A \wedge B \Rightarrow A; B$) wird auf s_α angewendet und damit der erste Teil der Formel ($=s_2$) abgespalten:
$s_2 = r_3 \cdot s_\alpha = p \rightarrow \neg r$. Sodann wird
r_8 ($A \rightarrow B \Rightarrow \neg A \vee B$) mit s_2 durchgeführt und man erhält
$s_3 = r_8 \cdot s_2 = \neg p \vee \neg r$. Anschließend wendet man den Operator
r_{10} ($A \vee B \Leftrightarrow B \vee A$) an und erhält
$s_4 = r_{10} \cdot s_3 = \neg r \vee \neg p$; dann
r_7 ($A \vee B \Rightarrow \neg A \rightarrow B$): $s_5 = r_7 \cdot s_4 = \neg\neg r \rightarrow \neg p$; schließlich
r_9 ($\neg\neg A^* \Leftrightarrow A^*$): $s_6 = r_9 \cdot s_5 = r \rightarrow \neg p$.
An dieser Stelle geht man wieder zurück zu s_α.

Mit r_3 ($A \wedge B \Rightarrow A; B$) auf s_α angewendet wird nun
$s_7 = r_3 \cdot s_\alpha = q \vee \neg p$ abgespalten. Sodann wird
r_7 ($A \vee B \Rightarrow \neg A \rightarrow B$) durchgeführt:
$s_8 = r_7 \cdot s_7 = \neg q \rightarrow \neg p$. Jetzt wird
r_1 ($A, B \Rightarrow A\ B$) mit s_6 und s_8 durchgeführt:
$s_9 = r_1\ (s_6\ ,\ s_8) = (r \rightarrow \neg p) \vee (\neg q \rightarrow \neg p)$ und schließlich
r_7 ($A \vee B \Rightarrow \neg A \rightarrow B$): $s_{10} = s_\omega = r_7 \cdot s_9 = \neg\ (r \rightarrow \neg p) \rightarrow (\neg q \rightarrow \neg p)$.

3.4 Die Konstruktion einer Interpolationskette

Anhand des vorgetragenen Beispiels der Überführung eines Startobjekts s_α in ein Zielobjekt s_ω wird deutlich, daß die Aufgabe des Problemlösers im Auffinden einer zunächst unbekannten Folge von Operatoranwendungen, d.h. einer Interpolationskette, besteht. Ein Verfahren zum Suchen einer solchen Kette bezeichnet Dörner als Interpolationsprozedur. Die Frage, wie man diese Kette erzeugt, soll zunächst nur global beantwortet werden: Man konstruiert eine Startverzweigung, eine Zielverzweigung und/oder ein Intermedium (siehe Abbildung 3.6).

Abbildung 3.6: *Startverzweigung, Zielverzweigung und Intermedium (die Pfeile stellen die Operatoren dar, die Punkte die Objekte)*

Eine Startverzweigung entsteht, indem man einige oder alle auf s_α anwendbaren Operatoren durchführt und damit zu einer Menge S_i von neuen Objekten gelangt. Mit diesen verfährt man wie mit s_α.

Eine Zielverzweigung wird konstruiert, indem man sich frägt, mit welchen Operatoren man von welchen anderen Objekten aus unmittelbar nach s_ω gelangt. Man erhält so eine Menge S_j neuer Objekte. Mit diesen verfährt man wie vorher mit s_ω.

Bei der Konstruktion eines Intermediums stellt sich die Frage, welche Kettenglieder auf alle Fälle in der Interpolationsreihe vorhanden sein sollen, ohne daß ihre Anknüpfungspunkte an die Start- oder Zielverzweigung schon bekannt sind. Dörner weist darauf hin, daß alle drei Konstruktionsverfahren in einer Interpolationsprozedur nicht zugleich vorkommen müssen. Einen Überblick über die verschiedenen Informationsprozesse, die, zum Zwecke der Konstruktion einer Interpolationskette wichtig sind, gibt die Abbildung 3.7 wieder.

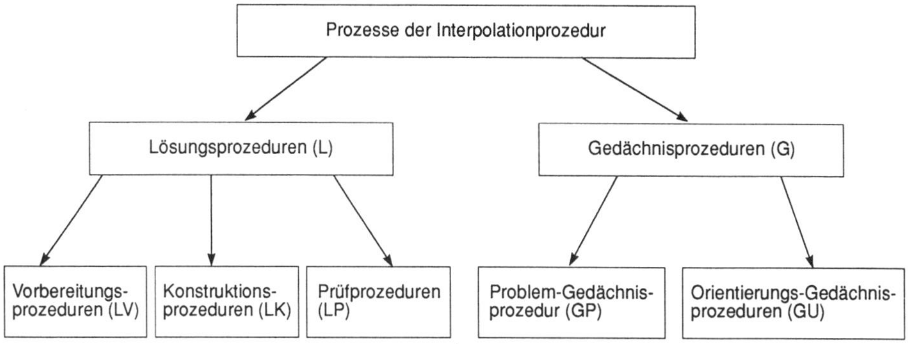

Abbildung 3.7: *Systematik der Informationsprozesse für die Konstruktion einer Interpolationskette*

Als Konstruktionsprozedur (LK) wird jedes Verfahren bezeichnet, das der Startverzweigung, der Zielverzweigung oder dem Intermedium einen Zweig anfügt. An Vorbereitungsprozeduren werden die folgenden Verfahren unterschieden:
- Wahrnehmung von Objekten (LVWA),
- Startpunktwahl (LVSTA) aus der Menge der, in einer Startverzweigung vorhandenen Objekte,
- Zielpunktwahl (LVZI) aus der Menge, der in einer Zielverzweigung vorhandenen Objekte,
- Bildung einer "Absichtsliste" (LVAB),
- Bildung einer Rangreihe von Absichten (LVRA),
- "Interne Suche" nach Operatoren (LVSOPIN) und
- "Externe Suche" nach Operatoren (LVSOPEX).

Wahrnehmung eines Objekts s_i bedeutet, daß der Problemlöser ein internes Abbild s_i^* eines extern gegebenen Objekts s_i anlegt. Außerdem muß das interne Abbild des Objekts mit anderen Gedächtnisinhalten verknüpft werden (z.B. als Startpunkt k markiert):
$s_i^* = \text{LVWA}(s_i)$; $s_i \rightarrow$ "k".

Der Prozeß der Absichtsbildung wird als F(abs)=LVAB(s_α,s_ω) ge schrieben, d.h. F(abs) wird das Feld bzw. die Menge derjenigen Ab sichten, die erfüllt werden müssen, um s_α in s_ω zu transformieren.

Die Bildung einer Rangreihe von Absichten ist in vielen Problembereichen bedeutsam. Ist n die Anzahl von Absichten in einem Absichtsfeld F(abs), so wird die Rangierung von Absichten als LVRA(F(abs),1,2,...,n) symbolisiert, d.h. den Elementen von F(abs) werden die Rangplätze 1, 2, ..., n zugeteilt.

Die interne Suche nach Operatoren bezieht sich auf das Feld derjenigen Operatoren, die einem Problemlöser zur Erfüllung der Absichten des Absichtsfelds F(abs) "unmittelbar" aus dem Gedächtnis einfallen: F(op) = LVSOPIN(F(abs)).

Bei der externen Operatorsuche handelt es sich um eine echte Suche. Der Problemlöser überprüft, ob die Wirkungen möglicher Operatoren tatsächlich den Absichten entsprechen:
F(op) = LVSOPEX(F(abs)).

Mit Hilfe von Prüfprozeduren (LP) wird entschieden, ob Ergebnisse einer LV oder einer LK bestimmte Kriterien erfüllen. Dörner unterscheidet:

1. Die Prüfung LPNAE, ob ein bestimmtes Objekt dem Ziel "näher" ist als ein anderes. Das Ergebnis wird einer Boole`schen Variablen b zugeordnet, wobei b "wahr" wird, wenn der neue Zustand s_i dem Ziel s_ω "näher" ist als der alte Zustand s_j und sonst falsch ist: b = LPNAE(s_i, s_j, s_ω).
2. Die Prüfung LPKOM, ob zwei Objekte identisch oder "kompatibel" sind. Im komplizierten Fall handelt es sich um die Feststellung, ob ein bestimmtes Objekt mit einem "Schemabild" kompatibel ist. Vor einer Identitätsprüfung muß vielfach eine Zuordnung zwischen den Elementen des Schemaobjekts und dem zu prüfenden Objekt nur hinsichtlich bestimmter Teile erfolgen: Ist z.B. das Schemaobjekt $A \vee B$ und $s_i = (\neg a \rightarrow \neg b) \wedge (c \vee \neg(a \wedge \neg b)$, so entspricht in diesem Fall c dem A und $\neg(a \wedge \neg b)$ dem B. Formal lautet das Ergebnis der Prüfung b = LPKOM(s_i; s_j); d.h. b erhält den Wert "wahr", wenn s_i bzw. Teile von s_i mit s_j kompatibel sind.
3. Die Prüfung auf Zirkularität des Lösungsprozesses soll zeigen, ob durch eine Operatoranwendung ein Objekt s_j entstanden ist, das bereits in der Menge der schon hergestellten Objekte s_i im Lösungs-

prozeß vorgekommen ist: b = LPCIRC(s_j, s_i); b erhält den Wert "wahr", wenn $s_j \in S$.

Bei den Gedächtnisprozeduren erzeugen die Problem-Gedächtnis-Prozeduren Speicherinhalte, die auch für das zukünftige Problemlösen desselben Bereichs nützlich sind. Dörner nennt hier zwei Verfahren, die Absicht-Operatorverknüpfung im Gedächtnis GPAO(ab_i, r_j), die Voraussetzung dafür ist, daß dem Problemlöser zu einer bestimmten Absicht, z.B. "Wandlung von $\wedge$ in $\vee$ " der richtige Operator "r_6" einfällt - GPAO(ab_i, r_j) -, und die Speicherung einer Absichtsrangfolge GPRAB(ab_i, ab_j), die besagt, daß ab_i vor ab_j erfüllt werden muß.

Die Orientierungs-Gedächtnisprozeduren stellen das "Logbuch" des gerade ablaufenden Problemlösungsprozesses dar. Durch sie behält der Problemlöser die Orientierung über die, von ihm bereits durchgeführten Aktivitäten. So merkt er sich u.a., daß er von s_i (einem Element der Startverzweigung) durch r_j zu s_k gekommen ist: GOSTA(s_i, r_j, s_k).

Desweiteren behält der Problemlöser, daß er ein Zwischenziel s_i aufgestellt hat, von dem er mit Hilfe des Operators r_j zu s_k kommen wollte: GOZWI(s_i, r_j, s_k).

Mit der letzten GO-Prozedur speichert er, daß er versucht hat, die Absicht ab_i zu erfüllen, um s_i in s_j zu transformieren: GOAB(ab_i, s_i, s_j). Dörner vermerkt, daß die Wirkung der Prozedur GOAB bedeutsam ist. Hat man z.B. schon einmal ohne Erfolg versucht s_i in s_j zu transformieren, indem man die Junktoren wandelte, so sollte man beim zweiten Mal diesen Fehler nicht wieder begehen, und die Umwandlung unter einem anderen Aspekt probieren.

Die Abbildung 3.8 zeigt nun die vollständige Organisation der Informationsverarbeitung als Flußdiagramm, wie sie Dörner in einer Anforderungssituation bei einem Problemlöser vermutet. Bei seinen Erläuterungen des Flußdiagramms vermerkt er u.a., daß im "Block 8" zunächst eine Prüfung auf Anwendbarkeit (LPKOM) und gegebenenfalls die Anwendung (LPKOP) eines Operators erfolgt. Ist der Operator nicht anwendbar, so wird - nicht unmittelbar folgend- in der Einheit 12 eine Zwischenzielbidung durchgeführt, wobei als Zwischenziel das Eingangsschema des zunächst nicht anwendbaren Operators aufgestellt wird. Mit dem Block 10 wird nach erfolgloser Operatoranwendung zunächst noch ein anderes Ziel als das gegenwärtig aktuelle angestrebt. Erst dann geht das "System" zur Zwischenzielbildung über.

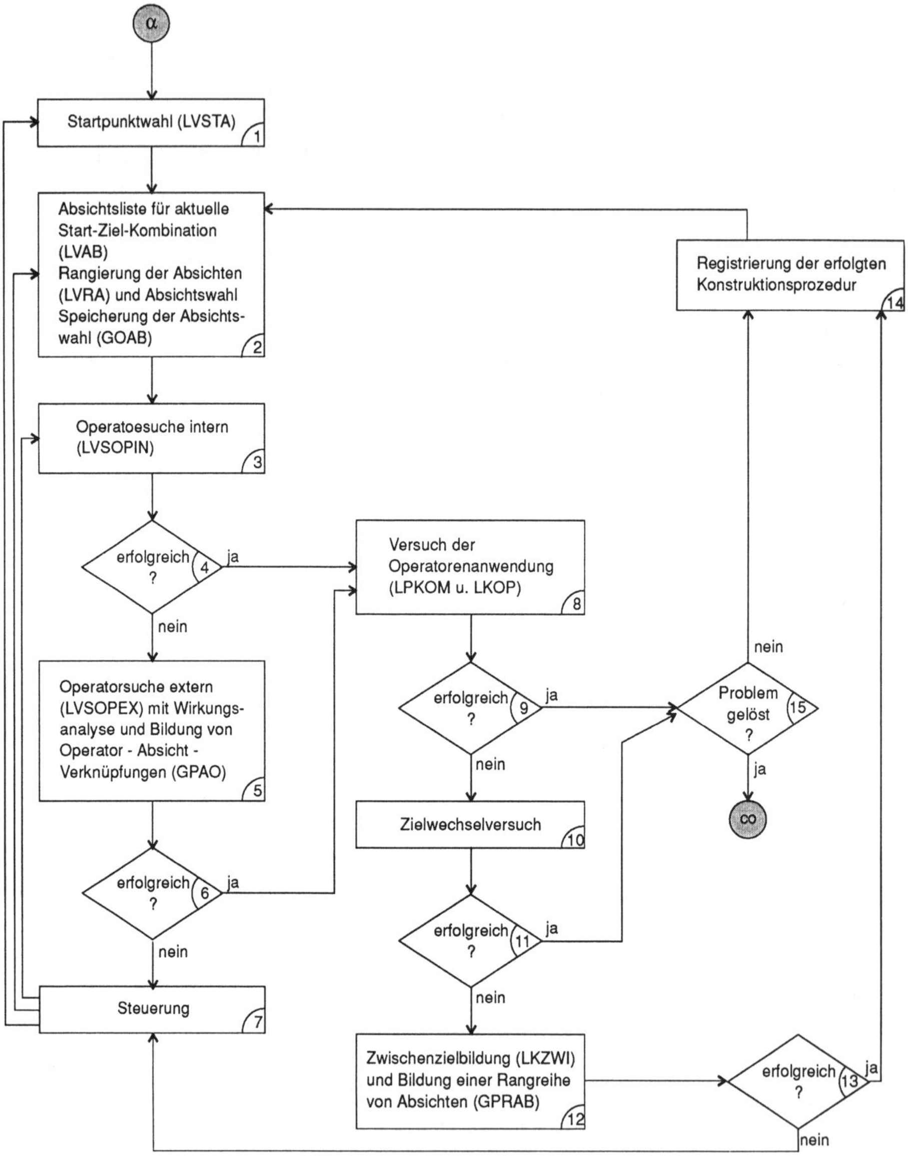

Abbildung 3.8: *Flußdiagramm der Grobstruktur einer Interpolationsprozedur*

3.5 Funktionen der GEL-Gruppen des Primärsystems

Wie bereits ausgeführt, versucht Dörner nun zu zeigen, daß auf einer quasi-neurophysiologischen Ebene ein GEL-Netz mit den Grobstrukturen "Steuersystem - Hemmungssystem - Primärsystem" in der Lage ist, die für das Problemlösen notwendigen Interpolationsprozeduren durchzuführen (siehe Abbildung 3.3). Das Steuersystem aktiviert dabei im Primär- und Hemmungssystem, für das Problemlösen wichtige Erregungsströme zwischen den Zellen. Das Hemmungssystem ist vor allem zur Einhaltung bestimmter Grundbedingungen im Primärsystem bedeutsam, und das Primärsystem verkörpert die interne Abbildung eines Realitätsbereichs , indem das betreffende Problem gelöst werden soll. In der Abbildung 3.4 wurden die Verknüpfungen der fünf Hauptkomponenten des Primärsystems anschaulich dargestellt. Die Afferenzelemente a_1, a_2,... in der Abbildung bilden den "sensorischen Rand" des Primärsystems. Ihr Zustand wird vor allem von der Außenwelt beeinflußt. Für den Realitätsbereich "Aussagenlogik" soll für jedes, in einer aussagenlogischen Formel vorkommende Zeichen ein Afferenzelement existieren. Wird nun ein betreffendes Zeichen in der Außenwelt wahrgenommen, so wird das entsprechende Afferenzelement aktiviert.

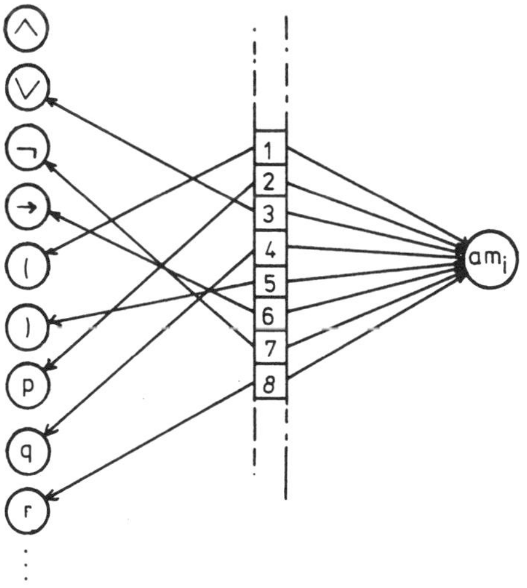

Abbildung 3.9: *Koppelung der aktivierten Afferenzelemente des Objekts $(p \vee q) \rightarrow \neg r$ über eine "Zeitlinie" an die Afferenzmarke am_i*

Die Abbildung 3.4 zeigt weiter, daß die nächste GEL-Gruppe im Primärsystem - es sind dies die Afferenzmarken am_1, am_2, ... - Afferenzelemente zusammenfaßt. Eine Afferenzmarke bündelt bestimmte Afferenzelemente, die z.B. alle durch die Wahrnehmung eines vorhandenen Außenweltobjekts aktiviert wurden. Die Afferenzmarke "repräsentiert" somit das betreffende Außenweltobjekt. Die Bündelung erfolgt bei Dörner in ökonomischer Weise derart, daß die Kopplungen zwischen Afferenzelementen und Afferenzmarken über eine Zeitlinie geführt werden, wie sie die Abbildung 3.9 wiedergibt. Neurophysiologische Untersuchungen von Penfields & Roberts (1959) haben die Existenz von Zeitlinien als Träger von Teilen der Gedächtnisorganisation wahrscheinlich gemacht.

Der motorische Teil des Primärsystems ist ähnlich wie der sensorische strukturiert. Das interne Abbild eines Operators besteht aus einer Bündelung von Efferenzelementen durch eine Efferenzmarke. Aus der Abbildung 3.4 ist ersichtlich, daß eine Efferenzmarke ihrerseits mit Afferenzmarken verknüpft sein kann.

Wie man der Tabelle 3.3 entnimmt, besteht ein aussagenlogischer Operator aus einem Eingangsformelschema, einem Ausgangsformelschema und implizit gegebenen Handlungsanweisungen, was erforderlich wird, um eine konkrete Eingangsformel in eine Ausgangsformel zu transformieren. Die Menge der unterschiedlichen primitiven motorischen Programme (z.B. Abschreiben einer Formel bis zu einem bestimmten Punkt, usw.) wird im Primärsystem durch die Efferenzelemente dargestellt. Dörner stellt sich - ähnlich wie bei den Afferenzstrukturen - vor, daß jede Efferenzmarke als Makro-Handlungsprogramm mit bestimmten Efferenzelementen durch eine Kopplung über eine Zeitlinie verbunden ist. Eine Efferenzmarke ist ferner mit je zwei Afferenzmarken (in der Abbildung 3.4 z.B. em_1 mit am_2 und am_4) verbunden, der Marke für das Eingangsobjektschema und der Marke für das Ausgangsobjektschema.

Die fünfte GEL-Gruppe im Primärsystem sind die Absichtsmarken ab_1, ab_2,... . Eine Absicht ab_i drückt wie bereits definiert, den gerichteten Unterschied zwischen zwei Objekten aus. Das vollständige System von Absichten ab_1 bis ab_{20} im Realitätsbereich "Aussagenlogik" ist in der Tabelle 3.2 aufgelistet. Für jede der dort aufgeführten Absichten gibt es im Primärsystem Aussagenlogik genau eine Absichtsmarke. Beispielsweise ist ab_3 die Absichtsmarke für den "Wandel von Junktorenvorzeichen". Die Abbildung 3.4 zeigt, daß Absichtsmarken mit Efferenzmarken, also Operatoren, verbunden sind. Dörner weist daraufhin, daß diese Verbindungen im System während vorangegangenen Problemlösungen durch die Wirkung der Prozedur GPAO entstanden sind. Existiert eine solche Verbindung, findet das System die richtige Operation zur Erfüllung einer aktuellen Absicht.

Außer den fünf Haupt-GEL-Gruppen gibt es im Primärsystem noch sog. Neben-GEL-Gruppen. Eine dieser Gruppen dient der weiteren Kategorisierung der schon diskutierten Haupt-GEL-Gruppen. So werden beispielsweise die einzelnen Afferenzelemente durch sog. "sensorische Meta-Elemente" in die Klassen "Junktoren","Variable" und "Klammern" aufgeteilt.Diese Klassenbildung erleichtert dem System das Auffinden von Unterschieden zwischen zwei Objekten bezüglich der genannten Objektdimensionen. Für den angemessenen Ablauf der Interpolationsprozedur werden noch weitere GELs mit spezifischen Funktionen benötigt.

In der Abbildung 3.10 sind die, für eine Start-Ziel-Struktur benötigten GELs mit Verbindungen zu den bisher vorgestellten GEL-Gruppen dargestellt. Es wird der Fall behandelt, daß das Objekt "am_i" in das Objekt "am_j" transformiert werden soll.

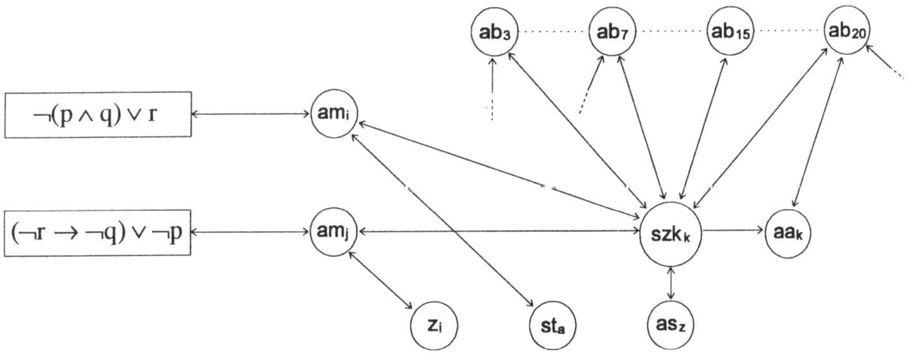

Abbildung 3.10: *Beispiel einer Start-Ziel-Struktur (Erläuterungen im Text)*

Die Afferenzmarken am_i und am_j sind mit dem GEL szk_k verknüpft und stellen damit die k-te Start-Ziel-Kombination dar. Da szk_k mit dem GEL asz gekoppelt ist, sind sie die aktuelle Start-Ziel-Kombination. am_i ist durch seine Verbindung mit dem GEL sta Startpunkt, am_j durch seine Verknüpfung mit zi Zielpunkt. Das GEL aa_k ist mit szk_k und bestimmten Absichtsmarken verbunden. Es dient als Registrierelement für diejenigen Absichten, die das System früher schon einmal im Zusammenhang mit der Start-Ziel-Kombination szk_k erfolglos zu realisieren versucht hat. Abbildung 3.11 zeigt ein Beispiel für eine Zwischenzielstruktur des Systems zu einem bestimmten Zeitpunkt des Problemlösens. Es soll die Formel $\neg(p \wedge q) \vee r$ in die Formel $\neg p \vee (q \rightarrow r)$ transformiert werden.

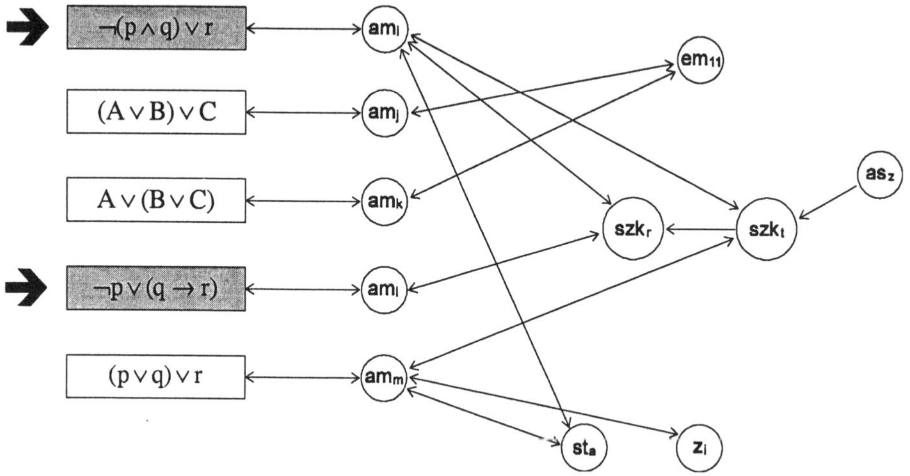

Abbildung 3.11: *Beispiel für eine Zwischenzielstruktur (Erläuterungen im Text)*

Dazu müssen die Klammern verschoben werden. Das ist mit dem Operator em_{11} nicht direkt möglich, da der Operator auf $\neg(p \wedge q) \vee r$ nicht anwendbar ist. Dies ist aber für die Formel von am_m der Fall, die aus der Formel von am_i dadurch hergestellt wurde, daß alle Eigenschaften, die die Anwendung des Operators von em_{11} auf am_i verhindern, abgeändert wurden. Die neue aktuelle Start-Ziel-Kombination szk_t wird am_i-am_m. am_m ist das Zwischenziel, welches angestrebt wird, um den Operator von em_{11} anwenden zu können. In der Abbildung 3.11 ist die Realisierung eines Zwischenziels daran erkennbar, daß das "Zwischenziel-GEL" szk_t mit der übergeordneten Start-Ziel-Kombination einseitig gerichtet verknüpft ist und daß es eine Verbindung zu einer Efferenzmarke aufweist. Dörner weist daraufhin, daß diese speziellen Verknüpfungen es dem System ermöglichen, nach der Erreichung des Zwischenziels den betreffenden Operator (Efferenzmarke em_{11} in der Abbildung 3.11) anzuwenden, dessen Zielpunkt der Zielpunkt der übergeordneten Start-Ziel-Kombination - im Beispiel am_l bezüglich szk_r - ist.

Das Primärsystem verfügt ferner noch über sog. freie GELs, die das System zu bestimmten Zeiten für besondere Zwecke benützt. Dörner spricht von Register-GELs, die er als "Kurzzeitgedächtnis" des Systems bezeichnet. Die freien Register-GELs des Primärsystems werden mit Buchstabenfolgen belegt, die mit "re" beginnen.

Alle GELs des Primärsystems weisen erregende Verknüpfungen untereinander auf. Damit besteht die Gefahr, daß sich ein Primärsystem "aufschaukelt" und in einen "tonischen Krampfzustand" mit hoher Aktivität aller Zellen verfällt. Gezielte, spezifische Erregungsströme zum Abarbeiten einer Interpolationsprozedur können zwischen einzelnen Zellen oder Zellgruppen aber nur dann fließen, wenn dieses System der Kontrolle durch ein Hemmungs- und ein Steuersystem unterworfen wird. Bevor die Arbeit dieser zwei Systeme erläutert wird, muß deutlich gemacht werden, welche Prozesse letztlich im Primärsystem ablaufen sollen.

3.6 Feldprozesse und ihre Realisierung im GEL-Netz

Dörners entscheidende Erkenntnis ist, daß sämtliche Prozesse der Informationsverarbeitung beim Lösen von Interpolationsproblemen - hier aussagenlogischen Beweisproblemen - auf "Feldprozesse" zurückgeführt werden können. Dies erläutert er anhand eines Protokollbeispiels seiner experimentellen Untersuchungen zum Problemlösen (Dörner, 1974; S.218). Im konkreten Fall sagte eine Vp:

" Um $\neg(p \wedge q) \vee r$ in $(\neg p \rightarrow \neg p) \vee \neg q$ zu überführen, muß ich Junktoren wandeln, Vorzeichen von Klammern verändern, Variablen tauschen und deren Vorzeichen ändern". Damit wurde ein Absichtsfeld F(i) aufgestellt. "Die Vorzeichen kann ich erstmal außer Acht lassen". Hier erfolgte ein Rückgriff auf ein "älteres Absichtsfeld" F(j) und der gemeinsame Durchschnitt $F(i) \wedge F(j)$ wird aus dem ursprünglichen Feld F(i) herausgeschnitten. Es entsteht ein neues Absichtsfeld $F(i^*)$, mit dem die Vp weiterarbeitet. "Ich muß mich also erstmals um den Variablentausch und den Junktorenwandel bemühen".

Ein Feld wird dabei als eine bestimmte GEL-Struktur definiert:

1. Das Feld F(a) des GELs a ist die Menge aller GELs, die von a direkt abhängig sind. Beispielsweise gehören zum Feld $F(szk_k)$ der Abbildung 3.10 die GELs am_j, am_i, ab_3, ab_7, ab_{15}, ab_{20}, aa_k und asz.
2. Das i-te Element des Feldes F(a) wird als $F_i(a)$ bezeichnet.
3. $F(a)^*$ ist gleich der Anzahl der Elemente von F(a).

Dörner definiert dann eine Reihe von Operationen mit Feldern, die bei der Durchführung einer Interpolationsprozedur bedeutsam sind:

a) Primitive Feldprozesse

1) $a \rightarrow b$: GEL a wird mit GEL b verknüpft, sodaß b von a abhängig wird

2) $a \hookrightarrow b$: a wird mit b so verknüpft, daß beide voneinander abhängig werden

3) $a \nrightarrow b$: b wird von a entknüpft, und damit unabhängig von a

4) $a \not\hookrightarrow b$: beide GELs werden entknüpft

5) $a \rightarrow F(b)$: analog (1) - (4)
$a \hookrightarrow F(b)$
$a \nrightarrow F(b)$
$a \not\hookrightarrow F(b)$

b) Nicht primitive Feldbildungsprozesse

6) $a \rightarrow F(b) \cap F(c)$: a wird mit allen GELs aus dem Durchschnitt von F(b) und F(c) verknüpft.

7) $a \rightarrow F(b) \vee F(c)$: a wird mit allen GELs, die in F(a) oder F(b) vorkommen, verknüpft.

8) $a \rightarrow F(b) \setminus F(c)$: a wird mit allen GELs von F(b), die nicht auch in F(c) vorkommen, verknüpft.

c) Boolesche Feldoperationen:

9) $F(a) = F(b)$: die Bewertung ist "wahr", wenn jedes Element von F(a) auch Element von F(b) ist und umgekehrt, ist "falsch", sonst.

10) $a \in F(b)$: die Bewertung ist "wahr", wenn a Element von F(b) ist, ist "falsch", sonst.

11) $F(a)^* > F(b)^*$: Die Bewertung ist "wahr", wenn F(a) mehr Elemente enthält als F(b), ist "falsch", sonst.

Als nächstes soll nun gezeigt werden, wie die Feldprozesse beim Problemlösen in GEL-Netzen realisiert sein können. In der Abbildung 3.12 ist das Beispiel eines komplexen GEL-Netzes, bestehend aus einem Primärsystem (P), einem Hemmungssystem (H) und einem Steuersystem (ST) abgebildet. Die GEL-struktur st_1-st_2-...,-st_6 bildet dabei eine

Steuerkette, die speziell für den Feldprozeß eines Felddurchschnitts erstellt wurde: $re_1 \rightarrow F(ab_1) \wedge F(ab_{11})$. Der Abbildung entnimmt man, daß das GEL re_1 mit dem GEL em_{12} verknüpft ist. Dies bedeutet, daß re_1 mit der Efferenzmarke desjenigen Operators verbunden wird, der sowohl die Absicht ab_1 (Anfügen von Junktoren) als auch die Absicht ab_{11} (Strukturwandel) erfüllt. Die Steuerkette kann ihre Aufgabe nur in Vernetzung mit dem Hemmungssystem erledigen. Dörner konzipierte das gesamte GEL-Netz folgendermaßen: Das P-System und H-System bilden zusammen einen Regelkreis. Die zu regelnde Größe ist der allgemeine Aktivitätsgrad des gesamten Primärsystems. Übersteigt dieser ein bestimmtes Maß - gemessen durch den Grad der Hemmung von Zelle h_5 - , so wird das Feld der Hemmungs-GELs h_6 bis h_i aktiv und das Primärsystem wird auf Null gesetzt. Über die Steuerketten-GELs st_1 bis st_3 kann das P-System auch unmittelbar über das GEL h_3

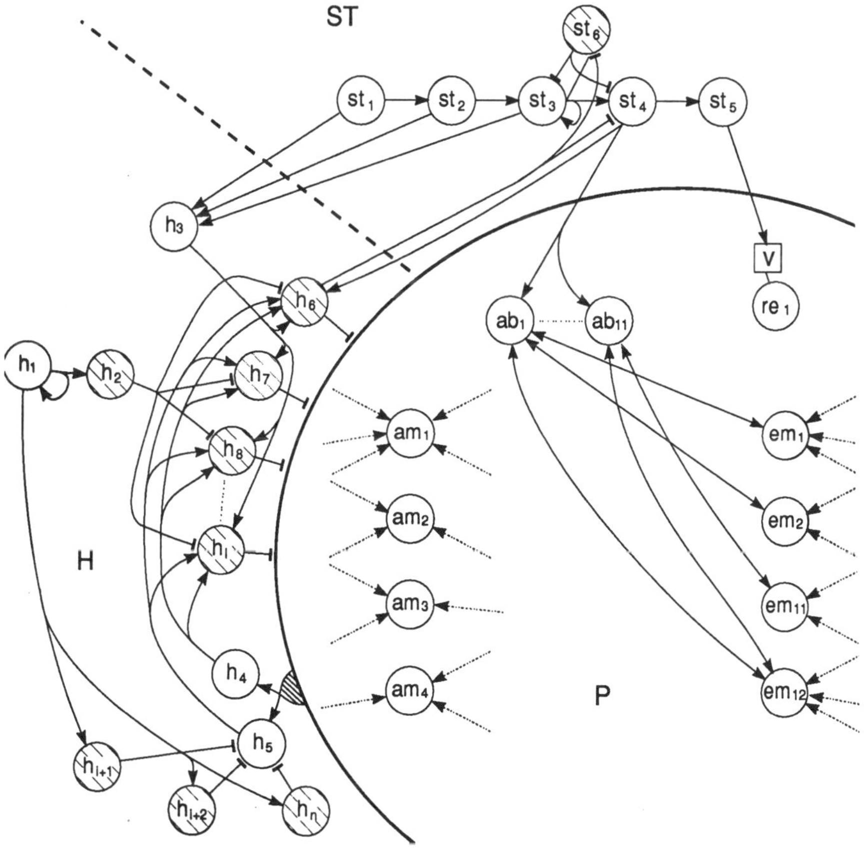

Abbildung 3.12: *Beispiel eines komplexen GEL-Netzes, bestehend aus einem Primär- (P), einem Hemmungs- (H) und einem Steuerungssystem (ST)*

abgeschaltet werden, ohne daß die kritische Grenzes einer Aktivität schon erreicht wurde.

Die Steuerkette bewirkt bestimmte Aktivitäten im P-System. Daher dürfen, bevor die Arbeit der Steuerkette beginnt, keine oder nur geringe unkontrollierte Erregungen im P-System vorhanden sein. Das H-System übernimmt diese "Tafel-Auswischer-Funktion". In "Normalschaltung" erfolgt der Löschvorgang in Abhängigkeit vom Aktivitätsgrad im Primärsystem über das GEL h_5. Die Steuerkette kann aber - wie erläutert - diesen Normalprozeß über das GEL h_3 übersteuern.

Tabelle 3.4: *Erregungsablauf im GEL-Netz der Abbildung 3.12*

t	1	2	3	4	5	6	7	8	9	10
st_1	*									
st_2		*								
st_3			*	*	*	*	*			
st_4							*			
st_5								*		
st_6							*	*		
h_1	*	*	*	*	*	*	*	*	*	*
h_2	*	*	*	*	*	*	*	*	*	*
h_3		*	*	*	*	*	*			
h_4	*	*	*	*						
h_5										
h_6			*	*	*			*		
:			*	*	*					
h_{i+1}	*	*	*	*	*	*	*	*	*	*
h_n	*	*	*	*	*	*	*	*	*	*
re_1										
v									*	
ab_1	*	*	*					*		
ab_{11}	*	*	*					*		
em_1	*	*	*							
em_2	*	*	*							
em_{11}	*	*	*							
em_{12}	*	*	*						*	

Das Arbeitsprinzip einer Steuerkette besteht darin, daß Aktivierungen und Hemmungen zeitlich und räumlich im P-System so gesetzt werden, daß durch Interferenzen von Erregungs- und Hemmungswellen im Netz bestimmte Erregungskonstellationen entstehen, die dann abgefragt oder verknüpft werden, usw. Dörner schildert ausführlich den Prozeß der Felddurchschnittsbildung als Beispiel für einen, durch eine Steuerkette gesteuerten Prozeß im Primärsystem der Abbildung 3.12 als Erregungsablauf im GEL-Netz anhand der Tabelle 3.4.

Zum Zeitpunkt t=1 sei st_1 aktiv, ferner h_1, h_2 und h_{i+1} bis h_n. Die Zellen h_1, h_2, h_{i+1} bis h_n sind dann immer aktiv. Das Primärsystem sei hoch aktiv, die Gesamtaktivität reiche aber noch nicht aus, um die hemmenden GELs h_6 bis h_i über h_5 zu aktivieren. Zum Zeitpunkt t=3 wird der Hemmungsmechanismus (h_6 bis h_i) in Gang gesetzt. Die Erregungen in der Steuerkette treten dann so lange auf der Stelle, bis der Hemmungsmechanismus sich selbst wieder ausgeschaltet hat (t=6). Die Zellen st_4, ab_1, ab_{11} und h_6 werden dann zum Zeitpunkt t=8 in Erregung versetzt. Zum Zeitpunkt t=9 kann aufgrund der Hemmung durch h_6 nur das GEL em_{12} aktiv werden, das sowohl von ab_1 als auch von ab_{11} her aktiviert wird. Im gleichen Augenblick ist der Verknüpfer $\vee$ von re_1 aktiv, der em_{12} mit re_1 verbindet und damit den Feldprozeß
$re_1 \rightarrow F(ab_1) \wedge F(ab_{11})$ realisiert.

Dörner zeigt in seinem Modell, daß alle Feldprozesse durch spezifische Steuerketten verwirklicht werden können. Mit Hilfe der Feldprozesse und dem allgemeinen Konzept seines GEL-Netzes ist er auch in der Lage - wie die nachfolgenden Herleitungen zeigen werden - , eine Prozedur für interpolatives Problemlösen zu synthetisieren. Die Existenz eines Hemmungssystems leitet Dörner auch aus unterschiedlichen elektrophysiologischen Resultaten zur Hirnaktivität - EEG-Daten - bezüglich eines "Ruhezustands" und eines Zustands stärkerer kognitiver Beanspruchung von Vpn her:

Befinden sich die Strukturen, von denen das Primärsystem Impulse erhält (z.B. von anderen P-Systemen) in relativer Ruhe, so läßt sich sagen, daß die Einflüsse auf das Primärsystem in etwa zeitlich konstant sind. Das Primärsystem wird dann von einem schwachen, relativ gleichmäßigen Schauer von "Zufallsreizungen" getroffen. Unter solchen Bedingungen muß es zu regelmäßigen rhythmischen Schwankungen des Aktivitätsgrades im Gesamtsystem kommen. Die Aktivität im P-System wächst bis zu einem bestimmten Grad, dann tritt das H-System in Aktion. Dadurch wird die Aktivität herabgesetzt und der gesamte

Prozeß beginnt von neuem. Hier zeigen sich Parallelen zwischen den theoretisch vorhergesagten, rhythmischen Schwankungen des Aktivitätsgrades eines GEL-Netzes und dem gemessenen α-Rhythmus im Elektroenzephalogramm.

In Simulationsexperimenten studierte Dörner das Verhalten eines aus 80 GELs bestehenden Systems, dem schwache Aktivierungen von außen zugeführt wurden, über 100 Zeiteinheiten. In den ersten 50 Zeiteinheiten wurde das System sich selbst überlassen, dann wurde ein Steuersystem, das aus zwei hintereinander geschalteten Steuerketten bestand, aktiviert. Das Einschalten des Steuersystems ist gleichbedeutend mit "kognitiver Tätigkeit". Die Abbildung 3.13a gibt das Verhalten des GEL-Netzes über 100 Zeiteinheiten wieder. Die relativ langsame "α-Schwingung" wird zum Zeitpunkt t=50 durch einen Rhythmus höherer Frequenz und kleinerer Amplitude abgelöst.

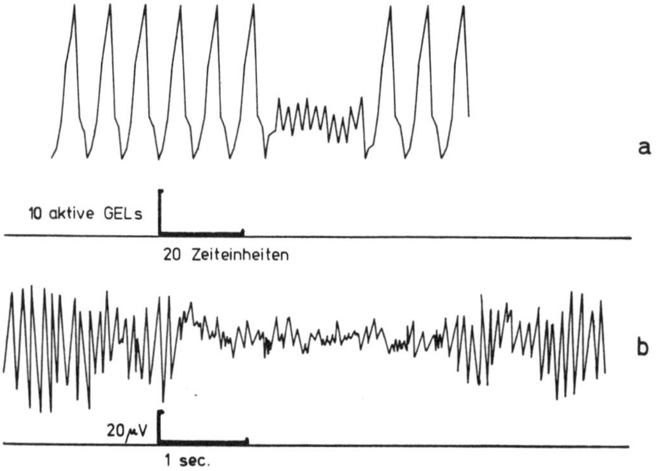

Abbildung 3.13: *Zeitlicher Verlauf des Gesamtaktivitätsgrades: a) eines GEL-Netzes in einer Simulationsstudie von Dörner; b) EEG-Messungen einer Vp nach Grey & Walter (1961) (Erläuterungen im Text)*

Ähnliche Verhältnisse spiegeln sich im Enzephalogramm (Abbildung 3.13b) wider, wenn eine, sich zuerst in Ruhe befindliche Vp eine kognitive Anforderung erlebt (z.B. Lösen einer Rechenaufgabe).

3.7 Metasteuerketten

Feldprozesse können also im GEL-Netz mit Hilfe von Steuerketten und der gezielten Aktivität eines Hemmungssystems realisiert werden. Dörner zeigt nun, daß eine spezielle Form des Problemlösens, eine Interpolationsprozedur, aus Feldprozessen zusammengesetzt werden kann. Hintereinander geschaltete, einzelne Steuerketten, die sich auch verzweigen können oder eine kreisförmige Struktur aufweisen, bezeichnet er als Metasteuerkette. Zur Beschreibung von Metasteuerketten verwendet Dörner eine algorithmische Sprache - Elemente von Algol 60 (siehe Baumann 1962) - , die für die Programmierung eines Rechenautomaten entworfen wurde. Programmiersprachen sind durch die Angabe einer Folge von Anweisungen über Prozesse, die durchgeführt werden sollen, charakterisiert.

Eine Abfolge von n Feldprozessen wird nun durch die entsprechenden, hintereinandergeschalteten Anweisungen dargestellt; z.B. bedeutet $a \rightarrow F(b)$; $c \rightarrow F(a) \cap F(d)$; ..., daß zuerst das Element a mit dem Feld von b verknüpft wird, dann c mit dem Durchschnitt des Feldes von a und d verbunden wird, usw. Als ein Beispiel für einen komplexen Informationsverarbeitungsprozeß zeigt die Abbildung 3.14 den Prozeßablauf einer bedingten Anweisung als Metasteuerkette.

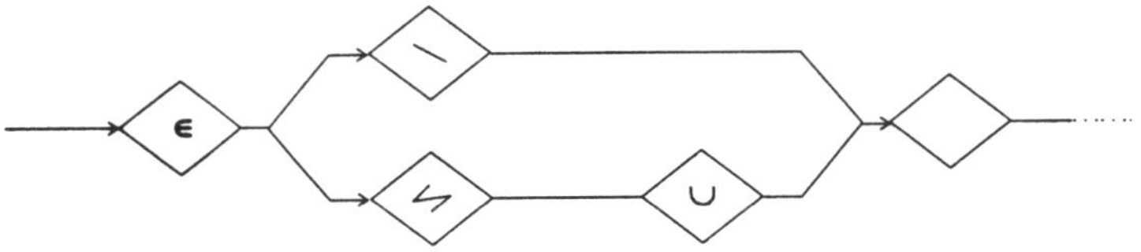

Abbildung 3.14: *Eine Metasteuerkette für eine bedingte Anweisung*

In der algorithmischen Sprache lauten z.B. die "Befehle" für eine bedingte Anweisung, die einen komplexen Informationsverarbeitungsprozeß darstellt:

if $a \in F(b)$
  then $c \rightarrow F(d) \setminus F(e)$
  else
   begin $a \rightarrow b$; $d \rightarrow F(a) \vee F(e)$ end.

Dies bedeutet: Wenn a Element von F(b) ist, wird c mit der Differenz von F(d) und F(e) verknüpft, sonst wird a mit b beiderseitig verknüpft und d mit der Vereinigung der Felder von a und e verbunden. In der Abbildung 3.14 wird die einzelne Steuerkette als Rhombus mit Pfeil, die verzweigenden Steuerketten der booleschen Operationen als Rhombus mit zwei Pfeilen dargestellt. Das Symbol im Rhombus kennzeichnet die Art der Steuerkette. Die Verzweigung nach oben heißt "wahr", die Verzweigung nach unten "falsch".

Zusammenfassend läßt sich sagen, daß jede elementare Anweisung der algorithmischen Sprache durch eine Steuerkette dargestellt wird, jedes Programm wie z.B. die bedingte Anweisung durch Hintereinanderschalten von Steuerketten als Metasteuerkette. Faßt man kognitive Organisation als Metasteuerketten auf, so stellt sich die Frage, wie solche Strukturen in GEL-Netzen entstehen können. Dörner vermutet, daß die Antwort auf diese Frage so ähnlich aussehen sollte, wie die Antwort auf die Frage, wie sich eine komplizierte Aneinanderreihung von Handlungen zum Zwecke der Erreichung von Zielen bei Tieren ausbildet.

Mit den bisherigen Ausführungen über Feldprozesse, Steuerketten und Metasteuerketten wurden die hierarchisch gegliederten Basisoperationen definiert, mit denen jetzt eine Interpolationsprozedur im GEL-Netz realisiert werden soll. In der Abbildung 3.8 wurde das Flußdiagramm der Grobstruktur einer Interpolationsprozedur mit den Funktionsblöcken "Startpunktwahl", "Absichtsliste für die aktuelle Start-Ziel-Kombination" usw. dargestellt. Dörner schildert nun detailliert, wie man die einzelnen Teilprozesse des Problemlösens aus GEL-Prozessen zusammensetzen kann.

3.8 Die Realisierung der Problemlösungs-Teilprozesse im GEL-Netz

Im folgenden wird beispielhaft für alle Funktionsblöcke nur für die Einheit "Startpunktwahl" die Realisierung der oben genannten Prozesse im GEL-Netz vorgestellt: Im Primärsystem des Problemlösers gibt es zu einem beliebigen Zeitpunkt des Lösungsprozesses eine Marke sta, wobei F(sta) das Afferenzmarken-Feld der Objekte enthält, die möglicher Startpunkt sein könnten. Am Anfang des Problemlösens enthält F(sta) nur die Afferenzmarke des vorgegebenen Startobjekts. Ferner existiert eine Menge von GELs szk_i, die entweder ohne Verbindungen zu den Afferenzmarken sind oder aber mit jeweils einem Start-und einem Zielpunkt und bestimmten Absichtsmarken gekoppelt sind (siehe auch die Abbildungen 3.10 und 3.11). Gegeben sei außerdem eine Marke asz für die aktuelle Start-Ziel-Kombination und eine Marke szk, die mit allen Marken szk_i verknüpft ist und eine Marke am, die mit allen Marken am_i verbunden ist. Die ersten Start- und Zielpunkte gelangen durch Wahrnehmung ins Gedächtnis des Problemlösers. Die extern präsenten Symbole einer aussagenlogischen Formel aktivieren die entsprechenden Afferenzelemente. Über eine Zeitlinie geführt, werden sie mit einer Afferenzmarke verknüpft, und diese wird im Falle der Wahrnehmung eines Startobjekts mit sta verbunden, im Falle der Wahrnehmung eines Zielobjekts mit zi. Sind Start- und Zielobjekte vorhanden, so erfolgt die Prozedur der Startpunktwahl in zwei Stufen.

In der ersten Stufe wird nach einem noch nicht verwendeten Startpunkt gesucht:

```
re → F(am);
for i = 1 step 1 until F(szk)*
  do re1 → F(sta) \ (F(am) ∧ F(szki));
if F(re1) ∧ F(am) ≠ 0
  then goto L1;
```

Ist die Suche nicht erfolgreich, wird in der zweiten Stufe nach einem Startpunkt gesucht, der noch nicht im Zusammenhang mit dem Endziel verwendet worden ist oder der noch nicht bezüglich aller zu erfüllenden Absichten hinsichtlich des Endziels betrachtet worden ist. Dabei sei ezi eine Marke, die allein mit der Afferenzmarke des Endzielobjekts verknüpft ist. (Da Dörner das i-te Element eines Feldes F(a) durch $F_i(a)$ symbolisiert hat, läßt sich die Afferenzmarke des Endzielobjekts als $F_1(ezi)$ schreiben).

Enthält nach dem Durchlauf der zweiten Stufe $F(re_1)$ einige Afferenzmarken, deren Objekte als Startpunkte in Frage kommen, folgt ein Programmmteil, der mit "L1" beginnt. Ein Startpunkt $F_1(re_1)$ und das Endziel $F_1(ezi)$ werden mit einer freien Marke szk_i verknüpft. Die Marke szk_i wird mit asz verbunden und ist damit die aktuelle Start-Ziel-Kombination. Nach Durchlaufen des Funktionsblocks "Startpunktwahl" existiert also entweder eine durch Verknüpfung mit asz charakteristische Start-Ziel-Kombination szk_i oder der Problemlösungsprozeß wird vorzeitig beendet.

Durch sein GEL-Modell hat Dörner damit bahnbrechend gezeigt, daß sich aus den vier elementaren Prozessen "aktivieren - hemmen - verknüpfen - entknüpfen", die neurophysiologisch interpretiert werden, über molare Organisationsformen - sog. Feldprozessen - die komplexe kognitive Organisation beim Problemlösen synthetisieren läßt.

Die drei vorgestellten neuronalen Modelle haben deutlich gemacht, daß es nicht vorschnell oder vermessen ist, psychischen bzw. kognitiven Prozessen eine "neuropsychologische Erklärungsbasis" zu geben. Auch unter phänomenologisch orientierten Psychologen wird eingeräumt, daß ein intaktes Zentralnervensystem die Grundlage unseren Denkens, Wollens und Fühlens ist. Aber der Aktivität von Gehirnzellen allein wird noch keine befriedigende Erklärung für unsere bewußte Erfahrung zugesprochen. Die Frage, ob Bewußtsein als neues Qualitätsprodukt nur ein Attribut komplex verschalteter neuronaler Materie ist, bleibt weiterhin ein großes Geheimnis. Tatsache ist, daß viele ernsthafte Wissenschaftler dualistische Verkoppelungen zwischen Geist und Materie, wie sie erstmals von Descartes differenziert konzipiert wurden, ablehnen. Eine Identitätstheorie als sinnvolle Arbeitshypothese erscheint auch nach den hier referierten Modellen als annehmbarer.

Im folgenden soll nun in einem letzten Kapitel zur besseren Einordnung der hier behandelten Grundlagenmodellen ein kurzer Überblick über die historische Entwicklung neuronaler Netze gegeben werden.

4. Ein Logbuch der neuronalen Modelle

Die vorgestellten Modelle sind in der Lage wesentliche Aspekte des Verhaltens über neurophysiologische Konzepte und Strukturen nachzubilden. Sie stellen informationsverarbeitende Systeme dar, die sich aus vielen einfachen, miteinander in bestimmter Weise vernetzten Verarbeitungseinheiten - abstrakten Neuronen - zusammensetzen.

4.1 Die ersten neuronalen Modelle

Eine formale Beschreibung eines abstrakten Neurons als Informations verarbeitungseinheit mit elektronischen Komponenten wurde erstmals von Mc Culloch & Pitts (1943) vorgenommen. Von Neumann (1945) griff diese Idee von elektronischen Netzwerken im Gehirn auf und verkündete 1948 in einer Vorlesung in Pasadena euphorisch, daß alles Verhalten, das mit Sprache oder sonstiger Notation beschreibbar ist, durch passende Netzwerke dieser sog. M-P-Neuronen erzeugt werden kann. Von Neumann schloß hierbei auch das Verhalten seines idealen Computers, der Turing-Maschine, mit ein.

Wie schon in der Einleitung der vorliegenden Arbeit erwähnt, war es dann das Verdienst von Hebb (1949) eine Lernregel aufzustellen, die die Adaptationsfähigkeit von neuronalen Netzen plausibel, funktional erklären konnte. Hebbs Vision, daß die Programmierung des Gehirns direkt auf veränderbare Gewichte zurückführbar ist, war einige Jahrzehnte später ein wichtiger Ausgangspunkt für den konnektionistischen Aspekt der Adaptiven Resonanztheorie (ART) von Grossberg (1987a u. b), deren Grundlagen im Kapitel 1 ausführlich referiert worden sind.

Hebbs Ideen hatten zu seiner Zeit großen Einfluß auf die Arbeiten von Frank Rosenblatt und Marvin Minsky, die sich unabhängig voneinander die Aufgabe stellten, synthetische Netzwerke, die wie das Gehirn funktionieren, zu konzipieren. Minsky konstruierte 1951 einen Hardware-Simulator und Rosenblatt faßte seine mathematischen Überlegungen in dem Buch "Principles of Neurodynamics" (1962) zusammen. Seine Ideen gipfelten in einem visuellen Mustererkennungssystem, das als Perzeptron berühmt wurde.

Es besteht in seiner einfachsten Konfiguration aus zwei Schichten von künstlichen Neuronen. Die Input-Schicht nimmt Muster aus der äußeren Welt auf, während die Output-Schicht Ergebnisse an die äußere Welt schickt. Die Stärke der Verbindungen zwischen den zwei Schichten - die Gewichte - werden von einem "Lehrer" festgelegt, der sie so lange modifiziert, bis die gewünschte Abbildung zwischen dem Input und dem Output hergestellt ist. Das Perzeptron von Rosenblatt schließt auch das Schwellenkonzept mit ein, daß erstmals von Warren Mc Culloch und Walter Pitts vorgestellt worden war. Ein lineares neuronales Modell hätte die Inputs nur aufsummiert. Mc Culloch und Pitts bauten aber eine Nichtlinearität mit ein, indem sie die Summe mit einem festgelegten Schwellenwert θ verglichen. Nur wenn die Summe größer als die Schwelle ist, wird ein Signal mit der Stärke "1" vom Neuron weitergeleitet.

$$y = \sum_{i=1}^{n} w_i x_i - \theta \quad \text{und} \quad a = \begin{cases} 1 & \text{für } y > 0 \\ 0 & \text{sonst} \end{cases} .$$

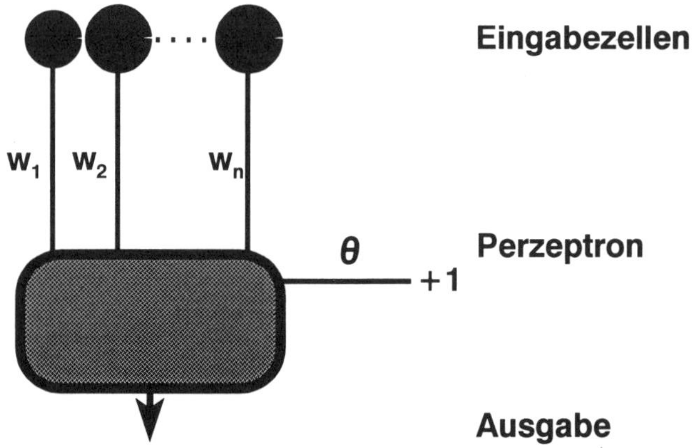

Abbildung 4.1: *Der Datenfluß im Perzeptron*

Mit dem Perzeptron (siehe Abbildung 4.1) wurde es möglich, viele logische Relationen zu simulieren. So kann z.B. ein einfaches "Zwei-Schichten-Perzeptron" die logische "Oder"-Beziehung wiedergeben.

In ihrem 1969 veröffentlichtem Buch "Perceptrons" zeigten aber Marvin Minsky und Seymour Papert die Grenzen der Perzeptron-Modelle auf: Perzeptrons ermöglichen nur das Zu- und Absprechen von linearen Prädikaten auf Binärantworten. Rosenblatt hatte demnach nur einen einzigen Lernmechanismus entdeckt. Die Kritik von Minsky und Papert überzeugte die meisten Forscher auf dem Gebiet der künstlichen Intelligenz für fast zwei Jahrzehnte davon, ihre Arbeitskraft in die Entwicklung von Software für digital arbeitende Computer zu stecken.

Da man kein universelles Verfahren zur Bestimmung der richtigen Verbindungen und Gewichte von Systemen, die nach dem Modell von Rosenblatt arbeiteten, finden konnte, wurden spezifische Methoden entwickelt, die es einem Automaten ermöglichen sollten, einen passenden Satz von Gewichten für ein spezielles Problem zu erlernen. Ein Pionier auf diesem Gebiet war Bernard Widrow, der zusammen mit seinem Assistenten Ted Hoff 1960 einen Lernmechanismus konzipierte, der sich bei vielen Problemen als sehr effektiv erwies.

Das Lernsystem Adaline (Adaptive linear neuron) von Widrow-Hoff vergleicht den Ausgangswert a eines neuronalen Netzes mit dem gewünschten Wert a_{soll} und erzeugt ein Fehlersignal Δ_{ges}. Dieses Signal wird zur Änderung der Gewichtswerte des Netzes benützt.

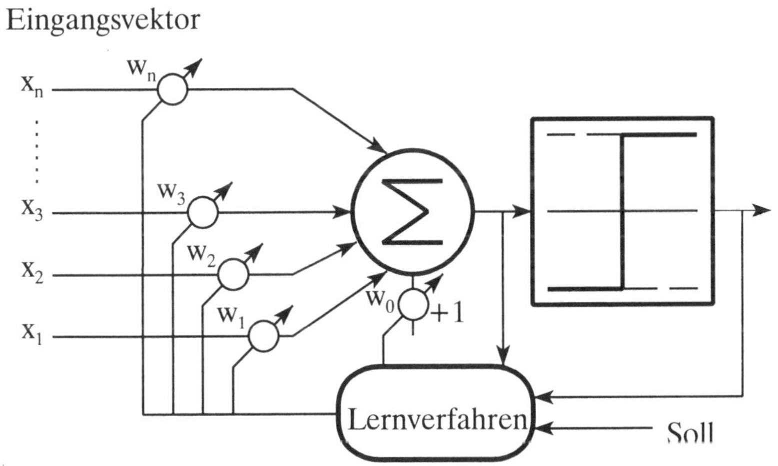

Abbildung 4.2: *Datenfluß in der Adaline (nach Kratzer, 1991, S. 35)*

Die in der Abbildung 4.2 gezeigten Größen (x_1, ..., x_n) bilden den Eingangsvektor **x**, wobei $x_i \in \{-1, +1\}$. Mit den Gewichten (w_1, ..., w_n) = **w** wird die skalare Größe $y = \sum_{i=0}^{n} w_i x_i$ berechnet. Dabei wird ein Gewicht w_0 miteinbezogen, das die Funktion des Schwellenwerts θ übernimmt, und die Aktivierung eines fiktiven, immer mit +1 belegten Eingabeelements gewichtet ($\theta = w_0 \cdot x_0$ mit $x_0=1$, $w_0 < 0$). Sodann wird durch eine Schwellenwertfunktion die Aktivierungsgröße

$$a = \begin{cases} +1 & \text{für } y > 0 \\ -1 & \text{sonst} \end{cases}$$

bestimmt. Eine Adaline separiert die möglichen n-dimensionalen Eingabevektoren entsprechend ihrer Reaktion (-1 oder +1) in zwei Mengen, in die mit positiver Reaktion X^+ und in die mit negativer Reaktion X^-. Der Weg zu dieser Endkonfiguration sieht folgendermaßen aus:

Man legt nacheinander, in gleichverteilter, zufälliger Folge die Eingangsvektoren $\mathbf{x} = (x_1, ..., x_n)$ an das Netz und berechnet nach der bekannten Formel die Größe a. Zugleich wird eine Sollausgabe a_{soll} vorgegeben.

$$a_{soll} = \begin{cases} +1 & \text{für } \mathbf{x} \epsilon X^+ \\ -1 & \text{sonst} \end{cases}$$

Eine Abweichung vom Zielwert beträgt dann $\Delta_{ges} = a_{soll} - a$. Dieser ermittelte Fehler wird nun gleichmäßig auf alle Gewichte "verteilt". Da auch der Schwellenwert θ korrigiert wird, d.h. w_0 in der Formel $\theta = w_0 \cdot x_0$, wird jedes Gewicht um den gleichen Betrag $\Delta = \Delta_{ges} / (n+1)$ verändert. Durch eine einfache multiplikative Verknüpfung wird die Korrekturrichtung bestimmt. Für die neuen Gewichte gilt dann

$$w_i^{(neu)} = w_i^{(alt)} + \eta \cdot x_i \cdot \Delta \quad \text{und}$$
$$\theta^{(neu)} = \theta^{(alt)} + \eta \cdot \Delta ,$$

wobei η als Lernfaktor fungiert. Er bestimmt, in welchem Maße der ermittelte Fehler die Gewichtskorrektur letztlich beeinflußt. Es hat sich gezeigt, daß dieser Lernmechanismus bei zahlreichen praktischen Anwendungen sehr wirkungsvoll ist, so z.B. beim Adaptiven Echo-Cancelling für eine zunehmende Zahl von Zweiweg-Satelliten-Kommunikationsverbindungen.

4.2 Assoziationsmodelle

Andere Forscher entwickelten noch einfachere, wirksamere Verfahren als den Lernmechanismus von Widrow-Hoff. Im Jahre 1974 benutzte Teuvo Kohonen eine vereinfachte Version der Arbeit von Rosenblatt in seinem Modell eines Assoziationsgedächtnisses, das ebenfalls Rückmeldungen von einem "Lehrer" erhält. Assoziationsgedächtnisse arbeiten ähnlich wie das menschliche Gehirn. Während im Speicher eines Computers jede Information durch eine Adresse markiert ist und nur über diese Adresse abrufbar ist, speichert ein Assoziationsgedächtnis verwandte Daten in Gruppen und das ganze Datenpaket läßt sich abrufen, wenn nur ein Teil der Daten präsentiert wird. Sind die Inhalte des Assoziationsgedächtnisses z.B. Namen und Telephonnummern und wird dem System der erste Teil eines Namens eingegeben, so wird der vollständige Namen plus die Telephonnummer ausgegeben. Kohonen benützte eine zweidimensionale Neuronenschicht mit abstrakten Neuronen, verwendete aber keine Schwellenfunktionen. Damit wird die Analyse des Netzes erleichtert, aber die Anzahl an sensorischen Mustern, die das System lernen kann, ist begrenzt.

Große Aufmerksamkeit erregte Kohonen in der Fachwelt mit einem Neuronenmodell, das auf einem Selbstorganisationsprozeß der Neuronenschicht beruht. In diesem Modell verhält sich die Neuronenschicht wie eine "topographische Merkmalskarte". Die Lage der am stärksten erregten Neuronen korreliert dabei in gesetzmäßiger und stetiger Weise mit einigen wenigen, wichtigen Reizmerkmalen, wobei benachbarte Erregungsorte in der Schicht Reizen mit ähnlichen Merkmalen entsprechen. Eine Erweiterung erfuhr das Modell von Kohonen insbesondere durch die Arbeiten von Helge Ritter, Thomas Martinez und Klaus Schulten (1991). Sie zeigten, daß es auch möglich ist, Bewegungskommandos auf zweidimensionale Erregungsorte abzubilden. Die Bildung einer motorischen Karte entspricht dabei dem Erlernen einer Steuerungsaufgabe.

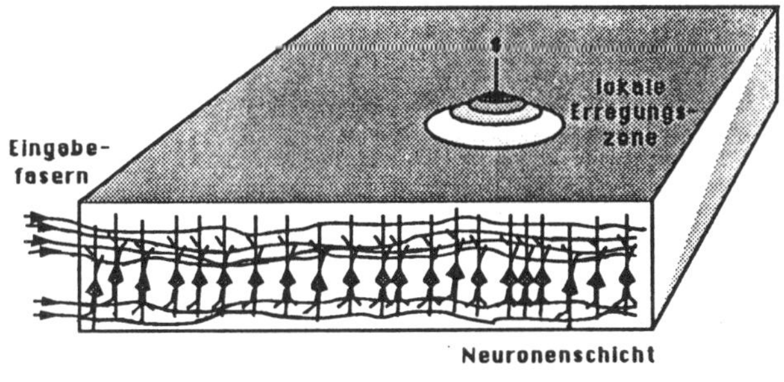

Abbildung 4.3: *Schematische Darstellung der Neuronenschicht in Kohonens Modell (nach Ritter et al., 1991, S. 68) (Erläuterungen im Text)*

Die Abbildung 4.3 stellt eine schematische Darstellung der Neuronenschicht im Modell von Kohonen dar. Horizontale Nervenfasern führen das Eingangssignal $\mathbf{v} = (v_1, ..., v_n)$, das hier aus n Merkmalsdimensionen besteht, heran und erregen die Schichtneuronen deren Lage durch einen zweidimensionalen Ortsvektor **r** bestimmt ist über synaptische Verbindungen $\mathbf{w} = (w_1, ..., w_n)$. Laterale Wechselwirkungen zwischen den Neuronen, die durch eine Erregungsfunktion in Form einer Gaußglocke $h_{rr'} = \exp(- (\mathbf{r} - \mathbf{r'})^2 / 2 \sigma^2)$ beschrieben werden, begrenzen die Reaktion der Neuronen auf eine "Erregungszone". Die Schicht wirkt als "topographische Merkmalskarte", wenn der Ort **s** der Erregungszone Aufschluß über die Merkmalsanteile im Eingangssignal gibt.

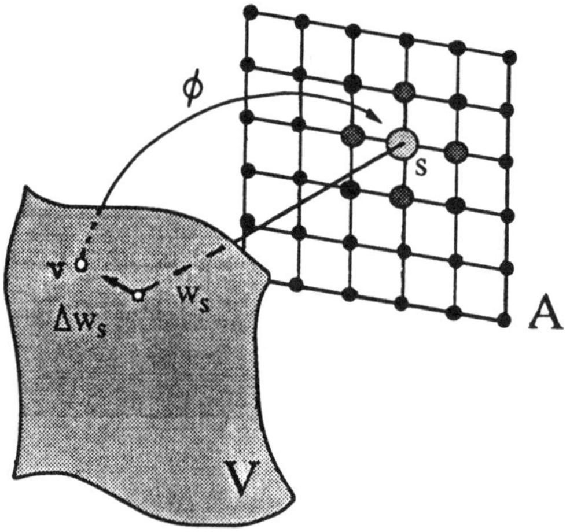

Abbildung 4.4: *Der Adaptationsschritt in Kohonens Modell (nach Ritter et al., 1991, S. 75) (Erläuterungen im Text)*

In der Abbildung 4.4 bildet die schraffierte Fläche **V** die Gesamtheit aller möglichen Eingabewerte (Reize). Aus dieser werden nacheinander zufällig Punkte **v** als Stimuli für das Netzwerk ausgewählt. Die zugehörigen Erregungszentren **s** im Neuronengitter werden dabei jeweils über die vereinfachte Bedingung $\|\mathbf{v} - \mathbf{w}_s\| \leq \|\mathbf{v} - \mathbf{w}_r\|$ für alle $\mathbf{r} \in \mathbf{A}$ ausgewählt. Alle Neuronen in der Nachbarschaft eines Erregungszentrums nehmen dann am Adaptationsprozeß teil. Dieser besteht in einer "Verschiebung" der Vektoren $\mathbf{w}_r$ auf **v** hin: $\mathbf{w}_r^{(neu)} = \mathbf{w}_r^{(alt)} + \varepsilon \cdot h_{rs} (\mathbf{v} - \mathbf{w}_r^{(alt)})$. Das Ausmaß dieser Verschiebung wird durch die Lernschrittweite ε und die Funktion h_{rs} festgelegt. Ziel dieses Vorgehen ist schließlich ein Gleichgewichtszustand mit den schon beschriebenen Eigenschaften der topologieerhaltenden Merkmalskarte.

Auf die Entwicklung von künstlichen Assoziationsgedächtnissen wurde schon hingewiesen. Wird in einem solchen Modell ein Teil der Ausgabeleitungen des neuronalen Netzes auf den Eingang zurückgeführt, so kann der entsprechende Teil des Ausgabemusters **y** einen Beitrag zum Eingabemuster **x** leisten. Ist jedes Eingabemuster **x** sich selbst wieder als Ausgabemuster zugeordnet, spricht man von Autoassoziation. Wird einem solchermaßen rückgekoppelten System, das eine Reihe von Mustern gespeichert hat, eines dieser Muster unvollständig eingegeben, so ergänzt das System in einem Iterationsprozeß die fehlenden Teile und gibt schließlich das vollständige Muster aus. Ein Beispiel für solche rückgekoppelten Systeme ist das von Hopfield (1982) entwickelte Neuronenmodell mit "± 1" -Neuronen, das in seiner ursprünglichen Form auf M-P-Neuronen aufbaut und in Analogie zu wechselwirkenden Vielteilchensysteme der Statistischen Physik konzipiert wurde. Die Abbildung 4.5 zeigt die Struktur der Neuronenschicht mit den rückgekoppelten Bahnen und Gewichten w_{ij}.

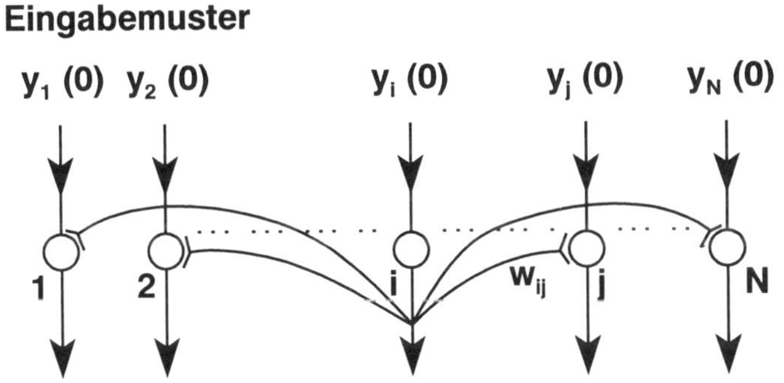

Abbildung 4.5: *Die Neuronenschicht des Hopfield-Modells*

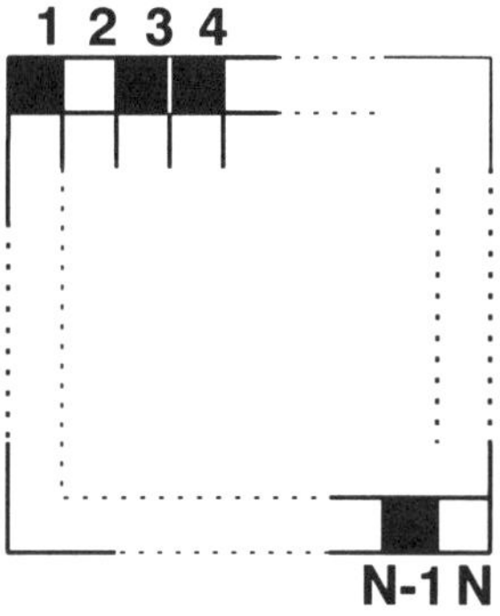

Abbildung 4.6: *Vorgabemuster mit N Pixel: x=(1,-1,1,1,...,1,-1) mit der Codierung "1"=schwarz und "-1"=weiß*

Ein Vorgabemuster mit N Pixel $\mathbf{x} = (1,-1,1,1,...,1,-1)$ gibt die Abbildung 4.6 wieder. Jede "-1" ist durch einen weißen, jede "+1" durch einen schwarzen Pixel abgebildet. Nach der Vorschrift

$$w_{ij} = \frac{1}{N} \cdot \sum_{\nu=1}^{p} x_i^{\nu} \cdot x_j^{\nu}$$

werden im Hopfield-Modell p Vorgabemuster $\mathbf{x}^{\nu} = (x_1^{\nu}, ..., x_i^{\nu}, x_j^{\nu}, ...x_N^{\nu})$ gespeichert, wobei N die Anzahl der Neuronen ist und x_i^{ν} die i-te Komponente des $\mathbf{x}^{\nu}$-ten Mustervektors darstellt. Für die Iteration gilt:

$$y_i^{(neu)} = \operatorname{sgn}(\sum_j w_{ij} y_j^{(alt)}) \quad \text{mit} \quad \operatorname{sgn}(x) = \begin{cases} 1 & \text{für } x \geq 0 \\ -1 & \text{sonst} \end{cases}$$

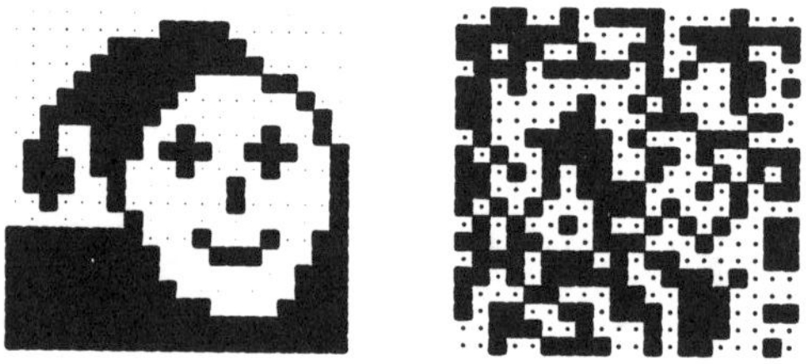

Abbildung 4.7: *a) links: ein Vorgabemuster mit erkennbarem Motiv; rechts: ein Zufallsmuster mit 50% zufällig verteilten schwarzen Pixeln*

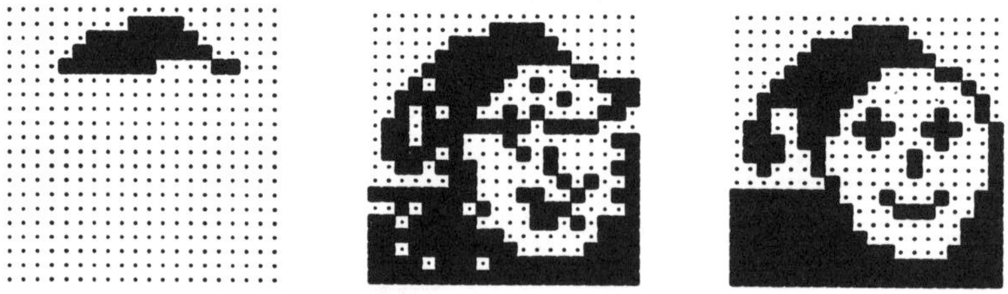

Abbildung 4.7: *b) links: Fragment eines Eingabemusters; Mitte: nach einem Zeitschritt ist das Motiv bereits erkennbar; rechts: das korrekte Muster nach zwei Zeitschritten (nach Ritter et al., 1991, S. 75)*

Die Abbildung 4.7 spiegelt das Ergebnis einer Simulation für ein Netzwerk aus 400 Neuronen wider. In diesem Fall sind p = 20 Muster nach obiger Vorschrift gespeichert. Die ersten beiden dieser Muster zeigt Abbildung 4.7a. Nur das erste Muster stellt ein erkennbares Motiv dar, alle übrigen 19 Muster sind sog. Zufallsmuster (50% weiße, 50% schwarze Pixel). Aus Abbildung 4.7b entnimmt man die Reaktion des Netzwerkes, wenn nur das obere Viertel von Muster 1 als Eingabe angeboten wird. Nach einem Zeitschritt ist das volle Muster bereits erkennbar (Mitte), weitere zwei Zeitschritte später ist das Muster korrekt ergänzt (rechts).

Einen Fortschritt gegenüber dem Hopfield-Modell und dem Perzeptron stellen Neuronenmodelle anderer Forscher dar, die zwischen einer Eingabe- und einer Ausgabeschicht eine oder mehrere Zwischenschichten von inneren Neuronen, hidden units, vorsehen (siehe Abbildung 4.8).

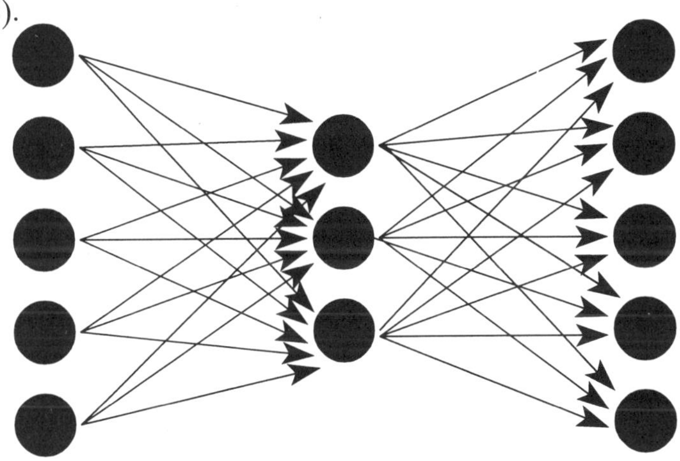

Abbildung 4.8: *Ein Beispiel für ein "Feed-forward"-Netzwerk mit "hidden units"*

4.3 Modelle mit "Backpropagation"

Bei diesen "Feed-forward-Netzwerken" kann der Aktivitätszustand der inneren Neuronen nur indirekt bestimmt werden. Die entscheidende Idee bei diesen Netzwerken war, in der Lernphase eines Netzes Fehlerinformation von höheren Niveaus zurück zu den niederen Niveaus zu schicken und die Gewichte zwischen den Verbindungen entsprechend abzuändern. Dieses Rückkoppelungsprinzip wurde als "Back propagation of errors" bekannt. Eines der ersten Mehrschichten-Netzwerke war das "Reduced coulomb energy network" (RCE), das 1980 vom Nobelpreisträger Leon Cooper und Charles Erlbaum vorgestellt wurde. Das RCE-Netzwerk kann Muster nach vorgegebenen Kategorien klassifizieren und wird z.B. zum Erkennen von handschriftlichen Dokumenten eingesetzt. Die Kategorien, die das Netz in diesem Fall lernt, sind die Buchstaben des Alphabets. In der Lernphase werden dem Netz verschiedene handschriftliche Beispiele eingegeben. Nach der Lernphase ist das System dann in der Lage auch Schriftproben von anderen Personen richtig zu klassifizieren.

Im Jahre 1980 demonstrierte Paul Werbos in seiner Dissertation auf dem Gebiet der angewandten Mathematik an der Harvard Universität unabhängig von der Idee des RCE-Systems die Backpropagation-Technik, ohne damit in der Fachwelt Beachtung zu finden. David Parker entwickelte dann 1982 in Stanford diese Technik aufs Neue und erregte mit seiner Arbeit die Aufmerksamkeit von David Rumelhart (Universität von Californien) in San Diego und James McClelland (Carnegie Mellon Universität). Diese zwei Forscher haben zusammen mit der PDP-Forschungsgruppe (PDP = Parallel Distributed Processing) die Technik von Werbos und Parker bekannt gemacht: Geht man von drei Schichten des neuronalen Netzes aus und bezeichnet die Neuronen der Ausgabeschicht, der inneren Schicht und der Eingabeschicht mit den unterschiedlichen Indexbuchstaben i, j und k, so soll ein Neuron j der inneren Schicht die Aktivität $s_j = \sigma(\sum w_{jk} \cdot s_k)$ zeigen, wobei s_k die Aktivitäten der Neuronen k in der Input-Schicht sind. Diese sind mit den Komponenten x_k des Eingabevektors $\mathbf{x}$ identisch. $\sigma(x)$ stellt eine sigmoide Funktion dar, die für $x \rightarrow \pm\infty$ gegen die asymptotischen Sättigungswerte Eins bzw. Null strebt und die Antwort eines Neurons auf den Input $\mathbf{x}$ ist. Ein Beispiel für eine sigmoide Funktion ist die Fermifunktion (siehe Abbildung 4.9): $\sigma(x) = 1/\,(1 + \exp(-x))$

Die Aktivität eines Neurons i der Output-Schicht beträgt entsprechend $s_i = \sigma(\sum_j w_{ij} \cdot s_j)$. Sie ist gleich dem Ausgabewert des Netzes, $y_i = s_i$. Jedem Inputmuster $\mathbf{x}^v$ ist damit ein Outputmuster $\mathbf{y}^v$ zugeordnet, wobei die Zuordnung von den Gewichten w_{jk} - von der Eingabeschicht zur inneren Schicht - und von den Gewichten w_{ij} - von der inneren Schicht zur Ausgabeschicht - abhängt. Das Netz soll lernen, vorgegebene Eingabemuster $\mathbf{x}^v$ mit vorher festgelegten Ausgabemustern $\mathbf{y}_{soll}{}^v$ zu beantworten. Gesucht sind dann diejenigen Gewichtswerte w_{ij} bzw. w_{jk}, die diese Abbildung vom Eingang zum Ausgang ermöglichen. Ein Maß für die Güte dieser Abbildung ist der über alle Musterpaare ($\mathbf{x}^\nu$, $\mathbf{y}^\nu$) ge bildete quadratische Fehler

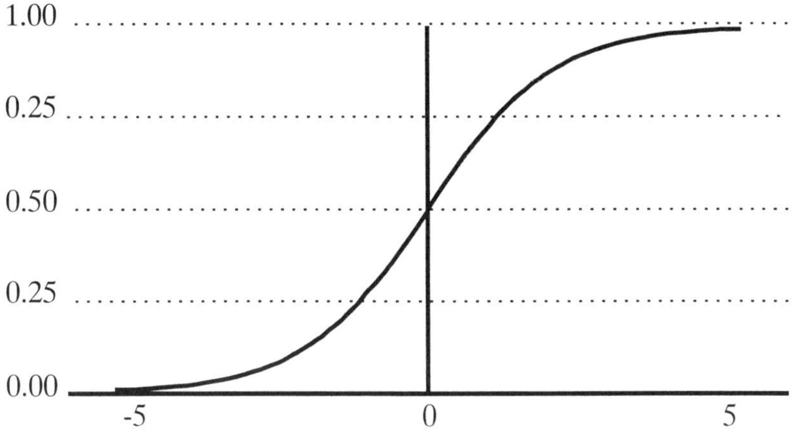

Abbildung 4.9: *Die Sigmoidfunktion*

$$E = \frac{1}{2}\sum_{\nu=1}^{p} \sum_{i} (y_{i,soll}^{\nu} - s_i(\mathbf{x}^{\nu}))^2,$$

der nur von den Synapsenstärken w_{ij} und w_{jk} abhängt. Dieser Fehler E soll minimal werden. Die Backpropagation-Technik ist ein Gradientenabstiegsverfahren. Dazu ändert man schrittweise alle w_{ij} und w_{jk} um $\Delta w_{ab} = -\alpha \sum \frac{\partial E}{\partial w_{ab}}$, wobei $\frac{\partial E}{\partial w_{ab}}$ die sogenannte 1. partielle Ableitung von E nach w_{ab} ist.

Für kleine Werte $\alpha > 0$ erfolgt die Änderung von E entlang der Richtung des steilsten Abfalls der Fehlerfunktion E. Unter einem solchen Schritt beträgt sie näherungsweise

$$\Delta E = \sum_{ab} \frac{\partial E}{\partial w_{ab}} \cdot \Delta w_{ab} = -\alpha \sum \left(\frac{\partial E}{\partial w_{ab}}\right)^2.$$

Da α und der Summenausdruck größer als Null sind, ist die Änderung $\Delta E < 0$; d.h. der Fehler E wird kleiner. Bei jedem "Lernschritt" wird aber vereinfacht nur ein Musterpaar ($\mathbf{x}^\nu$, $\mathbf{y}^\nu$) ausgewählt. $\mathbf{x}^\nu$ wird als Input in das Netz cingcspcist und $e_i^{\nu} = y_{i,soll}^{\nu} - s_i(\mathbf{x}^{\nu})$ berechnet. Für den vorliegenden Fall ergibt sich dann als Ergebnis einer für den "mathematischen Laien" etwas komplizierten Rechnung für die Änderung der Gewichte:

$$\Delta w_{ij} = \alpha \cdot e_i^{\,v} \cdot s_j \cdot s_i(1 - s_i) \text{ und}$$

$$\Delta w_{jk} = \alpha \sum_i e_i^{\,v} \cdot s_k \cdot s_i(1 - s_i) \cdot w_{ij} \cdot s_j(1 - s_j).$$

Das Ziel des Algorithmus ist, durch viele Lernschritte für alle Vorgabemuster den Fehler E auf den Wert Null oder auf vernachlässigbar kleine Werte zu reduzieren. Der Gradientenabstieg im "Fehlergebirge" E muß nicht immer gelingen. Trotzdem bedeutet er einen großen Fortschritt. Mit ihm lassen sich Probleme bewältigen, die mit einem Perzeptron nicht gelöst werden können.

Die konnektionistischen Forscher mit ihrer Backpropagation-Technik haben ihre Wurzeln im Modell des Perzeptrons. Andere Kognitionswissenschaftler versuchten vor allem die "neueren" physiologischen Ergebnisse über Erregungs- und Hemmungsprozesse in ihre neuronalen Modelle miteinzubeziehen, insbesondere die On-Center-Off-Surround-Topologie der Neuronenstruktur zu berücksichtigen. Hierzu gehören z.B. die neuronalen Modelle von Stephen Grossberg (Universität Boston), aber auch die Arbeiten von Michael Arbib (Universität von Californien), von Shun-ichi Amari (Universität Tokio), von Christoph von der Malsburg (Max Planck Institut Göttingen) und von Kunihiko Fukushima (NHK-Laboratorien Tokio).

Eines der spektakulärsten Anwendungsbeispiele von 3-Schichten-Netzwerken führte 1986 Terrence Sejnowski von der John Hopkins Universität Baltimore einer staunenden Öffentlichkeit vor. Sein neuronaler Simulator NETtalk lernte Englisch sprechen, indem er Worte las und zuhörte wie ein Kind sie vorlas - jeweils anhand von gespeicherten Files im Computer. Die Simulationsexperimente von Sejnowski auf der Grundlage der Backpropagation-Technik von Rumelhart geben Aufschluß über die Sprechfähigkeit beim Menschen durch Übung.

Die Abbildung 4.10 zeigt die Struktur von NETtalk in vereinfachter Form: In der Input-Schicht sind immer - mittels eines Fensters, das zeichenweise über den auszusprecheneden Text geführt wird -, sieben Buchstaben encodiert, wobei der mittlere in Hinblick auf die Lautbildung analysiert wird. In der Abbildung 4.10 ist es das /o/ aus dem Wort "phone". Die Lautanalyse beschränkt sich nur auf sieben Buchstaben, da linguistische Forschungsergebnisse gezeigt haben, daß in der Regel nur Buchstaben mit einer Entfernung von maximal drei Lettern wichtige Informationen für die Aussprache liefern. Das System startet mit zufällig gewählten Gewichtswerten und liefert einen Output über seinen Sprachsynthesizer. Nach einigen Übungssitzungen beginnt das sich anpassende System zu "verstehen", daß Buchstaben in Einheiten gruppiert sind, die wir als Wörter bezeichnen. Nach mehreren Trainingsläufen klingt das zuerst wirre Geplapper immer menschlicher und schließlich produziert es nach ca. 16 Stunden Trainingszeit die richtigen Sprachgebilde. In abschließenden Tests wurden geschriebene Sätze von NETtalk mit 98% er Genauigkeit richtig ausgesprochen.

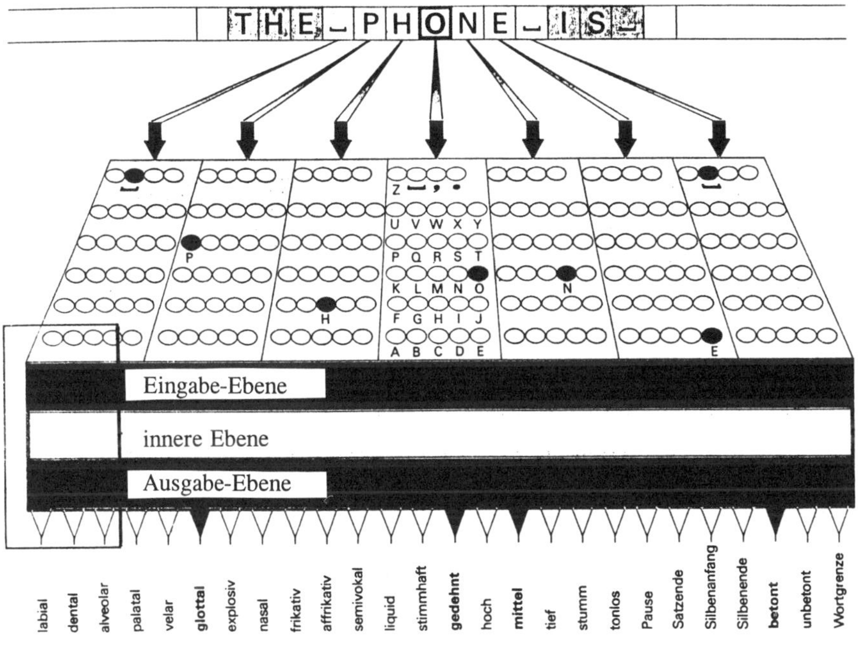

Abbildung 4.10: *Die NETtalk-Struktur (nach Kinzel & Deker, 1988, S. 43) (Erläuterungen im Text)*

4.4 Das Zukunftsprojekt: Ein neuronales Modell für Weltwissen

Das neuronale System von Sejnowski startet mit einem zufällig ausgewählten Satz von Gewichten und modifiziert diese dann, um das Verhalten des Netzes zu ändern. Die Vorstellung, daß das menschliche Gehirn beim Spracherwerb des Kleinkindes eine ähnliche Methode benützt, ist eine interessante Arbeitshypothese, deren Verifizierung aber schwierig sein wird. Hier stellt sich auch die Frage, ob es in naher Zukunft gelingen wird, empirisch exakt nachzuweisen, daß unser gesamtes Weltwissen, eingeschlossen unser Handlungswissen und unser Wissen um allgemeine Lösungsprozeduren, in Form von neuronalen Netzen mit den erörterten Speicherprinzipien repräsentiert ist.

Für die Repräsentation von Wissen wurden auf einer höheren, semantischen Ebene schon interessante Konzepte entwickelt (vgl. Schwind, 1985):
- semantische Netze,
- Frames und
- die Prädikatenlogik.

Semantische Netzwerke und Frames sind Darstellungsformen, zu denen nicht automatisch Interferenzmechanismen gehören, wie z.B. logische Formalismen (siehe Bibel, 1985). Semantische Netzwerke sind Repräsentationsinstrumente, mit denen vor allem zweistellige Relationen ausgedrückt werden können und die zur inhaltlichen Beschreibung von Aussagen verwendet werden (Quillian, 1968; Simmons, 1973; Schwind, 1975; Findler, 1979). Ein Semantisches Netz setzt sich aus einer Menge von Knoten, die bestimmte Begriffe repräsentieren und Verbindungspfeilen zwischen den Knoten, die ihre semantischen Beziehungen ausdrücken, zusammen. Eine direkte Transformation des semantischen Netzes in ein Netz von Nervenzellen, wobei ein Knoten einem Neuron entspricht, ist aber sicherlich eine nichtzulässige Operation.

Horace Barlow (1972), ein hervorragender Neurophysiologe hat die Frage ausführlich untersucht, ob die einzelne Nervenzelle nicht schon eine geeignete Ebene für die Codierung von Objekten und Begriffen ist (Großmutterzellentheorie). Sein Plädoyer für die Einzelnervenzelle als Code für Elemente der Wahrnehmung konnte aber empirisch nicht untermauert werden. Schon 1929 hatte der Psychologe Karl S. Lashley in seiner umfangreichen Monographie über Hirnmechanismus und Intelligenz eine "Nichtspezifitäts"-Theorie der Informationsverarbeitung mit zwei Wirkprinzipien aufgestellt: Das Prinzip der sog. Äquipotentialität besagt, daß abgesehen von den primären sensorischen und motorischen Bezirken, jeder Teil der Hirnrinde beliebige Funktionen eines anderen Teils ausüben kann und das "Massenaktions"-Prinzip faßt das Ergebnis seiner Hirnläsionen-Experimente in der Aussage zusammen, daß die Anpassungsfähigkeit eines hirngeschädigten Tieres letztlich nur durch die Gesamtsumme der dem Tier belassenen Hirnrinde bestimmt wird; d.h., daß alle Teile des Cortex gleichermaßen beim Lernen und

Problemlösen angesprochen sind. Gegen die Großmutterzellentheorie sprechen heute insbesondere die beobachteten Synchronizitätseffekte, die Gray u.a. (1989a u. b) in ihren Wahrnehmungsexperimenten mit Katzen gefunden haben und die zu interessanten Attributs-Bindungstheorien ausgebaut worden sind (v.d. Malsburg, 1987; Strong & Whitehead, 1989; Crick & Koch, 1990; Wang, Buhmann & v.d. Malsburg, 1991; Nischwitz, A. u.a., 1992).

Schwind (1985) konzipierte für semantische Netze in vereinfachter Form eine Grammatik, die aus vorgegebenen Sätzen ein entsprechendes Netzwerk für eine Wissensrepräsentation erzeugt. Eine spezielle Art von Netzwerken wurde von Roger Schank mit seiner "Theorie der konzeptuellen Abhängigkeit" entwickelt. Dieser Kognitionsforscher führte neben Aktionsbegriffen auch eine Reihe von Inferenztypen ein.

Frames stellen Ereignisschemata dar, die durch eine Menge von obligatorischen und optionalen Aspekten charakterisiert sind (siehe Minsky, 1975). Zur prozeduralen Darstellung von Frames wurden Repräsentationssprachen wie FRL, KRL und AIMDS konzipert (Roberts & Goldstein, 1977; Bobrow & Winograd, 1977; Sridharan, 1978). Anwendungen von Frames sind u.a. der Kasusrahmen von Fillmore (1968) zur semantischen Tiefenstrukturanalyse von Sätzen und der Handlungsrahmen von Schank und Abelson (1977) zur Beschreibung komplexer Ereignisse und Handlungsabläufe (sog. Scripts). Zur Konzeption von Handlungsrahmen existieren entsprechende Computerprogramme wie der "Script applier mechanism (SAM)" (s. Schank & Riesbeck, 1981) oder der "Plan applier mechanism (PAM)" (Wilensky, 1978). Frames erlauben aber nicht direkt Zusammenhangsregeln anzugeben und wie mit semantischen Netzwerken können auch mit Kasusrahmen logische Operationen auf Sätze wie z.B. die Konnektion oder die Negation nicht unmittelbar formuliert werden.

Mit der Prädikatenlogik bietet sich für die Wissensrepräsentation ein formales System an, mit dessen Hilfe man Aussagen über Wahrheitswerte von Sätzen und über Ableitbarkeitsbeziehungen zwischen den Sätzen machen kann. Schon die ersten Frage-Antwort-Systeme benützten meist logikorientierte Sprachen oder setzten deduktive Inferenzmechanismen ein (Cooper, 1964; Raphael, 1968). Insbesondere durch die Erfolge der Programmiersprache PROLOG nimmt die Zahl der logikorientierten Ansätze laufend zu.

Für den Psychologen, der sich als Kognitionsforscher versteht, wird es sicherlich eine der wichtigsten Aufgaben der Zukunft sein, wie es z.B. Dietrich Dörner mit seinem GEL-Netz beim Problemlösen gezeigt hat, diesen semantischen Beschreibungsformen eine neurophysiologische Basis zu geben. Neuronale Modelle menschlichen Verhaltens tragen auch dazu bei, die noch heute vielfach zu beobachtende, bestehende tiefe Kluft zwischen Physiologen und Psychologen zu überbrücken.

5. Literatur

Altrichter, E. (1956). *Experimentelle Untersuchung des in arithmetischer Abstufung gegebenen Bezugssystems Grauleiter.* Unveröffentl. Zulassungsarbeit, Univ. Tübingen.

Amari, S. (1977). Neural theory of association and concept formation. *Biological Cybernetics, 26,* 175-185.

Arbib, M. (1972). *The metaphorical brain.* New York: Wiley-Interscience.

Barlow, H. B. (1972). Single units and sensation: A neuron doctrine for perceptual psychology? *Perception, 1,* 371-495.

Baumann, R. (1962). *ALGOL-Manual der ALCOR-Gruppe. Elektronische Rechenanlagen 5/6.* ALCOR.

Bevan, W., Maier, R. A. & Helson, H. (1963). The influence of context upon the estimation of number. *American Journal of Psychology, 76,* 464-469.

Bibel, W. (1985). Inferenzmethoden. In Ch. Habel (Hrsg.), *Künstliche Intelligenz* (S. 1-47). Berlin: Springer.

Black, R. W. & Bevan, W. (1960). The effect of subliminal shock upon judged intensity of weak shock. *American Journal of Psychology, 73,* 262-267.

Bobrow, D. & Winograd, T. (1977). An overview of KRL, a knowledge representation language. *Cognitive Science, 1,* 3- 46.

Borgeest, C. (1977). *Das sogenannte Schöne - Ästhetische Sozialschranken.* Frankfurt/Main.

Brackhane, R. (1979a). Bezugssystem-Merkmale auf dem Gebiet der Leistungsmotivation - eine erste experimentelle Näherung. *Psychologische Beiträge, 21,* 349-363.

Brackhane, R. (1979b). Zur Absolutbeurteilung eigener Leistungen. *Psychologische Beiträge, 21,* 364-381.

Brause, R. (1991). *Neuronale Netze. Eine Einführung in die Neuroinformatik.* Stuttgart: Teubner.

Carpenter, G. A. & Grossberg, S. (1987a). A massively parallel architecture for a self-organizing neural pattern recognition machine. *Computer Vision, Graphics, and Image Processing, 37,* 54-115.

Carpenter, G. A. & Grossberg, S. (1987b). ART2: self-organization of stable category recognition codes for analog input patterns. *Applied Optics, 26,* 4919-4930.

Carpenter, G. A. & Grossberg, S. (1990). Hierarchical search using chemical transmitters in self-organizing pattern recognition architecture. *Neural Networks*, *3*, 129-162.

Carpenter, G. A. & Grossberg, S. (Hrsg.). (1992). *Neural networks for vision and image processing*. Cambridge, MA: The MIT Press.

Cooper, L. N. (1973). A possible organization of animal memory and learning. In Lundquist, B. & Lundquist, S. (Hrsg.), *Proceedings of the Nobel symposium on collective properties of physical systems* (S. 252-264). New York: Academic Press.

Cooper, W. S. (1964). Fact retrieval and deductive question-answering information retrieval systems. *Journal of the association of the computing machinery*, *11*.

Crick, F. H. & Koch, C. (1990). Towards a neurobiological theory of consciousness. *Seminars in Neuroscience*, *2*, 263-275.

Dörner, D. (1974). *Die kognitive Organisation bein Problemlösen*. Bern: Huber.

Doran, J. (1971). Some recent models of the brain. In B. Meltzer & D. Michie (Hrsg.), *Machine intelligence* (Bd. 6). Edinburgh: Edinburgh University Press.

Eccles, J. C. (1972). Possible synaptic mechanisms subserving learning. In A. G. Karczmar & J. C. Eccles (Hrsg.), *Brain and Human Behavior*. Berlin: Springer.

Emrich, H. (1957). *Beiträge zum Problem der Bezugssysteme von Bleistiftgrößen und Tonhöhen sowie Beiträge zum Problem des Bezugssystems menschlicher Körpergrößen und Staturen*. Unveröffentl. Zulassungsarbeit, Univ. Tübingen.

Fechner, G. T. (1860). *Elemente der Psychophysik*. Leipzig: Breitkopf und Hertel.

Fillmore, Ch. J. (1968). The case for case. In E. Bach & R. Harms (Hrsg.), *Universals linguistic theory* (S. 1-88). New York: Holt, Rinehart & Winston.

Findler, N. (Hrsg.). (1974). *Associative networks, representation and use of knowledge by computers*. New York: Academic Press.

Frisby, J. P. (1989). *Optische Täuschungen. Sehen-Wahrnehmen-Gedächtnis*. Augsburg: Weltbild Verlag.

Fukushima, K. & Miyake, S. (1984). Neocognitron: A new algorithm for pattern recognition tolerant of deformations and shifts in position. *Pattern Recognition SMC-13*, *5*, 455- 469.

Garner, W. R., Hake, H. W. & Eriksen, C. W. (1956). Operationism and the concept of perception. *Psychological Review*, *63*, 149-159.

Gray, C. M., König, P., Engel, A. E. & Singer, W. (1989a). Oscillatory responses in cat visual cortex exhibit inter-column synchronization which reflects global stimulus properties. *Nature, 338*, 334-337.

Gray, C. M. & Singer, W. (1989b). Stimulus specific neuronal oscillations in orientation columns of cat visual cortex. *Proceedings of the National Academy of Sciences, 86*, 1698-1702.

Grey-Walter, W. (1961). *Das lebende Gehirn*. Köln: Kiepenheuer & Witsch.

Grossberg, S. (1980). How does a brain build a cognitive code? *Psychological Review, 1*, 1-51.

Grossberg, S. (1982). *Studies of mind and brain*. Boston, MA: Reidel Publ. Company.

Grossberg, S. (Hrsg.). (1988). *Neural networks and natural intelligence*. Cambridge, MA: The MIT Press.

Grossberg, S. & Levine, D. S. (1975). Some developmental and attentional biases in the contrast enhancement and short term memory of recurrent neural networks. *Journal of Theoretical Biology, 53*, 341-380.

Hebb, D. (1949). *The organization of behavior: A neuropsychological theory*. New York: Wiley.

Hebb, D. O. (1955). Drives and the CNS (conceptual nervous system). *Psychological Review, 62*, 243-254.

Heider, F. & Simmel, M. (1944). An experimental study of apparent behavior. *American Journal of Psychology, 57*, 243- 259.

Heller, O. (1959). *Experimenteller Beitrag zum Problem absoluter Eigenschaften gleichzeitig gegebener eindimensionaler Mannigfaltigkeiten*. Dissertation, Univ. Tübingen.

Heller, O. (1980). Orientierung innerhalb von phänomenalen Steigerungsreihen. In W. Lauterbach & V. Sarris (Hrsg.), *Beiträge zur psychologischen Bezugssystemforschung* (S. 107-136). Bern: Huber. (a)

Heller, O. (1980). Adaptation Level Theory zwischen Wahrnehmung und Urteil. In O. Heller (Hrsg.), *Forschungsbericht 1979*. Würzburg: Würzburger Psychologisches Institut. (b)

Heller, O. (1981). *Aus einer Festschrift für W. Witte*. Persönliche Mitteilung.

Helson, H. (1947). Adaptation-level as frame of reference for prediction of psychological data. *American Journal of Psychology, 60*, 1-29.

Helson, H. (1964). *Adaptation-level theory. An experimental and systematic approach to behavior*. New York: Harper & Row.

Helson, H. (1971). Adaptation-level-theory: 1970 and after. In M. H. Appley (Hrsg.), *Adaptation-level-theory. A symposium*. New York.

Helson, H. & Kozaki, T. (1968). Effects of duration of series and anchor-stimuli on judgments of perceived size. *American Journal of Psychology*, *81*, 291-302.

Heyden, D. v. d. (1955). *Experimentelle Untersuchung zur Struktur des Bezugssystems der Tonhöhe*. Unveröffentl. Zulassungsarbeit, Univ. Tübingen.

Hoffmann, J. (1971). *Strategien der Klassenbildung bei relationalen Merkmalen*. Dissertation, Univ. Berlin.

Hopfield, J. J. (1982). Neural networks and physical systems with emergent collective computational abilities. *Proceedings of the National Academy of Sciences*, *81*, 2554-2558.

Hruschka, E. (1959). *Experimentelle Untersuchung zur Struktur von eindimensionalen Bezugssystemen*. Dissertation, Univ. Tübingen.

Hume, D. (1739). *Traktat über die menschliche Natur*. Hamburg: Meiner 1973.

Joerges, B. (1959). *Experimentelle Untersuchung zum System der Tonhöhen beim Absoluthörer*. Unveröffentl. Zulassungsarbeit, Univ. Tübingen.

Johnson, R. C. & Brown, Ch. (1988). *Cognizers. Neural networks and machines that think*. New York: Wiley.

Kakizaki, S. (1967). Semantic effects in perceptual judgments. *Psychologia*, *10*, 187-196.

Keidel, W. D. (1967). Informationsverarbeitung. In W. D. Keidel (Hrsg.), *Kurzgefaßtes Lehrbuch der Physiologie* (S. 358-374). Stuttgart: Thieme.

Kelley, H. H. (1967). Attribution theory in social psychology. In D. Levine (Hrsg.), *Nebraska symposium on motivation* (Bd. 15, S. 192-237). Lincoln, NE: University of Nebraska Press.

Klix, F. (1971). *Information und Verhalten*. Berlin: Huber.

Kohonen, T. (1980). *Content addressable memories*. New York: Springer.

Kohonen, T. (1987). *Self-organization and associative memory*. Berlin: Springer.

Kratzer, K. P. (1990). *Neuronale Netze. Grundlagen und Anwendungen*. München: Hanser.

Lashley, K. S. (1929). *Brain mechanisms and intelligence*. Chicago: Univ. of Chicago Press.

Lerch, H.-J. (1980). Zum kategorialen Urteilsverhalten gleichzeitig gegebener eindimensionaler Mannigfaltigkeiten. *Psychologische Beiträge*, *22*, 88-100.

Lerch, H.-J. (1984). *Eine Relativitätstheorie über Absoluturteile*. München: Angerer.

Malsburg, C. v. d. (1973). Self-organization of orientation sensitive cells in the striate cortex. *Kybernetik, 14*, 85-100.

Malsburg, C. v. d. (1987). Synaptic plasticity as a basis of brain organization. In J. P. Chaneaux & M. Konishi (Hrsg.), *The neural and molecular bases of learning* (S. 411-432). New York: Wiley.

McCulloch, W. S. & Pitts, W. (1943). A logical calculus of the ideas immanent in nervous activity. *Bulletin of Mathematical Biophysics, 5*, 115-133.

Metzger, W. (1941). *Psychologie*. Darmstadt: Steinkopf.

Michotte, A. (1963). *The perception of causality*. New York: Basic Books.

Miller, N. E. (1948). Fear as an acquired drive. *Journal of Experimental Psychology, 38*, 89-101.

Minsky, M. (1975). A framework for representing knowledge. In P. Winston (Hrsg.), *The psychology of computer vision*. New York: McGraw-Hill.

Minsky, M. & Papert, S. (1969). *Perceptrons: An introduction to computational geometry*. Cambridge: MIT Press.

Moruzzi, G. & Magoun, H. W. (1949). Brain stem reticular formation and activation of the EEG. *Electroencephalography and Clinical Neurophysiology, 1*, 455-473.

Neumann, J. v. (1948). *The general and logical theory of automata*. Paper presented at the Hixon Symposium, Pasadena, CA, September 20.

Nischwitz, A., Glünder, H., Oertzen, A. von & Klausner, P. (1992). Synchronization and label-switching in networks of laterally coupled model neurons. In I. Aleksander & J. Taylor J. (Hrsg.), *Artifical Neural Networks* (Bd. 2, S. 851-854). Amsterdam: North Holland.

Parducci, A. (1974). Contextual effects: A range-frequency analysis. In E. C. Carterette & M. C. Friedman (Hrsg.), *Handbook of perception* (Bd. 2). New York: Academic Press.

Penfield, W. & Roberts, L. (1959). *Speech and brain mechanisms*. Princeton, NJ: Princeton University Press.

Quillian, M. R. (1968). Semantic memory. In Minsky, M. (Hrsg.), *Semantic formation processing*. Cambridge, MA: MIT Press.

Raphael, B. (1968). SIR - A computer program for semantic information retrieval. In Minsky, M. (Hrsg.), *Semantic formation processing*. Cambridge, MA: MIT Press.

Ritter, H., Martinez, T. & Schulten, K. (1991). *Neuronale Netze. Eine Einführung in die Neuroinformatik selbstorganisierender Netzwerke*. Bonn: Addison-Wesley.

Roberts, R. B. & Goldstein, I. (1977). *The FRL Manual* (MIT-AI Memo No. 409). Cambridge, MA.: MIT.

Rosenblatt, F. (1962). *Principles of neurodynamics*. New York: Spartan Books.

Rumelhart, D. E., Hinton, G. E. & Williams, R. J. (1985). *Learning internal representations by error propagation* (Report 8506, UCSD). San Diego, CA: Inst. for Cognitive Svience, Univ. of California.

Sarris, V. (1969). Ankerreiz-Effekte bei Tonhöhenbeurteilungen: Überprüfung des Adaptationsniveau-Modells. In *Irle,M. (Hrsg.),Bericht über den 26. Kongreß der Deutschen Gesellschaft für Psychologie (S399-405)*. Göttingen: Hogrefe.

Sarris, V. (1971). *Wahrnehmung und Urteil. Bezugssystemeffekte in der Psychophysik*. Göttingen: Hogrefe.

Schank, R. C. & Abelson, R. P. (1977). *Scripts, plans, goals and understanding. An inquiry into human knowledge structures*. Hillsdale, NJ: Erlbaum.

Schank, R. C. & Riesbeck, C. K. (1981). *Inside computer understanding*. Hillsdale, NJ: Erlbaum.

Schüssler, S. (1980). Häufigkeitseffekte im Sinne Parduccis als eine Folge mangelnder Orientiertheit? In O. Heller (Hrsg.), *Forschungsbericht 1979*. Würzburg: Würzburger Psychologisches Forschungsinstitut.

Schwind, C. B. (1975). Generating hierarchical semantic networks from natural language discourse. In: *International joint conference on Artificial Intelligence 4 Tbilisi* (S. 429-434).

Schwind, C. B. (1985). Semantikkonzepte in der künstlichen Intelligenz. In Ch. Habel (Hrsg.), *Künstliche Intelligenz* (S. 94-158). Berlin: Springer.

Sejnowski, T. J. & Rosenberg, C. R. (1986). *NETtalk: A parallel network that learns to read aloud* (Technical Report JHU/EECS-86/01). Baltimore, MD: Electrical Engineering and Computer Science, Johns Hopkins Univ.

Simmons, R. F. (1973). Semantic networks: Their computation and use for understanding English sentences. In R. C. Schank & K. M. Colby (Hrsg.), *Computer models of thought and language* (S. 63-113). San Francisco, CA: Freeman.

Sitmalidis, S. (1976). *Helsons Adaptationsniveautheorie und Wittes Bezugssystemtheorie*. Meisenheim a. Glan: Hain.

Sitmalidis, S. (1980). Zur Kontroverse über die sensorische vs. semantische Grundlage des Urteils. Der Streit um ein mißverstandenes Problem und eine Alternative. In A. Thomas & R. Brackhane (Hrsg.), *Wahrnehmen, Urteilen, Handeln* (S. 54-85). Bern: Huber.

Sridharan, N. S. (1978). *AIMDS user manual version 2* (Report Nr. CBM-TR-89). New Brunswick: Dept of Computer Science, Rutgers University.

Steiner, W. (1955). *Experimentelle Untersuchung zur Struktur des in geometrischer Abstufung gegebenen Bezugssystems Grauleiter*. Unveröffentl. Zulassungsarbeit, Univ. Tübingen.

Stevens, S. S. (1958). Adaptation level vs. the relativity of judgment. *American Journal of Psychology*, *71*, 633-646.

Strong, G. W. & Whitehead, B. A. (1989). A solution to the tag-assignment problem for neural networks. *Behavioral and Brain Sciences*, *12*, 381-433.

Veblen, T. (1971). *Theorie der feinen Leute*. München.

Wang, D., Buhmann, J. & Malsburg, C. v. d. (1991). Pattern segmentation in associative memory. *Neural computation*, *2*, 94-106.

Weber, E. H. (1834). *De tactu: annotationes anatomicae et physiologicae* (zitiert nach Boring, E. G.)

Werbos, P. J. (1974). *Beyond regression: new tools for prediction and analysis in the behavioral sciences*. Unpubl. Dissertation, Harvard University.

Widrow, B. & Hoff, M. E. (1960). *Adaptive switching circuits*. New York: 1960 IRE WESCON Convention Record.

Wilensky, R. (1978). *Understanding goal-based stories* (Report Nr. 140 (Dissertation)) Computer Science Dept, Yale University.

Witte, W. (1960a). Experimentelle Untersuchungen von Bezugsystemen: I. Struktur, Dynamik und und Genese von Bezugssystemen. *Psychologische Beiträge*, *4*, 218-252.

Witte, W. (1960b). Über Phänomenskalen. *Psychologische Beiträge*, *4*, 645-672.

Zadeh, L. A. (1965). Calculus of fuzzy restrictions. In L. A. Zadeh et al. (Hrsg.), *Fuzzy sets and their applications to cognitive and decision processes* (S. 1-39). New York: Academic Press.

Zimmer, A. (1980). Eine Formulierung mnestisch stabilisierter Bezugssysteme auf der Grundlage von Toleranzmengen. In A. Thomas & R. Brackhane (Hrsg.), *Wahrnehmen, Urteilen, Handeln*. Bern: Huber.